国家工业密码

国务院国资委宣传工作局　国务院国资委新闻中心　编

中国经济出版社
CHINA ECONOMIC PUBLISHING HOUSE
·北京·

图书在版编目（CIP）数据

国家工业密码 / 国务院国资委宣传工作局，国务院国资委新闻中心编. -- 北京 ：中国经济出版社，2025. 4. -- ISBN 978-7-5136-8099-8

Ⅰ. F425

中国国家版本馆CIP数据核字第2025QV4803号

项目统筹　李煜萍　海　毅
责任编辑　李若雯　闫明明　李佳琦
学术支持　中国科协创新战略研究院
视觉支持　《美术》杂志社
音频主播　王明军
封面设计　王天宁
音乐制作　王正一
音频制作　刘建光　宋宇翱　刘　洋　赵志兴　孔德源　张　莹　宋毅鹏

出版发行　中国经济出版社
印 刷 者　中煤（北京）印务有限公司
经 销 者　各地新华书店
开　　本　787mm × 1092mm　1/16
印　　张　23.75
字　　数　270千字
版　　次　2025年4月第1版
印　　次　2025年4月第1次
定　　价　128.00元
广告经营许可证　京西工商广字第8179号

中国经济出版社 **网址** www.economyph.com **社址** 北京市东城区安定门外大街58号 **邮编** 100011
本版图书如存在印装质量问题，请与本社销售中心联系调换（联系电话：010-57512564）

《国家工业密码》编委会名单

主　编　陈国栋　杨景百

副主编　王　莹　马喆明

编写组

刘海草　张灏然　郎　媛　王　典
刘向东　陈　婷　李虹萦　程镜睿
苑洪涛　杨致刚　王敏涛　范大宇
佘　广　原诗萌　吴笑妍　粟　灵
袁　喆　汤静怡　王　昱　于吉轩
邓　通

新型工业化：从过去到未来

新中国成立特别是改革开放以来，我们用几十年时间走完西方发达国家几百年走过的工业化历程，创造了经济快速发展和社会长期稳定的奇迹，为中华民族伟大复兴开辟了广阔前景。国有企业在其中扮演了中流砥柱的角色。《国家工业密码》一书以国有企业工业文化遗产为起点，用 52 个生动有趣的故事，回顾了国有企业打造国家工业体系的艰辛之路。

一个落后的农业国要如何建设完整的现代工业体系，中国用 70 余年的实践，探索出一条具有中国特色的工业化道路。

第一，需要建立一个有志于实现工业化的有为政府。1896 年，刚刚经历甲午中日战争失败的李鸿章，在访问德国时向俾斯麦咨询强国之略。作为中国第一次工业化尝试，洋务运动基本只是靠几个洋务派官员小范围发动，缺乏中央政府的统一规划，与几乎同时起步的日本成效相差万里。直到新中国成立，中国才真正建立起统一的、有志于实现工业化的中央政府，强大的社会资源调配能力为建设完整的现代工业体系奠定了基础。

第二，新中国成立初期优先发展重工业的战略选择。这一选择，一方面是基于在短时间内改变一穷二白落后面貌的诉求，另一方面则是受到当时苏联的深刻影响。《国家工业密码》中绝大部分篇幅都在讲述国防、能源、钢铁、建筑、交通、汽车等重工业领域的故事，这与国家早年优先发展重工业的战略选择息息相关，也反映出国有企业为执行国家战略而形成的布局结构特点。书中也展现了我国电子信息产业从零起步的征程，奠定了今天我国数字化的基础。

第三，发挥社会主义“集中力量办大事”的举国体制优势。1991 年苏联解体后，“瓦良格号”航空母舰停工，黑海造船厂厂长黯然说道，“需要一个伟大的国家才能完成它”。《国家工业密码》中有张“歼 -15 在辽宁号航空母舰上起飞”的配图，如今“瓦良格号”已被中国改造成了“辽宁号”。凭借举国体制，中国创造了“两弹一星”、大庆油田、南京长江大桥等一系列工业奇迹。

第四，中国特色的产业队伍建设。党建引领在其中发挥了重要作用，“铁人”王进喜用身体搅拌泥浆压制井喷的大无畏精神，以及“宁可少活二十年，拼命也要拿下大油田”“有条件要上，没有条件创造条件也要上”的豪言壮语，激励有志青年产业报国热情。正是有了全国工人和科技工作者不畏艰苦的努力，在 20 世纪 60 年代初面对外国专家的撤离和合同的终止，中国自力更生把工业体系坚持下来并发展壮大。

第五，改革开放跨越发展。中国抓住技术换代机遇，发挥大市场的优势，打开国门引进和消化吸收再创新，建设起门类齐全的工业体系，中国拥有联合国产业分类目录中全部 41 个工业大类 207 个中类 666 个小类。在联合国统计的 500 余种主要工业产品中，中国有 220 多种产品产量位居全球第一。工业增加值从改革开放前占全球不足 5% 到制造业增加值占全球 30.2%。《国家工业密码》透过一个个小故事展现了我国工业化进程中的艰辛与成就。

当前，西方霸权对中国的崛起极限施压，妄图延缓中国工业化进程。习近平总书记指出：“新时代新征程，以中国式现代化全面推进强国建设、民族复兴伟业，实现新型工业化是关键任务。要完整、准确、全面贯彻新发展理念，统筹发展和安全，深刻把握新时代新征程推进新型工业化的基本规律，积极主动适应和引领新一轮科技革命和产业变革，把高质量发展的要求贯穿新型工业化全过程，把建设制造强国同发展数字经济、产业信息化等有机结合，为中国式现代化构筑强大物质技术基础。”

国有企业是中国特色社会主义的重要物质基础和政治基础，是中国特色社会主义经济的“顶梁柱”。面对新形势，国有企业更是重任在肩，在推进新型工业化过程中要率先示范、主动担当，发扬《国家工业密码》中所揭示的奋斗精神和创新意志，在高质量发展中再创辉煌。

第一，推进数字化转型高质量发展。央企 70% 的资产集中在传统产业，以科技创新驱动传统产业高端化、智能化、绿色化转型，成为央企加快发展新质生产力的必由之路。最近，中国石化、中国石油、国家电网和电信运营商等数十家央企宣布，已完成 DeepSeek 大模型本地化部署，全面接入企业自有的 AI 大模型，加快数据驱动数字化转型步伐。

第二，积极布局战新产业，推进产业结构调整。信息通信技术领域的央企以突破“卡脖子”技术为使命，扬长补短加快提升国际竞争力。传统产业领域的国有企业加大战新产业培育和开拓力度，例如中国三峡集团布局新能源，目前已成为中国最大的海上风电开发企业；东风公司不断加快从传统燃油车企向新能源车企转型；兵器工业集团正在将红外成像技术与量子技术进行深度融合。近年来，医药、食品等轻工业领域的国有企业加快布局生物技术；盐业企业纷纷利用废弃盐穴发展新型储能；部分造纸企业则瞄准新材料领域发展。一些国有企业还从投资的角度进入战新产业，为我国战新产业发展注入强劲活力。

第三，发挥国有企业在新型举国体制中的枢纽作用。新型举国体制诞生于社会主义市场经济条件下，更加强调市场调节的作用，在有为政府和有效市场的有机结合中凝聚多元主体创新合力。国有企业强化使命担当，牵头构建创新联合体来服务国家重大战略需求，也为民营企业提供广阔的产业合作和市场应用平台。同时，国有企业在产学研用合作中发挥主体作用，不仅关注近期可以产业化的技术，还将眼光放到未来产业技术的培育上，当好长期资本、耐心资本、战略资本的引领者。

第四，重视产业团队与人才的建设。《国家工业密码》中每一个故事不仅言之有物而且见物更见人，每一件大国重器都是由科技领军人物和大国工匠心血凝成，离不开成千上万产业工人的托举。推进新型工业化是一项长期而复杂的系统工程，更需要着力培养造就战略科学家、一流科技领军人才和创新团队，着力培养造就卓越工程师、大国工匠、高技能人才。

《国家工业密码》抓住我国工业化进程中有代表性的事件，一叶知秋，以趣味性的叙事解读我国重要行业成功的密码，故事引人入胜，文笔通俗流畅，声图并茂，可读可听，引导读者轻松了解门类众多且专业性很强的工业奥妙。在 2025 年这个重要的时间节点上，《国家工业密码》书籍出版，它向读者展现了国有企业在国家工业发展中发挥的重要作用，在回顾过去的同时立足当下、展望未来。希望本书能成为我国新型工业化道路上的路标之一，聚合有识之士，拥抱伟大时代。

邬贺铨

中国工程院院士、中国信科集团原高级顾问

国家工业密码

序言二

从历史回响中探寻工业密码

习近平总书记在党的二十大报告中强调，加快构建中国话语和中国叙事体系，讲好中国故事、传播好中国声音，展现可信、可爱、可敬的中国形象。《国家工业密码》从有声书到实体书，是一部讲中国故事、讲中国工业化故事、讲国企故事、记述中国工业化一百多年来的奋斗历程和伟大成就的珍贵史册，描绘了国有企业成为国家工业体系“承重墙”“压舱石”“定杆星”的全景画面，展示了令人服膺的事实。

1840 年，帝国主义用坚船利炮打开了中国的国门，从此中国堕入半封建半殖民地深渊，战乱频仍，山河破碎。亡国灭种的危机推动无数仁人志士上下求索，接续奋斗。先是一些开明官绅打出了“师夷制夷”“洋为中用”的旗号，其后一些仁人志士又试图“科学救国”“实业救国”，但都没有成功地拯救中国。十月革命一声炮响，为中国送来了马克思列宁主义。经过 21 年的艰苦卓绝的斗争，中国共产党带领全国人民完成了民族独立的大业。这时的中国满目疮痍、遍地废墟，一贫如洗、百废待兴。“现在我们能造什么？能造桌子椅子，能造茶碗茶壶，能种粮食，还能磨成面粉，还能造纸。但是一辆汽车、一架飞机、一辆坦克、一辆拖拉机都不能造。”毛泽东同志在 1954 年时感慨地说。

奠基之初，新中国建设者们，对内，面对着的是一穷二白的家底；对外，面临着帝国主义的重重封锁。1953 年的《人民日报》元旦社论中有这样一段话：“工业化，这是我国人民百年来梦寐以求的理想，这是我国人民不再受帝国主义欺侮、不再过穷困生活的基本保证。”“一五”“二五”时期，经过以苏联援建的“156 项”为核心的 694 项限额以上重点建设项目建设，搭起了基本骨架。在那个火红的年代里，在祖国的神州大地上，到处回响着的机械轰鸣声、劳动号子声和工具碰撞声，交织成一曲豪迈昂扬的奋斗者之歌。风雷动，旌旗奋，起宏图。从一穷二白到捷报频传，中国人民艰难而又坚定地走着自己的路，用奋斗为社会主义建设大业奠基。后续的“三线”建设、“四三方案”，把工业和科学向中西部地区扩散转移，把国民经济建设的短板——轻工业逐渐补齐。到 20 世纪 80 年代，基本解决了全国人民的吃饭穿衣问题。改革开放的东风，极大地释放了中国人民的创新活力，在短短的40年时间里，中国各项工业技术水平迅速赶上发达国家。

而今，我国已经建成世界上最完备的工业体系，成为全球制造业第一大国，天宫、蛟龙、天眼、墨子、北斗等重大科技成果相继问世。“天翻地覆慨而慷”，新中国成立70多年来，在中国共产党领导下，我们成功开创了一条中国式现代化道路，实现了人类历史上前所未有的大变革。

中国为什么会发生这么大的沧桑巨变？历史的密码是什么？答案在哪里？要了解这一切，就必须了解中国工业化的历史，搞清楚中国的国企在国家工业化进程中发挥了什么样的作用？这些国企在历史上又是如何产生的、如何发展的？中国为什么只有在中国共产党的领导下才能完成工业化的历史大业？

《国家工业密码》选取了国企的一些著名工业文化遗产作为切入点，这些工业文化遗产承载着党和人民英勇奋斗的光荣历史，记载了中国建设、改革的伟大历程和感人事迹，是党和国家的宝贵财富，是弘扬革命传统和革命文化、科学文化、工业文化，加强社会主义精神文明建设，激发爱国热情、振奋民族精神的生动教材。这部书的出版，对于不断提高中国国企的传播影响力、形象亲和力、话语说服力、舆论引导力、文化感召力将起到积极的推动作用，将让中国工业化的故事更为生动，让中国国企的形象更加鲜活，让社会主义先进文化、中华优秀传统文化更加深入人心，并向世界、向中国展示真实、立体、全面的中国国企。

恩格斯指出，“历史就是我们的一切”。中国工业化历史，就是中华民族形成和发展以及中国人民几千年来自强不息、艰苦奋斗的真实记录；中国工业化历史，就是中国共产党团结带领中国人民为争取民族独立、人民解放和实现国家富强、人民幸福而不懈奋斗的真实记录。这些记录中有信仰，有意志；有目标，有方向；有宗旨，有传统；有成就，有警示；有勇气，有定力。这些故事蕴含着无穷的智慧、丰富的营养和前行的强大力量。我们有义务把这一宝贵财富以生动有趣的方式科学地记录下来、总结下来，传播出去、推广出去。

不忘历史才能开辟未来，善于继承才能善于创新。

是为序。

郑浩峻

中国科协创新战略研究院院长

目录

TIANJIN PORT
TIANJIN PORT
TIANJIN PORT

国家工业密码

1 国歌的黑胶唱片版本，你听过吗？

“起来，不愿做奴隶的人们，把我们的血肉筑成我们新的长城……”

在《义勇军进行曲》成为中华人民共和国国歌之前，它是雕刻在编号 34848b 唱片上的一圈圈纹路。编号 34848b 黑胶唱片的金属母版全世界仅此一张，极其珍贵。如今，它被妥善保存在中国电科旗下中国唱片公司的版库里。

编号 34848b 黑胶唱片

《义勇军进行曲》灌制地——上海百代公司小红楼

上海小红楼，梦开始的地方

1935 年，抗日战争时期，所有进步的抗日文化活动都被国民党政府严令禁止了，他们甚至用绑架和暗杀等手段迫害进步作家和艺术家。《义勇军进行曲》是抗日题材电影《风云儿女》的主题曲，也是作曲家聂耳短暂一生中的最后一个作品。

1935 年 5 月 3 日，一批爱国抗日的文艺青年用简陋的录音设备艰难地完成了歌曲的录制，这段声音被刻录在编号为 34848b 的金属母版唱片上。

声音，不仅是音符的载体，更是精神的永生。黑胶唱片留住的这段声音在后来的日子里鼓舞了亿万中国人。在人类工业发展史上，从留住声音到应用声音，目前已经走了六步。

HCD-780《义勇军进行曲》（录音珍版典藏）——庆祝新中国成立60周年纪念系列

从留声机到黑胶唱片

第一步，也是最关键的一步。1877 年，美国人爱迪生发明了留声机，把声音留住了。在这之前，任何声音都不能停留，出现即消失。

第二步，1888 年，德国人柏林纳发明了以虫胶为原料的黑胶唱片，让声波信号转为电信号，然后通过刻录针转着圈在黑胶唱片上刻下纹路。于是，你想保存的那段声音就有了自己的 DNA，黑胶唱片的声音是最接近原声的。

《义勇军进行曲》走向世界

第三步，留住声音之后就要传播声音。单片黑胶唱片很脆弱，易磨损，在保证音质的前提下，想让更多的人听到，就要先刻录唱片的金属母版，再用黑胶复刻。

1940 年，美国歌唱家保罗・罗伯逊也唱过《义勇军进行曲》，还为这首歌专门出了一张黑胶唱片。

外国人怎么会唱这首歌呢？因为当时世界各地有很多人投身到反法西斯斗争中，《义勇军进行曲》的旋律和精神突破了国界，感染了他们。罗伯逊在一场晚会中深情演唱了这首歌，全场掌声雷动，观众久久不愿离去。第二年，保罗・罗伯逊的英文版《起来》唱片在纽约发行。唱片封套上的题词由宋庆龄亲自撰写：“中国已经从新的群众传唱运动中发现了反抗敌人的力量源泉。”

“一曲大合唱，可顶十万毛瑟枪。”由中国唱片公司录制、发行于 1958 年的《黄河大合唱》唱片是中国第一张 33 转密纹唱片，在中国唱片史上具有划时代的意义，这就是声音的力量。

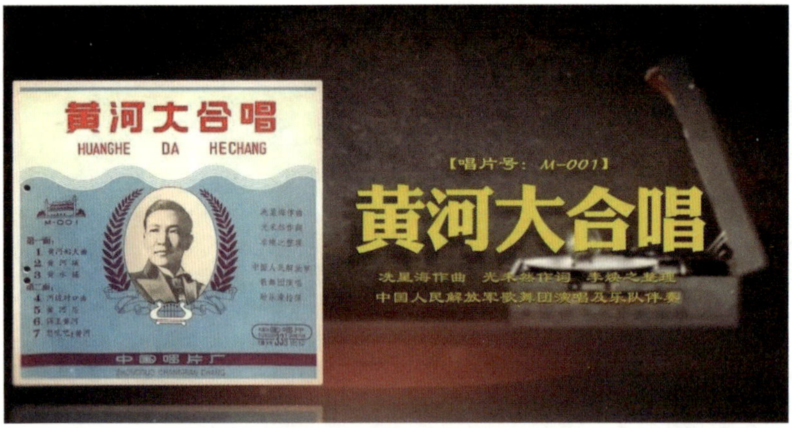

《黄河大合唱》唱片

越来越先进的声音载体

随着工业的飞速发展，第四步来了。1970 年后，轻便的盒式录音机和磁带陆续被发明出来。磁带不仅音质好，而且耐磨，普通百姓也有了随时享受音乐的机会。赶时髦的小青年们人手一个随身听，跟着音乐摇头晃脑，正是那个年代街头的一道风景。今天，相当一部分朋友的家里还珍藏着《酒干倘卖无》《潇洒走一回》《美酒加咖啡》的磁带呢。

在中国唱片公司的音乐文献馆收藏着 4.5 万条磁带记录胶带、数十万首曲目，这里保存的不仅是声音的文物，也是时代的集体记忆。

第五步，留声工业迎来了一次颠覆性的技术革命。1982 年，CD 诞生了，标志着音乐载体正式从模拟走入了数字技术时代。CD 的储存能力非常大，来对比一下黑胶唱片刚发明出来的时候，一张大大的唱片只能存 3 分钟的歌曲。而最早的 CD 播放时长达到了 74 分钟，据说这是为了容纳贝多芬的第九交响曲全曲而特别设计的。

第六步，随着 2G 到 5G 无线通信技术的发展，工业制造手段越来越先进，听歌的选择从 CD 机到 MP3 再到现在的 App 流媒体，真的做到了随时随地想听什么就听什么。

为了让听众能随时随地享受音乐，中国唱片公司在 2021 年上线了“中唱音乐在线”平台，打造中华民族音乐与戏曲的数字宝库，将珍稀老唱片数字化，并面向全球开放提供免费及付费下载服务。如今的工业技术不仅能帮我们留住声音，还能修复已经损坏或被污染的声音。中国唱片公司采用 AI 技术优化老唱片音质，既守护了文化遗产，又拓宽了音乐传承的边界，让更多人有机会接触到这些珍贵的音乐资源。

2021 年 9 月 24 日，中国电科旗下“中唱音乐在线”平台建成投用并免费对外开放使用

中国电科旗下上海联合光盘有限公司 UOD 黑胶工坊

声音留存技术的“文艺复兴”

从孔子时期的礼乐文化，到如今百花齐放的音乐市场，声音始终伴随着人类历史向前的脚步，声音留存技术近几年也经历着属于它的“文艺复兴”。

2018 年，在中国最后一条黑胶生产线关闭 20 年后，中国唱片公司成立了中国首个 UOD 黑胶工坊，即上海联合光盘有限公司 UOD 黑胶工坊，并在黑胶发源地上海揭幕开启中国“黑胶复兴计划”。

工坊内有一条由全自动黑胶唱片压片机、刻纹声学系统，以及母版制版系统组成的独立生产线。该工坊的落成和这套黑胶生产设备的运行，标志着中国恢复了黑胶唱片的独立生产体系。

随着人工智能（AI）声音克隆、语音识别大模型、增强现实等技术的发展，我们有幸成为声音与科技交织的见证者，可以用任何语言与任何人交谈，这是人类在声音应用领域的又一大进步！未来，新技术将在更多场景的应用为人类提供更多个性化的服务，掌握声音将成为开启全新工业时代的一个密码。

（本篇图片由中国电科提供）

扫码听书

延伸阅读 国家工业密码

让音乐在数字技术中“永生”

中国唱片公司有一份宝藏，一份从 20 世纪 20 年代保存至今、无法用金钱衡量价值的宝藏。它就是以音频、视频、乐谱和手稿等多种形式保存着的我国20世纪音乐、戏曲、曲艺等领域的所有杰出作品与珍品，其中不乏绝世孤品，具有极高的历史价值。

为了保护这些珍贵的音乐遗产，中国唱片公司于 2012 年启动了“中华老唱片数字资源库建设及媒资应用”工程，通过数字化修复所保存老唱片的金属模板、磁带录音以及大量文字资料，确保它们能够得到更好的保存和传承。在这一过程中，投入了大量的人力、物力进行数字化处理，并克服了诸多困难，最终完成了媒资管理系统及磁盘阵列和蓝光存储的硬件搭建工作，同时完成了 2 万小时音频的编目录入。

2021 年，“中唱音乐在线”平台正式上线。在这个平台上，中国唱片公司将上面提到的数字化成果转化为面向互联网的音乐数据库。平台上不仅拥有 10 多万首（部）作品的音频资源，还包含丰富的视频、乐谱等老唱片史料，由专业团队按照国际通用的方法对资源进行编目，并邀请来自中央音乐学院等机构的十几位专家对元数据进行科学分类、审核校对，以确保资源的高质量。此外，平台上的各个子数据库、专题库定期更新，以保证资源的丰富性和多样性。

无论是科研人员、音乐学习者和爱好者，还是普通民众，都能通过这样的平台获取海量民族音乐文化知识、欣赏精彩艺术表演、普及中国传统文化，“旧时王谢堂前燕”终是“飞入寻常百姓家”。

我们时常遗憾不能亲耳聆听嵇康的广陵绝响，不能亲眼所见霓裳羽衣盛况，但有了数字技术的加持，这样的遗憾将越来越少。如今优秀音乐作品的流传不再只能依赖师与徒、表演者与观众之间的口口相传，而是得以“永生”。

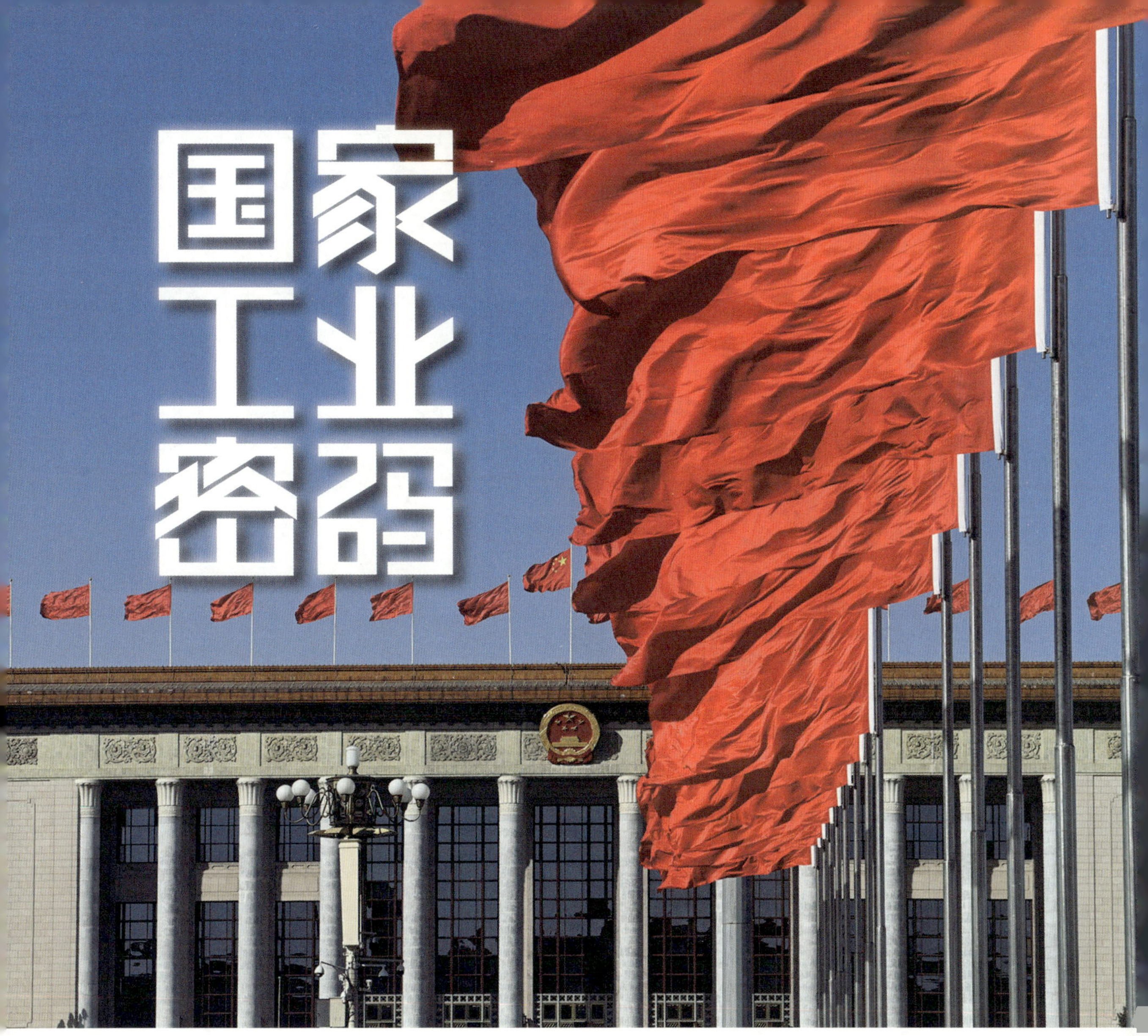

2 那些年，我们不曾拥有的“红”

1949 年 10 月 1 日，毛主席在天安门城楼上向世界庄严宣告：“中华人民共和国中央人民政府成立了！”随后，毛主席按下升旗按钮，随着《义勇军进行曲》响起，在万众瞩目下，新中国第一面五星红旗在天安门广场中央冉冉升起。

但是，那面五星红旗是用国外的染料染成的，因为当时我国没有能力生产不褪色的红色染料。

人民大会堂前红旗招展

什么是合成染料?

与天然染料不同，合成染料属于精细化工行业。天然染料是从植物、动物和矿物质中提取出来的，如千年不褪色的《千里江山图》里的成片青绿就是蓝铜矿和孔雀石的成分；而合成染料是经过复杂的化学手段形成的有机物质，它的研发水平其实非常考验一个国家的化工技术水平。

就拿国旗上的“中国红”来说，它本身不红，是黄色晶体，无法单独显色。怎么红起来呢？要在冰水的环境条件下，让黄色晶体与打底剂发生化学反应，之后布料才会显现出经久不褪色的红色来。

“国旗红”诞生之路

新中国成立以前，我们使用的化工染料产品主要依赖进口。新中国成立以后，我国的合成染料工业才有了发展的机会，起点就是对“国旗红”的渴望。当时的沈阳化工研究院在开国大典之后，开始研发中国自己的“国旗红”染料。

研发染料远不是调出颜色那么简单！能够染红国旗的染料必须是色泽鲜艳、色谱准确的，也就是“红”得要正，还必须经得起日晒、经得起水洗，永不褪色。想合成这种稳定的染料，就需要一个关键设备——高压釜。

刚刚成立的新中国没有高压釜，沈阳化工研究院当时各种技术条件都非常匮乏。科研专家们只能自己动手查阅了大量资料之后铸造了一个密封的“铁罐儿”，就是这个“低配版”的高压釜起了大作用。

1952 年 7 月，沉闷的研究室突然爆发出一阵欢呼：“成了？”“成了！”“真成了？”“真成了！”没有多余的语言，所有人都明白，这一刻，他们书写了历史。经过层层上报，最终，沈阳化工研究院自主研发的第一份红色染料被正式认定为“国旗红”染料。从此，五星红旗有了完全国产的专用染料，彻底打破了我国红色染料依靠进口的局面，我们有了自主的染料化工产业，也就有了发展现代化学工业的底气。

中国中化沈阳化工研究院
成立初期的实验室

中国中化沈阳化工研究院自主研发的“国旗红”色块

染料工业飞速发展

自此，随着我国纺织服装工业的快速发展，染料工业的地位日趋重要。在日常的衣、食、住、行中，随处可见色泽艳丽的纺织品、油漆、涂料、包装等，我们已经拥有了五彩缤纷的世界。1978 年之后，我国人民的生活越来越好了，兜里有钱了，对服装也有了审美追求，从以前单一的深蓝色、军绿色、黑灰色逐渐过渡到了碎花、条纹和各种鲜艳亮丽的颜色。不知道大家是否看过一部电影？1984 年上映的《街上流行红裙子》。

这部电影就是当年的年轻人追求时尚、张扬个性的清晰写照，不仅服装色彩越来越缤纷，服装面料也从纯棉、粗布发展到了化纤、真丝等，也就是在这一时期我国染料行业不断“华丽转身”，一大批中高端染料应运而生。

染料工业向新发展

如今，中国已经成为染料第一生产大国，2021 年染料产量占全球染料产量的 70%。与此同时，我国染料产业整体进入稳步发展的阶段。新阶段面临的是新问题。随着人们对环保的关注不断提高，研发环保型染料势在必行。同时，染料行业作为一个产生大量废水和废气的行业，通过清洁工艺和循环利用等技术减少废物产生量，对废水进行无害化处理，也是未来我国染料行业的绿色化发展态势。

中国中化沈阳化工研究院染料生产车间

中国中化沈阳化工研究院研制的新型染料应用于数码喷墨打印机，图为打印效果

五星红旗飘扬在天安门广场

时至今日，每天都会有成千上万名来自全国各地的观众聚集于天安门广场，齐声高唱国歌，目送五星红旗在第一缕晨光中升起，自豪之情溢于言表。

70 多年后，回看历史，感慨万千。当年我们不曾拥有自己的红色，如今永不褪色的五星红旗在世界各地高高飘扬。当年我们的街道颜色单一、风格陈旧，如今染料工业迈向高端，我们早已把一切空白染上了属于自己的颜色。

（本篇图片由中国中化提供）

扫码听书

延伸阅读 国家工业密码

让世界“随光而变”的新型染料

光赋予了物体基本的色彩，让世界变得绚丽。染料让很多原本颜色单一的物品有了更多彩的可能。早在仰韶文化时期，人们就已经开始用天然植物染料进行染色。

当传统染料产业发展成熟，人们对染料的需求不再仅仅是改变颜色，功能染料及染料功能化成为行业关注点。

光致变色染料是一种能在光的照射下发生颜色变化的染料，独特的光学特性使其在环境感知、防伪技术等方面具有广泛应用潜力：可以用于制作防伪标签和防伪油墨，通过光照后的颜色变化来验证产品真伪；可以用于制造随光线改变颜色的壁纸、装饰品等，增添视觉效果；可以用于制作变色眼镜，在室内户外的切换中“一镜两用”保护眼睛；可以用于制造具有变色功能的服装，在舞台灯光的照射下展现时尚和创意……

感知环境、实现轻松“变脸”只是光致变色染料的基础，目前行业研究重点和难点是开发使用寿命长、成本更为低廉的新型光致变色染料。可喜的是，在科研人员的不断探索下，它的性能实现了技术突破。比如，中国中化沈阳化工研究院开发的高性能光致变色材料，通过分子设计与复配技术来大幅提升疲劳度和使用寿命，满足高端防伪应用；华东理工大学朱为宏院士团队研发的绿色节能光致变色玻璃，突破长期光热稳定性瓶颈，正向多个领域推广……此外，光致变色染料与复合材料的化学或物理结合、染料与纺织品的加工应用技术等都成为行业技术发展的热点。

光致变色染料只是众多功能染料中的一种，以它为代表的功能染料研究已开始聚焦智能纺织品、数码材料、数据存储及医疗检测等领域，正在朝高附加值、高利润和安全环保的方向大步迈进。

3

1949年的天安门城楼上，为什么没有国徽?

国徽是国家的标志和象征，也寄托着公民的归属感。如果回看 1949 年 10 月 1 日开国大典的所有镜头记录，你会发现，那天国旗飘扬、国歌嘹亮，但是天安门城楼上唯独没有国徽的身影……

这是怎么回事?

新中国第一枚金属国徽

1949 年 10 月 1 日的天安门城楼上，为什么没有国徽？这是因为当年中国国徽的设计过程比较曲折，直到 1950 年 6 月，国徽形象才被最终敲定。

这之后不久，一枚崭新的国徽就高悬在天安门城楼正中央。国徽呈圆形，图案精美，引得人们驻足仰视。当时很少有人知道，这是一枚木质的国徽！长时间的风吹日晒使国徽很容易变形褪色，因此，必须抓紧制作一枚金属国徽来替换木质国徽。

1950 年 10 月前后，沈阳第一机器厂接到任务——铸造新中国第一枚金属国徽。

国徽属于高精度铸件，上面有栩栩如生、线条精致的五星、齿轮、稻穗、天安门等图样，需要非常精细的铸造技术。这一重任光荣地交给了以铸造技术闻名全国的沈阳第一机器厂（现通用技术集团所属沈阳机床）。

在铸造过程中，沈阳第一机器厂遇到了不少困难：一开始用砂土做的模具不够坚挺，模型上的图案模糊，为了换砂子，他们从内蒙古找到大连，经过上百次筛选，最后用比较黏的细砂和比较干的粗砂达成了“完美配比”，做出来了纹理清晰的砂土模型。

砂土模具做好了，下一步是浇金属液，又遇到问题了——浇下去的金属液火候控制不好，总有一部分图案凹陷或缩形，只能反复试验，找到最合适的火候和冷却时间，这才有了一比一“复制粘贴”出来的精美图案，再经过烤漆贴金等工序，铸造国徽的任务就完成了。

1951 年 5 月 1 日，凝结着所有铸造者心血的第一枚金属国徽正式悬挂在了天安门城楼之上。

古老又崭新的铸造技术

铸造团队选择了先制模再浇铸，最后精加工的方法。这套流程也是铸造技术的基本思路。

1951 年，沈阳第一机器厂铸造生产的新中国第一枚金属国徽悬挂在天安门城楼上

铸造，其实就是把金属熔化成液体状态之后倒进事先做好的模具里，等熔融金属冷却就会固定成一种形状，可根据形状赋予它们不同的用途。

铸造是一门既古老又崭新的技术。我们在博物馆里看到的精美青铜器、古代钱币、寒光闪闪的兵器，都体现了古代劳动人民的铸造智慧。

考古发现，我国最早的青铜器出现在公元前 3000 年前后。有兴趣的话，你可以去湖北省博物馆看一件文物——曾侯乙尊盘。

曾侯乙尊盘极其精美复杂，全套器物只有 42 厘米高，表面装饰着百余条蟠龙和蟠螭，纹样相当生动，器具内有数以百计的零件，简直就是“巧夺天工”的具象化。可以说，它是春秋战国时期铸造工艺的“天花板”。

中华文明的每个朝代都有精美的铸件问世。时至今日，铸造业已成为现代机械制造工业的基础，燃气轮机、铁路、纺织机械等产业链都离不开铸造。一方面，铸件得够硬够强才能满足桥梁、围栏等承重部件的要求；另一方面，铸件要好塑造，以便被机械加工成精细的形状。

比如，在 1964 年，为了让我国新型战机歼 -8 飞得高飞得远，当时的航空研究院决定给歼 -8 安装一个更强悍的“心脏”——铸造空心涡轮叶片。

如果说发动机是战斗机的“心脏”，那么发动机叶片就是心脏里的“输血大动脉”。这种空心涡轮叶片结构复杂、制备难度极高，只有美国在 1961 年研制出来了。为了打造空心叶片，中国科学院金属研究所的师昌绪带队，终于在 1966 年做出了试车成功的叶片，我国的战斗机也有了更强的动力。

我国成为继美国之后第二个采用铸造空心叶片的国家，而且我们只用了一年，英国用了 8 年才研制成功。

从小零件到大机组

铸匠心，造重器。我国的铸造工艺正在向高端化发展。服务国家工程，只做行业领先。

在位于四川省宁南县和云南省巧家县交界处的白鹤滩水电站内，我国自主研发的全球单机容量最大功率的水轮发电机正在将由天然落差产生的水能转变为电能，为千家万户送去光明。

大型水轮发电机组是衡量一个国家水电装备制造水平的标尺，这座全球单机容量最大功率的水轮发电机组的全部导叶均实现自主研发，在全球只有少数国家可以做到。它的制造者是来自辽宁的中国机械总院集团沈阳铸造研究所有限公司（以下简称“中国机械总院沈铸所”）。

中国机械总院沈铸所成立于 1957 年，是我国首批国家级铸造技术专业研究机构。在这里走出了我国第一台钛合金真空自耗凝壳熔铸炉、目前亚洲最大钛合金真空自耗凝壳熔铸装备、国内首个适用于铸造车间的 AOD 精炼炉等诸多“首创”。

“智能”铸就更多精彩

如今，中国迈入了智能时代，让传承千年的铸造业有了数字化助手。在智能铸造车间，既没有烟尘，也没有工人繁忙的身影。在中控大屏上，实时显示着专业参数。工人只需轻触设备，一个个精细的铸造产品就可以从智能铸造流水线中排队产出了。

中国机械总院沈铸所 3D 砂型打印产品

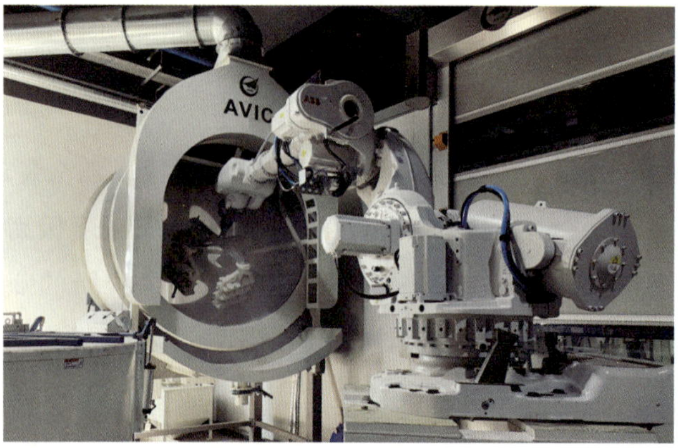

中国机械总院沈铸所的精密铸造数字化生产线

通过信息数字化技术，过去由工人靠眼、靠手把关的环节变成了一道道检测点，用大数据代替人为把关可以精准分析各项制作参数，为汽车、工程机械、轨道交通、机械装备、热能工程、航空航天等产业提供分毫不差的铸件产品。

2019 年 10 月 1 日上午，庆祝中华人民共和国成立 70 周年大会在北京天安门广场隆重举行。图为群众游行中的国庆年号和国徽方阵

从华美的青铜礼器，到天安门城楼上的第一枚金属国徽，再到上天入地的各种精细零件，我们的多彩生活和工业铠甲就这样被慢慢铸就。

（本篇图片由中国机械总院提供）

扫码听书

延伸阅读 国家工业密码

金属与高温的 N 种奇妙组合

铸造技术是一门古老而现代的工艺，它在航空航天、航海舰船、电子机械等领域发挥着重要作用。如今，铸造技术正不断融合高科技手段，展现出前所未有的魅力。

真空感应悬浮熔铸技术利用高频电磁场使金属颗粒悬浮在空中，避免了传统坩埚材料的污染，让金属在纯净的环境中均匀受热，从而变得更加纯净和强韧。这种技术改变了传统铸造的模式，为金属加工带来了新的突破。

3D 砂型打印技术让铸造变得像打印文件一样简单。无需传统模具，只需一台 3D 打印机，就能快速制造出复杂形状的铸件。这种技术不仅缩短了开发周期，还满足了单件小批量生产的快速需求，未来铸造工厂有望成为高科技制造中心，随时“打印”出所需的金属零件。

一体化压铸技术是现代制造业中轻量化的重要手段。通过减少部件间的连接，不仅增强了产品的强度和耐久性，还实现了轻量化，广泛应用于汽车、飞机和电子设备等领域，让产品更高效、更节能。

电渣熔铸技术是电渣重熔技术的升级版，尤其在水电工程建设中发挥着关键作用。它能够制备高精度的水轮机核心零部件，应用于三峡水利枢纽工程、白鹤滩水电站等重大工程，确保了水电工程的安全与稳定。

差压铸造技术适用于多种金属零部件，如电动机壳、阀门、叶轮和导弹舱体等。它不仅材料利用率高，还能生产出性能优异的铸件。随着数字化和智能化的发展，差压铸造技术将在铸造领域持续发挥重要作用。

从微观的原子排列到宏观的工业制造，铸造技术不断拓展金属材料的性能边界。以中国机械总院沈铸所为代表的众多企业，正在积极探索铸造新材料、新工艺和新装备。未来，铸造技术将继续为国家工业发展贡献更大力量，开启更多金属与高温的奇妙组合。

4 天安门广场国旗杆“长高”背后的钢铁力量

“我和我的祖国，一刻也不能分割……” 这不仅是一首歌的旋律，也是一部令人热泪盈眶的电影。2019 年，《我和我的祖国》成了 “年度神曲”，和同名电影一道，唤起了人们对新中国成立以来一些经典时刻的记忆。

影片由 7 个故事构成，在开篇《前夜》中，黄渤饰演的国旗杆设计安装者林治远的故事，你还记得吗？下面，让我们从开国大典讲起，聊一聊天安门广场国旗杆 “长高” 背后的钢铁力量。

计划 30 米高的旗杆却只能做到 22.5 米

1949 年 10 月 1 日，新中国诞生了。

为了能让国旗在开国大典上顺利升起，新中国诞生前夜，天安门广场国旗杆设计安装者林治远和他的团队争分夺秒地反复调试着中国第一个电动升旗装置……

1949 年 10 月 1 日，通过中国第一个电动升旗装置升起的新中国第一面国旗

林治远接到布置旗杆的任务时，一下犯了难。他回忆说：“这个旗杆必须高达 30 米，才能和天安门城楼形成完美的比例，30 米相当于 11 层楼那么高。” 到哪里找 30 米高的旗杆？钢铁厂根本生产不出来呀！怎么办？林治远和他的团队几乎跑遍了整个北京城也无果。最后，林治远不得已跑到北京自来水厂的车间，找到直径大小不一的钢管，套起来进行焊接。即使这样，也只能做到 22.5 米，再长就不能保持旗杆的稳定性了。

这第一根国旗杆一立就是 42 年。直到 1991 年 4 月 15 日，天安门广场国旗杆才被更换成首钢集团用四节无缝碳素钢管焊接而成的总长 32.6 米的新旗杆，“长”高了约 10 米。

开国大典上国旗杆的“遗憾”见证着中国的日新月异、高速发展，也在无声诉说着曾经的奋斗和今日的辉煌。

中国钢铁在各行各业熠熠生辉

从材质到焊接，从喷砂到维护，天安门广场国旗杆“拔节”的背后承载着中国钢铁人对技术创新的极致追求和让国旗永远“高高飘扬”的朴素信仰。

当初，一根旗杆难住了一个国家。当下，从“神舟”飞天到“北斗”指南，从“白鹤”亮翅到“蓝鲸 1 号”海底寻宝……凡此种种，不一而足。中国钢铁日渐丰富多元的形态性能、应用场景，在各行各业熠熠生辉。

钢铁，可以“轻薄如蝉翼”。“蝉翼钢”是超薄规格 5G 用钢，主要为 5G 基站信号接收器、信号发射滤波器、集成电路板等用钢，因厚度薄如蝉翼而得名。“蝉翼钢”由首钢集团研发并实现工业化生产，其最大的挑战在于既要薄又要宽。一般来说，钢铁板材宽度与厚度的比值达到 4000，生产难度就已经很高了，而首钢集团生产的“蝉翼钢”宽厚比超过了 11400，该技术已达到世界领先水平。

由首钢集团“蝉翼钢”精心打造的录取通知书

钢铁，可以“化作绕指柔”。随着科技的发展，钢铁笨重的既往形象不断发生着变化。一卷钢材却有极好的延展性，展开后用手轻拉便能撕开，甚至可以做成剪纸作品，被形象地称为“手撕钢”。轧制“手撕钢”的过程，形象地说，就像擀面皮。在中国宝武的车间里，20 根轧辊同时在擀，既要薄，又要均匀，还要没有划痕。这

中国宝武“手撕钢”厚度只有头发丝直径的 1/6

种厚度只有头发丝直径 1/6 的不锈钢，不仅能够抵抗反复折叠，还具备强大的耐腐蚀、抗氧化功能，如今更是成为高新技术领域的“宠儿”。正因如此，“手撕钢”的价值堪比黄金。

钢铁，也可以“纤细如蚕丝”。“蚕丝钢”的生产工艺十分复杂，将长度近 2 米、直径 15 厘米的圆柱形钢锭与 10 余种元素在 1600℃高温下反应融合，再经过首钢集团硬核工艺的轧制、拉伸，才能生产出如同“绒丝”一样精细的“蚕丝钢”。别看“钢铁艺术”如此精美，实际上“蚕丝钢”大有用处，主要用于天然气工业窑炉和汽车尾气净化领域。

由首钢集团“蚕丝钢”制作的“福”字工艺品

由首钢集团“蚕丝钢”制作的文创产品

中国钢铁科技的进步从天安门广场到祖国的四面八方。你可曾想到，曾经“傻大黑粗”的钢铁产品，如今可以薄如“蝉翼”、细如“蚕丝”、贵如“黄金”、美如“艺术”。

2024 年 1 月 1 日晨，北京天安门广场举行隆重的升国旗仪式

“我的祖国和我，像海和浪花一朵。”每一朵浪花都在见证大海的澎湃，大海永不干涸，每一朵浪花都有最美的时刻。在见证历史的开国大典背后，是千千万万个如林治远一般为“立国大事，必鞠躬尽瘁”的小人物。网络上有个话题 # 我们为什么要爱国 #，有一条热搜或许就是最好的回答：强大的中国就是每个中国人的坚强靠山！

（本篇图片由中国宝武、首钢集团提供）

扫码听书

延伸阅读 国家工业密码

钢铁产业的“新质”力量

曾经，钢铁厂的烟囱时常喷吐出滚滚浓烟，那是旧时传统工业的粗犷图景。当下，全球绿色转型的浪潮推动着钢铁行业踏上新径，正将昔日的“废弃物”重塑为宝贵的资源。首钢集团，正是这场绿色革命的先锋。

你或许想象不到，钢铁生产中的工业废气竟能转化为酒精和饲料！在首钢朗泽的生产现场，特殊菌种能够“消化”一氧化碳，仅 22 秒即可代谢出高价值的生物乙醇和蛋白。生物乙醇作为清洁能源，不仅能减少汽车尾气污染，还能作为基础化工原料，深加工成乙烯、航空煤油、清洁用品、化妆品、服装化纤等绿色低碳产品。新型饲料蛋白有助于摆脱对传统蛋白饲料源的依赖，解决我国蛋白资源短缺问题。凭借这项技术，首钢朗泽荣获我国首张饲料原料新产品证书。

钢铁的绿色探索并未止步于废气利用。在水资源循环利用方面，首钢集团也走在了行业前列。首钢集团构建的“燃—热—电—水—盐”五效一体高效循环利用系统，其燃气—蒸汽联合循环发电机组发电效率，可较同等机型提升 2 个百分点，在全球范围内尚属首例。依托配套海水淡化装置，每年可节约地表水 2600 万吨。同时，实现了海水中钙、镁、钠、溴等有价元素的梯级分离与高效利用，与周边产业链形成优势互补。

此外，在固废资源利用方面，首钢集团研发出复合矿粉、钢渣粉、路基料、免烧砖等多种绿色低碳材料产品。其中，全固废基胶凝材料混凝土生产应用技术，成功入选北京市创新型绿色技术推荐目录。

钢铁生产并非“高污染、高耗能”的代名词。通过技术创新和绿色发展，钢铁行业同样能够实现可持续发展。首钢集团的实践不仅为行业提供了宝贵的经验，也为全球绿色发展贡献了中国智慧与力量。

5 穿越时空，去看一场“开国大典”

“同胞们，中华人民共和国中央人民政府今天成立了。”

在历史的长河中，有些瞬间被定义为永恒。1949 年 10 月 1 日，中华人民共和国开国大典，就是这样一个瞬间。

1949 年 10 月 1 日，人们在北京天安门广场参加开国大典

每逢国庆，观看开国大典影像成为中国人民回顾和纪念这一历史时刻的重要方式。

然而，长久以来，我们所见到的开国大典影像，却只有短短几分钟的黑白片段。人们不禁好奇，那些未曾见过的彩色画面和那些被时间冲刷的历史细节，究竟是何种模样？

彩色的开国大典

2019 年，中央档案馆公布了开国大典影像档案，这是目前公开的关于开国大典时间最长、内容最完整的视频，真实还原了这一伟大的历史时刻。

如何让历史影像从岁月的尘埃中唤醒，以一种全新的生命力的形式存在？

1949 年 10 月 1 日，中华人民共和国开国大典影像（来自中央档案馆）

2019 年，开国大典影像片段首次出现在了电影《决胜时刻》中。导演黄建新找到了一段 4 分钟、16 毫米胶片的开国大典影像，并购买了这段胶片。

但这段胶片的质量非常差，有划痕、晃动、颜色脱落、焦点不实等问题。幸运的是，这些影像经过视频增强与修复技术，以前所未有的清晰度还原了那个历史性的时刻。许多观众深感惊艳，看到这些高清彩色影像，仿佛历史人物从教科书中走了出来，让人感受到一种穿越时空的震撼和感动。

实际上，如同修复开国大典影像一样，那些陪伴我们成长的老电影、珍贵的历史影像，如今，都能借助视频修复技术以高清的姿态重新出现在我们眼前。这到底是怎么实现的呢?

给视频“美容”的黑科技

让我们穿越回那个黑白电视的年代。那时候的视频，画质粗糙，色彩单一，仿佛隔着一层历史的纱窗。但现在，有了一种叫作“超高清智能修复、增强技术”的手段，可以让这些老视频“返老还童”。

想象一下，你正在观看一部几十年前的经典电影，突然，画面变得异常清晰、色彩斑斓，就像你亲眼所见一样。中国电科华录集团便拥有这样的黑科技——他们自主研发的人工智能（AI）技术，能够对视频进行深度的“美容手术”。

老电影黑白上色

这个技术有多神奇？它包括了黑白视频上色、2D 转 3D、视频增强等一系列“超能力”。就像一位全能的化妆师，不仅能够去除脸上的瑕疵，还能让人物的五官更加立体，甚至改变人物的发型！

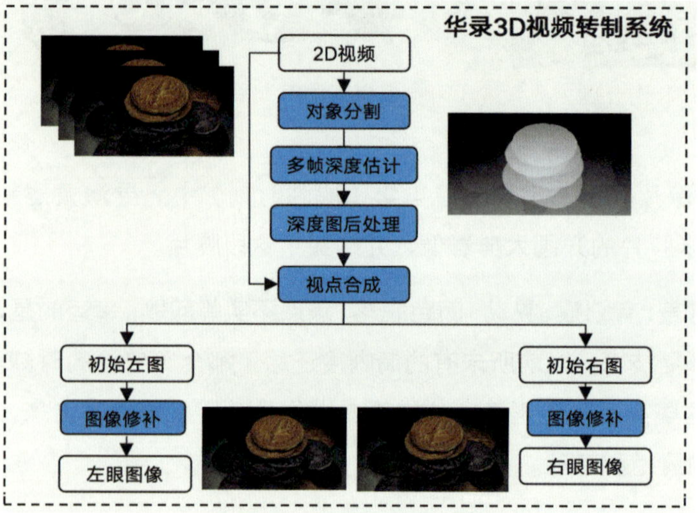

中国电科华录集团 3D 视频转制系统流程图

中国电科华录集团的这项技术已经在我们熟悉的视频平台上大显身手，上千部视频在它的“巧手”之下重获新生。首先，AI 会对视频进行智能前处理，就像对视频进行一次全面的“体检”，找出所有的“病症”，如噪点、斑点、划痕等。随后，AI 的修复技术便会让视频变得干净、平滑。

接下来，就是提升该视频的帧率和分辨率了。AI 会利用光流分析和运动补偿技术让视频的帧率飙升，画面更加流畅。同时，AI 对抗网络变换和人脸细节增强技术将分辨率提升到 4K 标准，让你看清每一个细节，仿佛置身其中。

不仅限于修复画面，最后，AI 还会对音频进行处理，通过分离、空间分析和重构技术，还原更加立体、真实的声音。

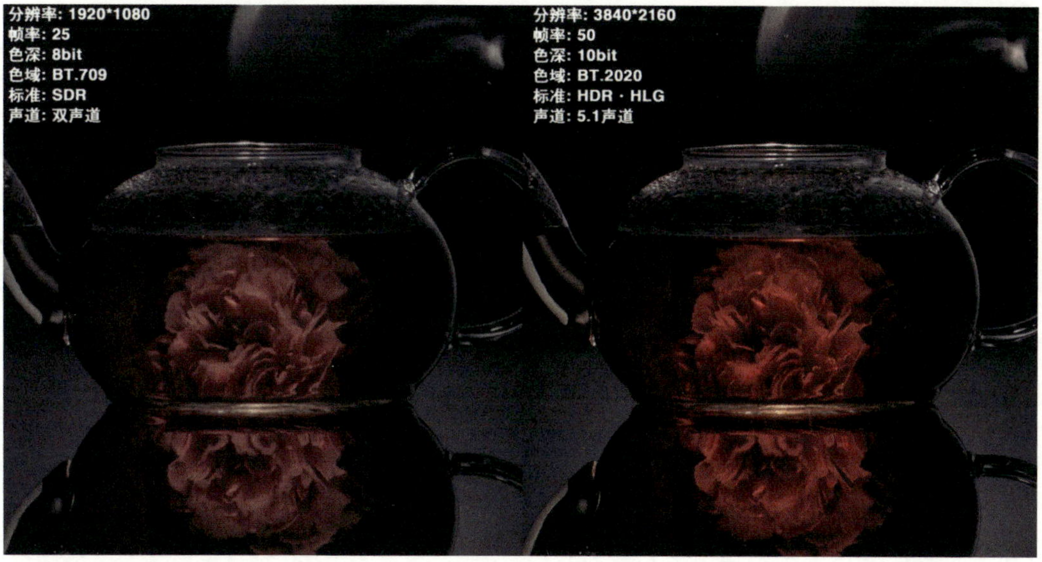

视频增强前后对比图

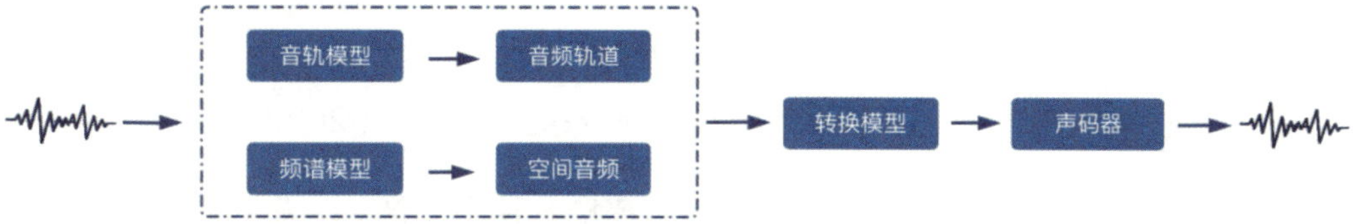

中国电科华录集团 AI 处理音频流程图

这种技术只能用在老电影上吗？当然不是！它还可以用在体育赛事、纪录片、游戏视频等各种领域，让所有的视频都能带来超高清的观感。

彩色开国大典影像的重现，成为连接过去与未来、个人与国家的重要纽带，是中国人民共同记忆的一部分。

对于那些珍贵历史影像的高清修复，不仅是对历史的一次重新发现，更是对过去的深情致敬。它让我们得以窥见那个时代的真实面貌，感受那些历史人物的温度。相信还有更多的历史宝藏等待着我们去发掘，去讲述。

（本篇图片由中国电科提供）

扫码听书

延伸阅读 国家工业密码

用技术还原真、传播善、留住美

时间，带走了青春的容颜，模糊了曾经的记忆，那些多年前有幸留存下来的影像也往往受限于技术，变得不再清晰。近年来，视频修复技术取得了突破性进展，不仅让老旧影片得以焕发新生，还在文化传承、影视制作等领域展现出巨大潜力。

中国电科华录集团自主研发的超高清智能修复系统已成功应用于多部珍贵历史资料的修复工作，通过黑白视频上色、2D 转 3D、视频增强等人工智能技术，让历史的瞬间变得生动鲜活。除此之外，VR 8K 虚拟现实直播制播服务、AI 算法拼接与实景建模等技术的应用与研发，也产生了显著的经济社会效益。华录集团下属北京华录新媒信息技术有限公司基础软件领域的技术产品“华录超高清及 VR 制作平台”成功入选了国务院国资委《中央企业科技创新成果推荐目录（2022 年版）》。

华录集团还通过积极探索，将超高清智能修复技术与文化、旅游、教育等行业深度融合。通过打造沉浸式体验空间、数字化博物馆等新型业态，推动了产业链的延伸和拓展，提升了公众的文化获得感和幸福感。

然而，技术的道路永无止境。当前，视频修复领域仍面临诸多技术难题，如色彩还原的精准度、3D 转换的真实感等。华录集团正携手高校、科研机构等共同攻克这些难关，推动视频修复技术迈向更高水平。

视频领域的超高清智能修复与增强技术如同一把钥匙，悄然解锁了历史的尘封记忆，也映射出当下科技产业的璀璨光芒。展望未来，随着人工智能、大数据等技术的不断发展，超高清智能修复等视频处理技术将呈现出更加多元化、智能化的趋势，也必将更好地还原真、传播善、留住美。

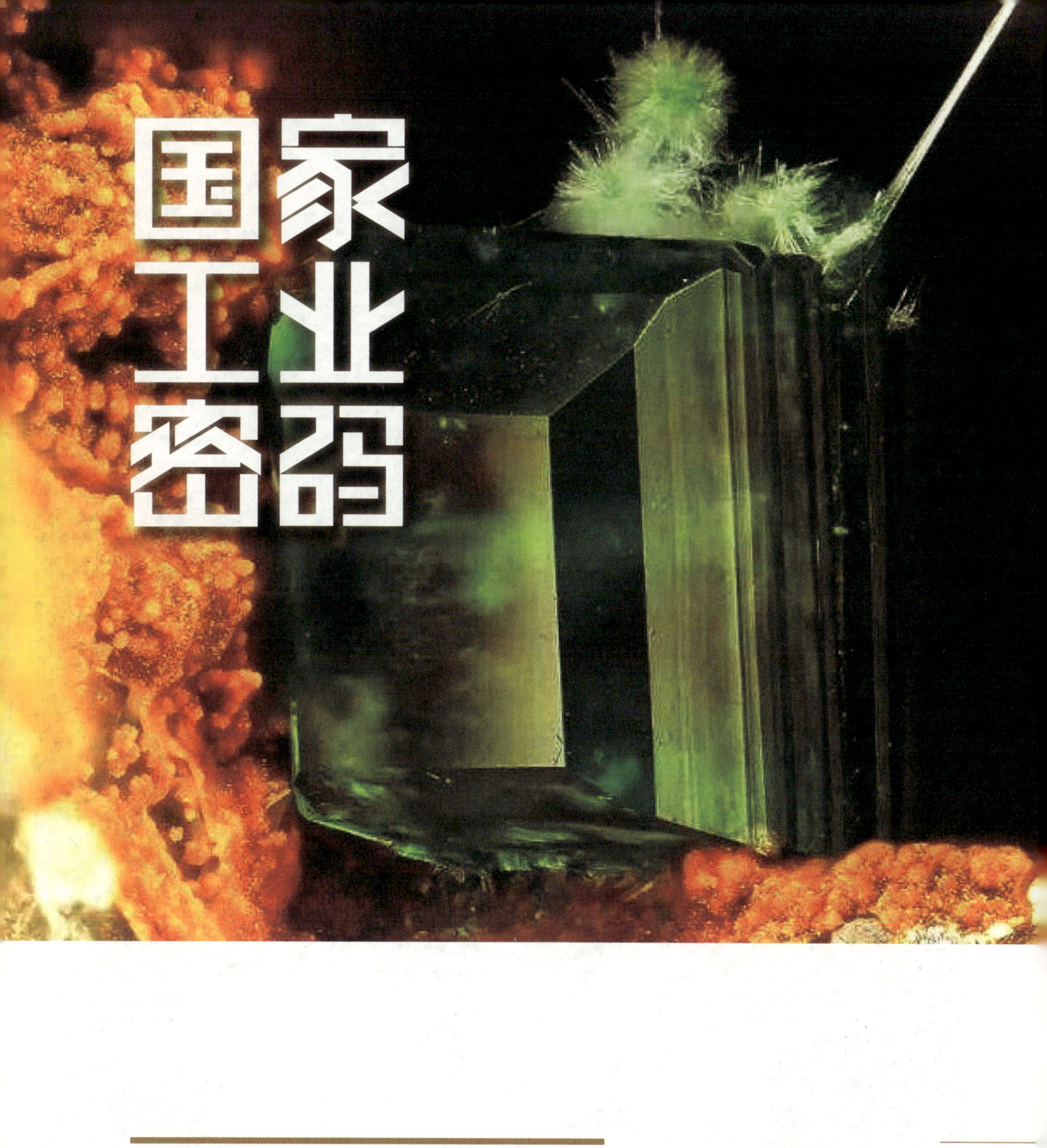

6 “邱小姐”的“嫁妆”

国家工业密码

“邱小姐”的“嫁妆”

以“核”之名 守护和平 引领能源革命

核工业是高科技战略产业、国家安全重要基石。从中国第一颗原子弹爆炸成功到自主三代核电“华龙一号”走向世界，经过数十年的积累和发展，中央企业已经形成了完整先进的核科技创新体系。大国底气从“核”而来？我们从一块石头开始说起……

1964年10月16日，新疆罗布泊，一声惊天巨响，震惊了世界，“邱小姐出嫁了！”“邱小姐出嫁了！”这是怎么回事？

原来，60多年前，我国研制第一颗原子弹时，出于保密需要，工作人员制定了一整套密语：原子弹叫“邱小姐”，装配叫“穿衣”，插雷管叫“梳辫子”，原子弹送到塔顶叫“住上房”，而那举世瞩目的伟大瞬间也有一个响亮而浪漫的代号——“邱小姐出嫁了！”

1964年10月16日，中国第一颗原子弹爆炸成功

很多人不知道，“邱小姐出嫁”的背后有一块功不可没的石头，它就是铀矿石。

这块石，决定了“邱小姐”的命运

如今，原子弹的原理，甚至制造原子弹的技术已不再是秘密，铀作为核裂变的天然原料，是制作原子弹和核电发电的关键原料。但当年，西方国家对中国进行战略封锁，想要进口普通物资都很困难，更不用说这种高度敏感的战略物资了。我们只能把目光放回国内，在全国各地寻找铀矿。

1954年2月，地质部普查委员会第二办公室成立，负责筹备铀矿地质勘查工作。两条线索在大量资料中浮现出来。

1954年7月，小组成员首先来到辽宁海城实地考察，最后计算出该地矿区只有800千克的铀资源，价值不大。东北海城找寻无望，就只能指望另一处了。两个月之后，一支由地质、物探、测量等方面的20多人组成的花山工作队来到广西的黄羌坪调查。不久，果真在这里找到了铀矿，并且认为铀资源比较丰富。工作队如获至宝，他们采集了一块铀矿石带回北京。

在中南海菊香书屋，毛主席看着放在桌子上的铀矿石，问：“怎么证明它是铀矿啊？”

国家工业密码 知识拓展

原子弹的原理和结构简介

原子弹通过可控链式核裂变释放能量。当铀 -235 或钚 -239 等重核吸收中子后发生裂变，平均每次释放 2 ~ 3 个新中子及巨大能量（1 千克铀 -235 完全裂变相当于 2700 吨标准煤燃烧）。维持链式反应需达到临界质量——该阈值与材料密度平方成反比，密度翻倍可使临界质量降为原值的 1/4。

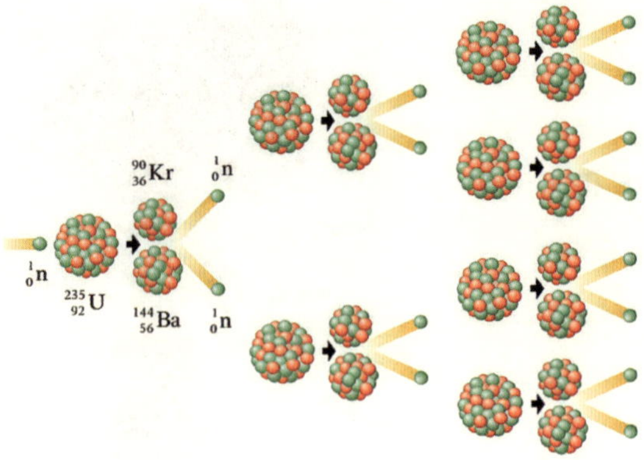

核材料发生裂变链式反应

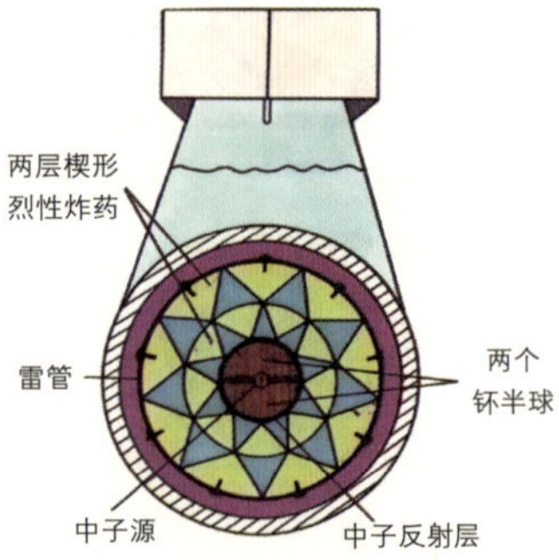

内爆式原子弹简易结构图

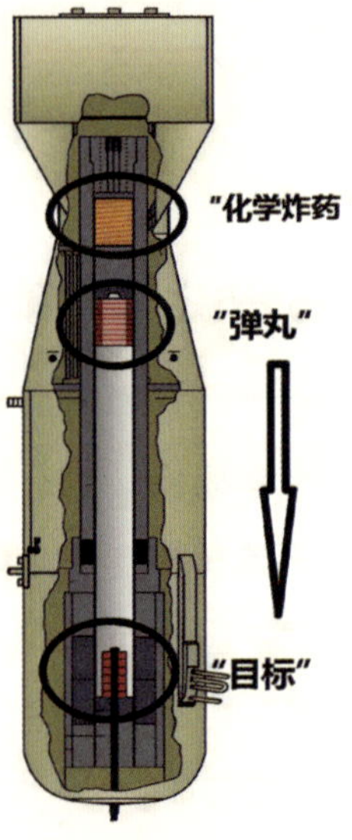

枪式原子弹简易结构图

主要结构设计包括：

1. 枪式结构

将次临界铀 -235 分成两部分，化学炸药推动其高速合并实现超临界状态（如美国“小男孩”原子弹）。该设计铀利用率仅 1.38%，且存在早燃风险（反应过早启动降低威力）。

2. 内爆式结构

通过精密炸药透镜阵列产生球面聚爆波，将钚 -239 压缩至常态密度的 2 ~ 3 倍，使次临界质量材料进入超临界状态（如美国“胖子”原子弹与我国首颗原子弹）。该设计裂变效率达 15% ~ 17%（首代水平），且可通过中子反射层（如铍 -9）提升中子通量。

钱三强把能探测放射性辐射的仪器放在桌上，将铀矿石揣进口袋里，然后从桌旁走过，仪器就立刻发出“嘎嘎嘎”的响声。

毛主席很高兴，给大家鼓劲，说：“我们的国家，现在已经知道有铀矿，进一步勘查，一定会找出大量的铀矿来。”

于是，当天的中央书记处扩大会议做出了发展中国原子能工业的战略决策。中国要造自己的原子弹，也是在这个时候拍了板。

这座山，为“邱小姐”备足“嫁妆”

在 20 世纪 50 年代，铀矿找矿基本采用苏联模式，根据苏联专家的意见，花岗岩体内部不利于铀矿成矿。

1961 年，中国设立第一个大型铀矿科研项目，以北京三所（现中核集团核工业北京地质研究院）为主共 24 人联合组成“下庄综合研究组”，首次提出“花岗岩内可找到铀矿，具有很大成矿潜力”的观点。这一研究理论成为当年铀矿的主流。

遵循这一理论，专为探测铀矿组建的航测队开始对湖南及广西等地进行地毯式的铀矿勘查。

一天，航测队的飞机在距地面约 60 米的高度超低空飞行，机上的仪器突然发生强烈的放射性反应。飞行员大喜，立即按预定程序抛下一个石灰包，对发生信号异常的区域进行了标记。后来，这个异常点成为我国第一个大型铀矿床——七一一矿。

1963 年 10 月，金银寨（七一一矿所在地）1 号副井建成

1965 年，参加西北普查会战的陈肇博等地质工程师

从七一一矿开采出的第一批铀矿石，为“邱小姐出嫁”提供了合格的核原料。

这些铀，为核工业发展提供“无限续航”

1964 年 10 月 16 日，我国第一颗原子弹成功爆炸。这一历史性成就有力打破了超级大国的核垄断和核讹诈！

可零星的矿床并不能支撑中国庞大的需求，在很长一段时间里，中国是一个铀资源比较短缺的国家。

其实，不仅中国缺铀，世界上大部分工业国也缺铀。铀在地球上的含量很低，平均每吨地壳物质中，只有 2.7 克铀。稀有程度可想而知。

直到 2012 年，中核集团在内蒙古发现了一个世界级超大型铀矿——大营铀矿。大营铀矿并非在花岗岩中找到的，而是在砂岩中，以此证明了在煤田和油田下找铀的思路是正确且可行的。这成为我国找铀思路的一个经典案例，促成了中国铀矿勘查开发格局的转变。

利用这一思路，中核集团在辽河油田又探获了特大型铀矿——钱家店铀矿。

中核集团内蒙古矿业通辽钱家店绿色铀矿山全景

其实，铀不仅在陆地上有，海里也有。据估算，海水中含有 45 亿吨铀，如果将其提炼出来加以利用，那就相当于全球都拥有一个铀能量池。

2023 年，中核集团投建的我国最大的海水提铀试验平台建成并投用，在未来将为我国核工业发展提供“无限续航”，科幻就这样照进了现实。

于是，从一块石，到一座山，再到一片海，“天空地深”铀矿勘查技术体系像一张大网正在铺开，在广袤的国土上探明铀矿床达380多个，我国已经从一个铀资源空白国变为较为丰富的国家之一，坐享家里有矿的感觉我们有了！

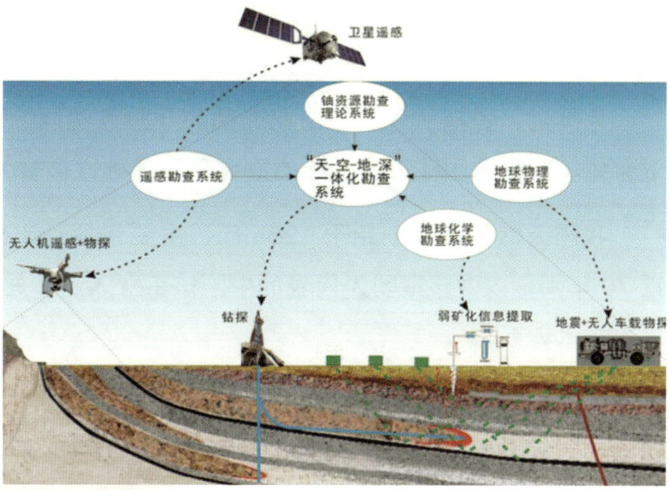

“天－空－地－深”一体化勘查系统示意图

保存在中核集团核工业北京地质研究院的新中国第一块铀矿石——开业之石

你能想象吗？这一切故事的起点，就是那块走进中南海的铀石头。

它见证了中国核工业的起步与发展，被称为核工业的“开业之石”，如今正完好地保存在中核集团核工业北京地质研究院。

（本篇图片由中核集团提供）

扫码听书

延伸阅读 国家工业密码

“核电粮仓”升级进行曲

天然铀，是指从铀矿石提取的铀的 3 种天然同位素（238U、235U、234U）的混合体。它是我国核工业发展的重要物质基础，被誉为“核工业的粮食”。

我国天然铀产业创始于 1955 年，主要包括铀矿勘查、采冶两大部分。在过去近 70 年间，以中核集团为代表的中国核工业人逐步建立了一、二、三代铀矿勘查、采冶技术体系。

如今，天然铀产业正在经历一场新的技术革命。中核集团通辽铀业钱家店铀矿建成了我国首座采用二氧化碳和氧气地浸采铀技术的环境友好型矿山。这里牛羊成群、绿草如茵，一些不同颜色的“小方格”镶嵌其中。向绿色“小方格”里的注液孔中注入含有二氧化碳和氧气的水溶液，溶解地下矿石中的铀矿物，再从蓝色“小方格”里的抽液孔中抽取含铀水溶液，进行水冶处理，加工成铀的初级产品，将提取铀之后的尾液重新配制成溶液，再次注入地下矿层。这种集采、选、冶于一体的工艺，不产生废渣，大大减少废水量，不影响地表正常种植，安全又环保。同时，这项技术还解决了常规开采方式无法解决的铀资源含量偏低的铀矿开采难题。

绿色化转型与数字化转型相伴，“千里之外、一键采铀、一屏掌控”不再是梦想。2021 年，中核集团内蒙古矿业在呼和浩特市建成启用了国内首个地浸铀矿山远程控制中心。在这里，智能电子大屏可实时监测矿山生产动态场景，实现了所属各矿山的异地高效互联、一体化管控；技术人员只需轻点鼠标，就能对千里之外的野外矿山进行生产远程控制。

以绿色、高效、数字化、智能化为主要特征的第四代铀矿勘查、采冶技术体系建设正在加速推进。未来的天然铀产业将是集智能找矿、智慧开矿、绿色安全于一体的高新技术密集型产业。

“核电粮仓”升级的进行曲慷慨激昂。

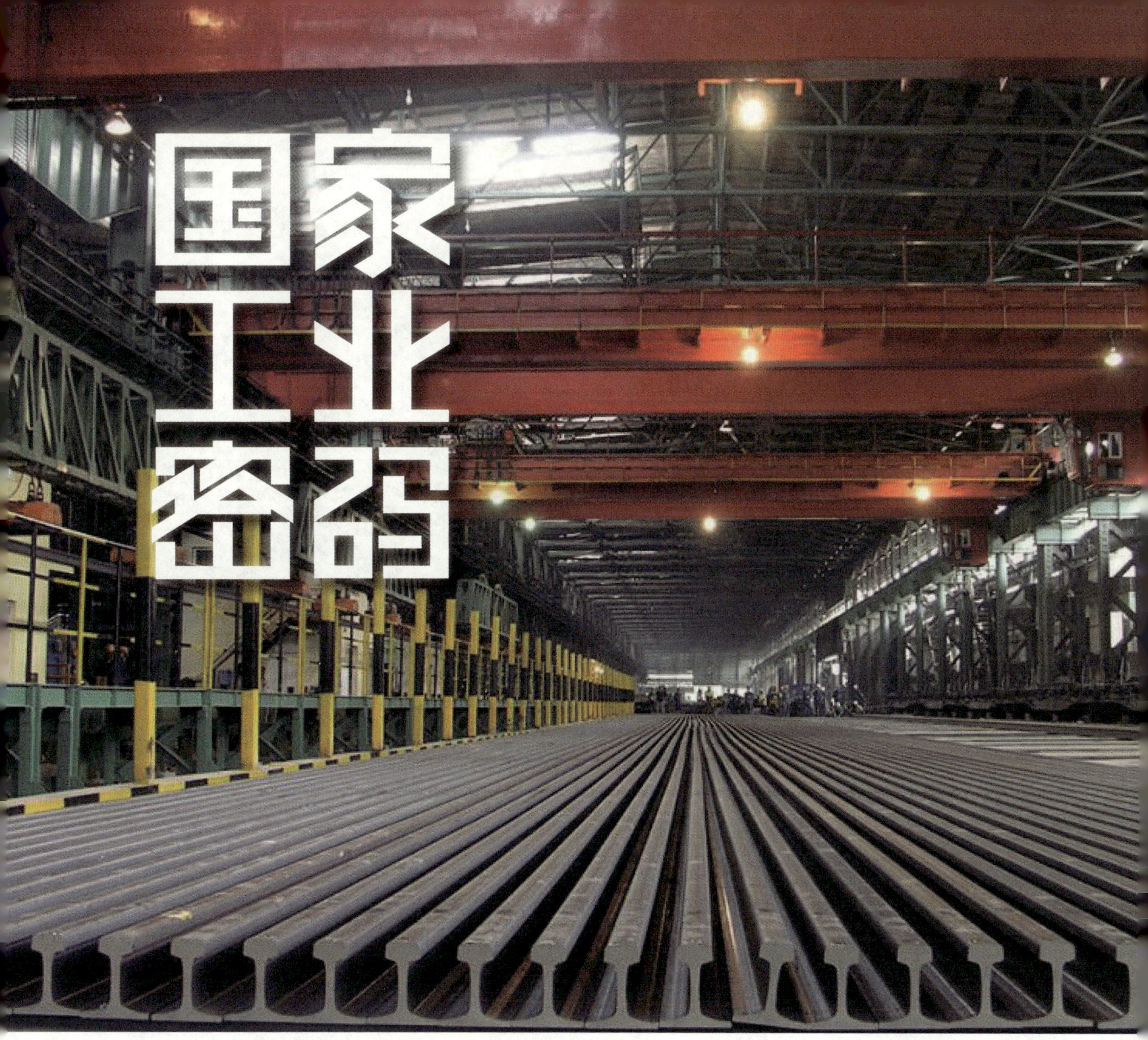

7

火车的“哐当”声，是怎么消失的？

国家工业密码

火车的“哐当”声，是怎么消失的？

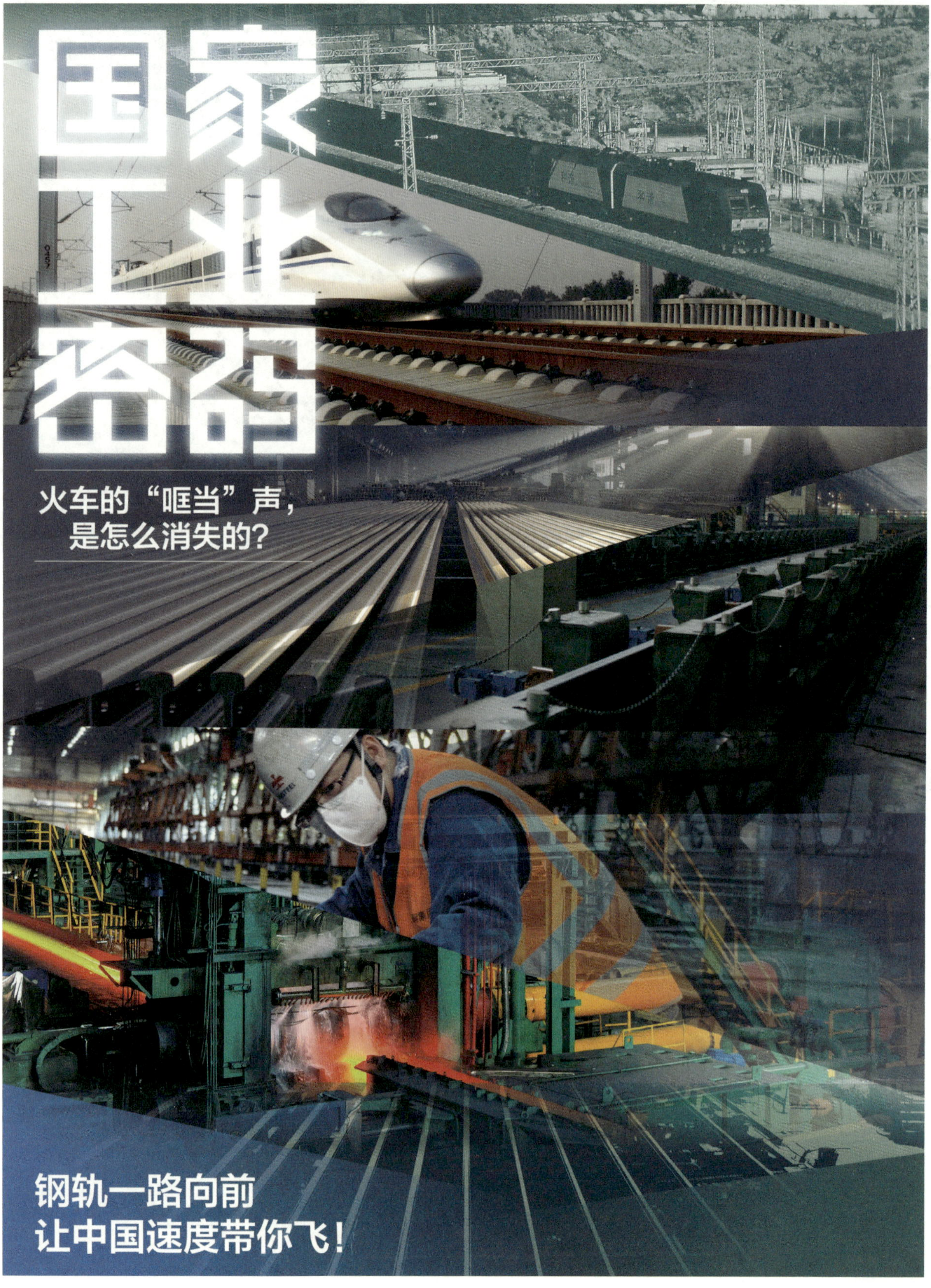

钢轨一路向前 让中国速度带你飞！

“骆玉珠！你去哪儿……下一站，你下车好不好！”这是张译演技封神的片段。他扮演的陈江河与殷桃扮演的骆玉珠分别 8 年后阴差阳错地在某个小火车站相逢。

对面的火车缓缓启动，差一点，他们又一次失散于人海。幸好，绿皮火车虽然“哐当、哐当”地启动了，但骆玉珠终究听到了陈江河声嘶力竭的呼喊：“下一站，你下车好不好！”

如果他们当时乘坐的是动车，是高铁呢？“哐当、哐当”的声音变成“嗖”的一声，只怕他们再无缘重逢。

火车的“哐当”声，是怎么来的？

对于乘坐过绿皮火车的人们而言，回忆并不像电视剧情节那样浪漫。汽笛轰鸣，空间拥挤，时间漫长，还有最具标志性的“哐当、哐当”的背景音。这声音来自车轮与钢轨接头的碰撞。

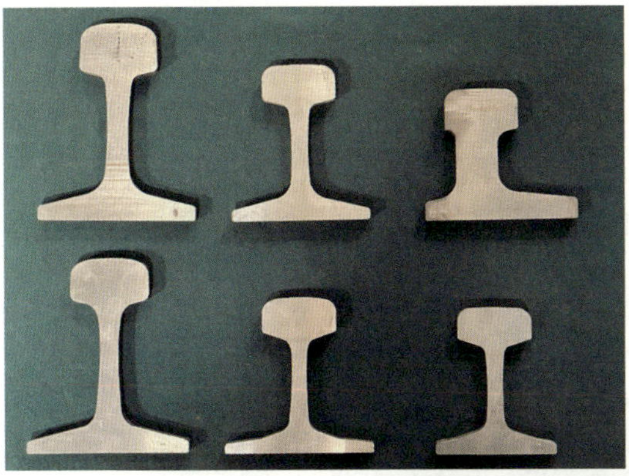

应用于不同场景的钢轨截面轮廓

鞍钢攀钢百米钢轨扭转度测量

在我国960多万平方千米的广袤无垠土地上，中国铁路里程已经达到15.9万千米，这四通八达的铁路网由不同长度的无数根钢轨连接而成。曾经，受限于工艺条件，每根钢轨长度只有25米，每两根钢轨连接处会预留8毫米左右轨缝，以应对钢轨热胀冷缩的特性。因每根钢轨长度相等，车轮运行至轨缝处就会产生规律的“哐当”声。久而久之，这声音逐渐成为人们记忆中火车标志性的声音。

相信很多人曾枕着这“哐当”声入眠——它单调、枯燥，专治失眠。不过，也有很多人因此而失眠，是谁呢？是鞍钢的钢轨制造者们。在他们的心里，始终有着让火车“陆地飞行”的梦想，而这种老旧的铁轨，接缝不但有噪声，还会极大影响火车行驶速度。

钢轨的“进化”让火车的“哐当”声消失了

那钢轨可不可以做到无缝衔接呢？

1958年，北京至天津的正线铁路采用气压焊接，铺设了200米无缝线路，这是焊接长钢轨第一次铺设在正线铁路上。

60余年来，我国陆续发展了钢轨铝热焊接、气压焊接、闪光焊接技术。简单来讲，这些技术主要为了解决一个问题：让钢轨连接处越来越严丝合缝。这是什么概念？相当于钢轨焊接后，成为一个无缝的整体，车轮经过焊接处的“哐当”声也基本消失了。

鞍钢生产的具有世界一流水平的百米长定尺钢轨

国家工业密码 知识拓展

钢轨无缝衔接原理

钢轨无缝衔接的原理主要是通过焊接技术将多段短尺钢轨连接并形成长尺钢轨，再通过打磨、检验等工序，使其表面看不出有焊接痕迹。这种无缝钢轨焊接技术能够确保钢轨之间的连接强度和稳定性，减少列车行驶过程中的振动和噪声，火车在铁轨上运行的“哐当”声就消失了。

现代无缝钢轨焊接技术一般会充分考虑铁轨当地温度的变化区间，选择适中的温度进行焊接，并使用优质的轨枕和扣件，确保铁轨稳固地压在轨枕上，不会因温度变化而在轨道方向上位移。目前无缝钢轨焊接技术主要是闪光焊接、气压焊接和铝热焊接三种。

一、闪光焊接

将两根待焊钢轨分别左右夹紧，平顺对直，接通电源，使钢轨两端相互接近直至接触，利用电流通过钢轨接触面产生的热量熔化钢轨接触局部端面，使端面逐渐加热至熔化状态，当钢轨端面加热到一定温度时，将接触的两个端面挤压焊接在一起。闪光焊接是无缝钢轨焊接最主要的焊接方式，根据钢轨焊接作业条件和焊接方式，闪光焊接分移动式闪光焊接和固定式闪光焊接。

二、气压焊接

将两根待焊钢轨端面清理干净，向两根钢轨施加一定压力使其平直对准并紧密贴合，用气体火焰加热端面至软化状态，将接触的两个端面挤压焊接在一起。

三、铝热焊接

将两根待焊钢轨端面清理干净，钢轨间预留 25 毫米左右的空隙，将配制好的铝热焊剂点燃，铝热焊剂经过强烈的化学反应，化成高温钢水将空隙填满，冷却后即完成焊接。

焊接技术	焊接后的无缝钢轨原始状态（列车还无法运行）	经过打磨处理后的无缝钢轨接头（此时具备列车通行条件）	原理示意图
闪光焊接			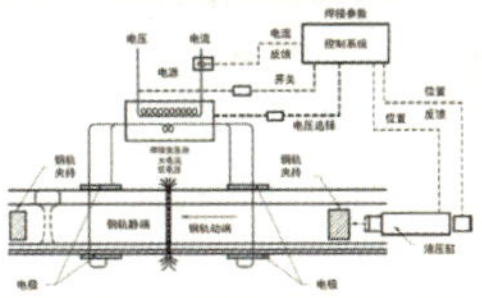
气压焊接			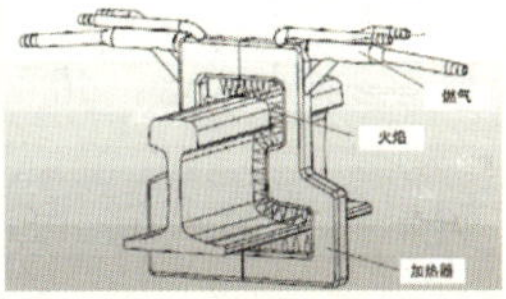
铝热焊接			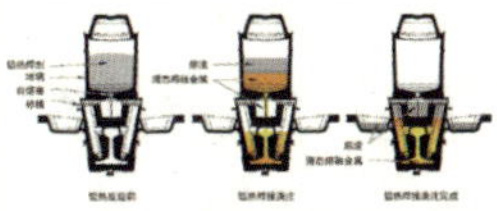

除了无缝衔接，还有别的办法降噪增速吗？最根本的办法就是延长单根钢轨长度。中国铁道博物馆珍藏着一根1901年生产的“百岁轨”，仅有675毫米。旧中国，因工业落后，只能生产出这么长的钢轨。

如今，在鞍钢生产车间，重轨生产线正在一次次刷新工业极限，钢轨定尺长度从25米到50米，再到100米！以100米长定尺钢轨为例，平直度偏差不超过0.5毫米，代表着国际最高水平。再通过无缝化焊接，钢轨就连成了一个整体。“哐当、哐当”的声音就这样成了历史的回响。

鞍钢攀钢的百米长定尺钢轨生产制备工厂

绿皮火车的“哐当”声和高铁的呼啸声是两种完全不同的声音，有你一回头就可以看见的旧时光，也有一抬头就可以看见的工业巨变。

如果绿皮火车留下的是温度，那么高铁带来的则是速度。中国第一批具有高纯净度、高平直度的时速200千米客运专线钢轨，2000年在鞍钢下线，当年就被铺设在中国大陆第一条时速200千米铁路——秦沈客运专线上；2008年，中国第一条高速铁路——京津城际铁路开通，我国高铁真正实现了“陆地飞行”，从北京到天津仅需半小时；2022年，中国第一条时速350千米跨海高铁——福州至厦门高速铁路全线铺轨贯通，鞍钢为该线路提供全部高速道岔钢轨。

鞍钢采用万能轧机装备和轧制工艺的万能生产线

想要火车跑得快，钢轨就必须顺滑，精度偏差以毫米计算。如今，鞍钢生产的钢轨有多精细呢？举个例子，3 米范围内钢轨顶面偏差小于 0.3 毫米，极度精细的中国制造，让高速运行的列车连一滴水都不会倾洒，真正实现了让火车“陆地飞行”的梦想。

你可曾听懂钢轨的鸣响？“哐当、哐当”的重奏，是起步是激励；“嗖嗖”的迅疾，是追赶是急切，近乎无声的飞驰，则带着腾飞的昂扬，它见证着中国铁路的百年巨变和飞速发展，也是中国工业发展的真实写照。千山万水横跨，只为一睹你的风采。钢轨制造一路向前，让中国速度带你飞！

（本篇图片由鞍钢提供）

扫码听书

延伸阅读 国家工业密码

“百米钢轨”是怎样炼成的？

钢轨，这个看似简单却承载着火车安全、平稳、快捷运输重任的钢条，其发展历程充满了创新与变革。

中国钢轨已有超 130 年的发展历史。从最初的 9 米轨到如今的 100 米长定尺轨，从时速 20 ~ 30 千米到如今的时速 250 千米、350 千米乃至 400 千米，从最初的碳素钢轨到如今的过共析钢轨、贝氏体钢轨，钢轨在一次次技术革命中不断升级。

百米长定尺钢轨是我国铁路技术进步和材料科学发展的一个缩影。传统短尺钢轨接头过多，不仅影响旅客乘坐的舒适度，还容易导致钢轨接头处出现断裂。如果采用百米长定尺钢轨，1 千米的铁路仅需 10 个焊接接头，焊接接头数可减少 3/4。同时，长定尺钢轨还可减少生产时的焊接工作量和后期的线路维养工作量，从而达到既高效又安全的目的。

百米长定尺钢轨的步伐发展延伸至海外。2023 年 10 月，共建“一带一路”重点项目雅万高铁正式投运，其使用的 3.8 万吨钢轨全部来自鞍钢。雅万高铁钢轨是我国首次出口的长定尺钢轨，中国因此成为全球为数不多可进行长定尺钢轨出口的国家之一。

不只是百米长定尺钢轨，我国在高精尖的高速钢轨制造技术领域也加速前进。随着我国“八纵八横”高铁网主通道加快建设，高速铁路纵横交错、四通八达，穿山越岭、跨江越河，自然地理地质状况复杂多样，为了满足高速行驶安全需求，要解决众多复杂的技术难题，而集高规格尺寸精度、高平直度、高表面及内部质量、高强韧性于一体的高速钢轨制造技术，就是其中关键一环。

未来，钢轨不仅是一个更高颜值、更优品质、更加环保的产品，还将成为推动中国铁路交通更好、更便捷的“强大引擎”。

8

干你们这行的，是不是天天玩手机？

曾经用小灵通，左手换右手都打不通；现在用 5G，珠穆朗玛峰上发朋友圈都是秒发。短短几十年，中国的电信行业一路狂飙，信号发送速度没有最快、只有更快。

说起电信行业，很多人的直观印象就是会玩手机，或会修手机，这可就想窄了。我国对无线电和电磁波的运用能一路追溯到 90 年前。

从无到有的难得可贵

看过电影《永不消逝的电波》吗？电影主人公的原型就是当年上海地下电台工作者李白烈士，他生前说过，“电台重于生命”。

1930—1931 年，靠着一台只能收报、不能发报的电台，红军在反“围剿”中捕捉到了敌军的行动方案，为接下来的作战立下大功。

放在全世界来看，电信最早的广泛应用还真是在战场上。二战时期，主要参战国为了提高协同作战能力，在车辆、坦克、飞机、舰艇上都配备了便携式无线电。同样是在二战时期，手持式无线电 BC611 被发明了出来，它就是一个笨重的“大哥大”模样，重 2.3 千克，通话范围 2 ~ 4 千米。整个二战期间，BC611 卖出了 13 万部，战争结束以后，发明了 BC611 的高尔文公司换了个名字，开始做民用电信服务。换成了哪个名字呢？摩托罗拉。

中国电信博物馆馆藏“大哥大”

1987 年 11 月 18 日，广州开通了我国第一个蜂窝移动电话系统，第一批用户只有 700 人，但这标志着中国开始进入移动电话时代。此时一个叫“大哥大”的东西出现在国内市场上，当时买一部要 2 万多元，真是身份和地位的象征。1994 年，我国全功能接入国际互联网，这一年中国联通成立，接下来，我国的电信事业开始腾飞，至今已 30 多年。你还记得从 2G 到 5G 的生活变迁吗？

通信技术的发展历程

特性	拨号（Dial-up）	2G	3G	4G	5G
推出时间	20 世纪 90 年代	20 世纪 90 年代	21 世纪 00 年代	21 世纪 10 年代	21 世纪 20 年代
技术类型	模拟信号（电话线传输）	数字信号	数字信号	全 IP 网络	全 IP 网络
最大速度	56 Kbps	64 ~ 384 Kbps（GPRS/EDGE）	2 Mbps（理论峰值 42 Mbps，HSPA+）	1 Gbps（理论峰值）	10 Gbps（理论峰值）
典型延迟	高（100 ~ 300 ms）	较高（200 ~ 300 ms）	中等（100 ~ 200 ms）	低（30 ~ 50 ms）	极低（1 ~ 10 ms）
主要应用	语音通话、低速互联网（邮件 / 网页）	语音、短信、简单网页	移动互联网、视频通话	高清视频、在线游戏、云计算	超高清视频、VR/AR、物联网、自动驾驶
频谱效率	极低	低	中等	高	极高
网络架构	电路交换	以电路交换为主	分组交换	全 IP 分组交换	全 IP + 网络切片
覆盖范围	依赖电话线，区域有限	广覆盖（基站密集）	广覆盖（基站密集）	广覆盖（需更多基站）	逐步扩展（毫米波覆盖有限）
典型设备	固定电话、调制解调器	功能手机	早期智能手机	智能手机、平板、笔记本	智能设备、IoT 终端、自动驾驶系统

2G 到 5G 的改天换地

2G 时代是信息化的萌芽，电话和短信是人们沟通的主要方式，此时可以连入互联网。网络的发展直接带动了手机产业的发展，2G 时代第一款支持 WAP 的手机就是诺基亚 7110。

你还记得第一次上网聊天时的兴奋吗？还记得你的第一个网友吗？还记得自己的第一个“网名”吗？当年流行的网名包括但不限于“花落无声”“往事随风”“要做最勇敢的小太阳”等，真是一段特别的时光啊。当时最流行的是用手机登录 WAP 版的 QQ，去“偷菜”然后刷 QQ 空间，看有没有人来自己的空间“踩”一下。

到了 3G 时代，也叫“智能手机元年”，移动互联兴起，很多人第一次体会到了换主题、玩应用的乐趣。随后，iPhone 和各种安卓手机的诞生彻底改变了我们的生活，手机也越来越成为我们日常生活中不可分割的一部分。

中国电信天翼 3G 网络成功覆盖珠峰

4G 时代直接催生了移动互联网，通过一部手机，社交、通话、娱乐、购物、办事通通搞定，无数新应用、新业态破土而出、迅速崛起。联系朋友时不发短信改发微信了，顺便去朋友圈点个赞。手机 + 付款二维码让我们多年来出门带现金的习惯悄悄消失了。出门打车不用招手了，用滴滴；不想做饭又不想去下馆子，用饿了么和美团叫外卖；更不用说抖音、快手等短视频软件的火爆，还有和亲友们互帮互助的“拼多多砍一刀”……这些都是 4G 时代最清晰的烙印。

中国电信广东公司与慕思联合打造的 5G 智慧超级工厂

中国电信湖南公司与衡阳特变电工联合建设的云集 5G 智慧工厂

当时间来到 5G 时代，就是工业互联网上场的时刻了。在生活领域，5G 超高清、5G 云 VR/ AR、5G 云游戏等应用涌现，从标清视频到超高清视频，从买了退、退了再买的页面化网购到直播带货的风靡，从上网课到智能驾驶、自动泊车，再到守护独居老人和婴幼儿的 AI 云端监护系统……人们的生活改天换地。

中国电信已建成全球最大的 5G SA 共建共享网络、规模最大的千兆光纤网络

中国铁塔修建的 5G 基站，作为提供 5G 网络的重要基础设施

中国铁塔员工正在进行基站安装

今昔对比：“大哥大”与手机直连卫星

面向未来的不断突破

然而，电信业务还可以更有“未来感”。你知道手机可以直连卫星了吗？

2023 年 9 月 8 日，中国电信正式发布手机直连卫星业务。无论是户外探险、科考勘探，还是海洋运输、应急保障等，手机直连卫星都为大众增加了一道生命安全的应急“护身符”。因为一些极端地质环境是没有手机信号覆盖的，这时如果想打电话、发信息则只能连接卫星，它也是唯一的对外联系通道。它时刻在线、永不失联，只需使用具备卫星通信功能的普通智能手机，就能接入移动网络和卫星网络，不再像以前那样需要笨重的卫星手机和专门申请的电话卡了。

中国电信量子密信

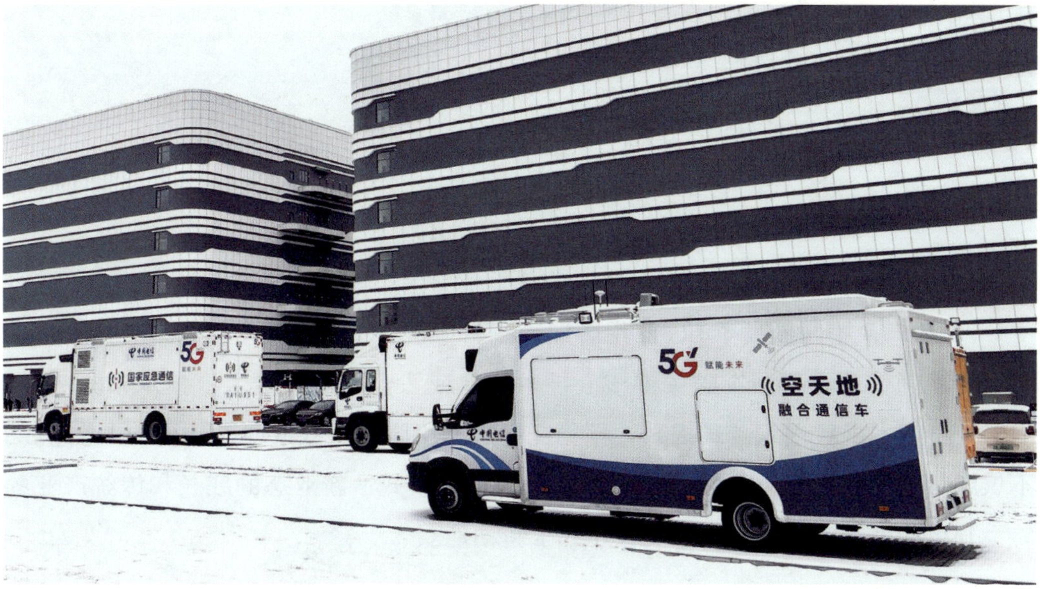

中国电信的“空天地”一体化的云网融合通信系统

信号通畅与安全相结合，中国电信为移动通信数据提供安全加密，让通信和办公更加安全可靠。量子密信的安全性基于量子密钥的真随机性，同时结合“一次一密、用后即废”的机制来保障通信的安全性。通过量子密信应用可实现通话加密、消息加密、文件存储加密等功能，满足移动通信、移动办公等场景下的信息安全需求。

从不能发报的“半部电台”到无障碍连接卫星的移动手机，信号的飞驰越来越轻盈，我们与远方的距离也越来越近。回首来时路，那段“永不消逝的电波”真的做到了永生。

（本篇图片由中国电信、中国铁塔提供）

扫码听书

延伸阅读 国家工业密码

未来网络何去何从?

2019 年，中国颁发了 5G 商用牌照，宣告中国 5G 商用时代的到来。几年来，中国信息通信行业不断突破关键核心技术，建成了全球规模最大、技术领先的 5G 网络，整体水平实现跨越式提升，稳稳托举起网络强国、数字中国建设的大厦。5G 不仅成为我国科技自立自强的典范，还带动了新模式、新业态的成长和传统产业的转型升级，为经济社会高质量发展注入了新动能。

那么 5G 商用之后，新一代数字基础设施又将何去何从呢？以中国电信为代表的中国电信运营商给出答案：坚持“网是基础、云为核心、把握智能化发展方向”。网络、算力等数字信息基础设施作为重要的 AI 基础设施，正在和 AI 加速融合、交叉赋能，成为新一代的数字信息基础设施。

未来是云网融合，满足智算互联新要求。以中国电信为例，该公司自主研发的分布式天翼云目前已成为全球最大的运营商云，打造的息壤算力调度平台实现了算力高效调度，截至 2024 年末，已汇聚 40 家合作伙伴算力，接入第三方算力规模达 27EFLOPS，充分满足智算互联新要求。

未来是智能敏捷，天地一体，打造 AI 使能新网络。电信类央企积极构建人工智能体系，打造数据底座、智算云底座、大模型底座，加快研发企业内部大模型和行业大模型。同时，这些央企积极打造新一代云网操作系统，如中国电信还在其中嵌入“网络大模型”，实现网络态势感知、故障诊断、自动决策等功能，实现智能化网络运营与维护，使网络运营效率提升超过 30%。

不断推动运营商的云、网、AI 能力赋能全社会的智能化升级和高质量发展，必将释放新一代数字基础设施的全部潜能，构建通信生活的美好新未来。

9 从脚下一直挖下去，你猜会看到什么？

在地面上找个点，然后一直往下挖，我们会看到什么?

挖到地下 1 米，会看到粗壮的树根；地下 4 米，是法老图坦卡门的墓穴；地下 15 米，埋着爱因斯坦写给未来人的信，约定 5000 年后再打开；地下 35 米，北京地铁 9 号线呼啸而过；地下 500 米，核废料在这里堆放着；地下 1200 米，王进喜当年在这里钻了一口井，改变了大庆油田的命运；地下 2400 米，中国锦屏暗物质实验室到了；地下 3132 米，南非金矿到了；地下 5000 米，《流浪地球》中的地下城在这里；地下 10000 米以下，是目前人类钻探得最深的几口油井，其中就有中国石油等中央企业的。

家里有矿，心里不慌。下面我们就来聊一聊，石油。

建设新中国，必须打油井

我们为什么需要石油? 1949 年，新中国成立之初，我国石油年产量仅 12 万吨，什么概念? 还不足世界石油年产量的 0.024%，少得可怜。

没有油，飞机、坦克不如烧火棍。所以建设新中国，急需石油，那就必须打油井。

这谈何容易? 当时整个国家翻遍家底，也只有 8 台浅井钻机。

1958 年，石油工业部组建了两支钻井队来到黑龙江，这一批石油工人在第二年钻探了松基三井。这就是大庆油田的发现井，大庆，横空出世。

1960 年 3 月，王进喜带领着 1205 钻井队，来大庆油田参加会战；4 月 14 日，1205 队打成了一口深 1200 米的油井，这口井 5 月 25 日开始产油，最高每天产油 113 吨。

在极其困难的条件下，仅用了 3 年多，大庆油田就生产了 1166.2 万吨原油，为中国的石油储备增添了信心。

1963 年 12 月，周恩来总理宣布：中国需要的石油，现在已经可以基本自给，中国人民使用“洋油”的时代即将结束，我们再也不是“贫油国”了。

这时，“石油焦虑”依然没被解除，井是打出来了，但打井的家伙是国外的，“铁人”王进喜当年用的钻机还是苏联的呢。

1960 年，“铁人”王进喜带领 1205 钻井队人拉肩扛运钻机

1960 年，“铁人”王进喜手握刹把钻井

人民日报
REN MIN RI BAO

我国石油产品基本自给

周总理应谢胡主席邀请将访问阿尔巴尼亚

周恩来总理和本·贝拉总统继续会谈

中国人民同非洲人民的友谊将日益发扬光大

1963 年 12 月 26 日，《人民日报》刊载我国基本实现石油自给消息

石油钻采设备，从无到有再到强

石油的钻探是核心工作，钻机工艺的高低直接决定了油气开发水平，这个工艺绝不能被“卡脖子”，所以中国人必须研制自己的钻机。

接下来的进度就很“燃”了。到改革开放之前，中国从无到有地发展起了石油钻采设备这个工业，这个时期我们主要引进了苏联装备，以国内自行设计、研究和制造为主要战略。

1980—2000 年，兰州石油机械厂、宝鸡石油机械厂和兰州炼油化工设备厂等加速发展，也是在这个时期，国内各家石油企业都能用国产设备了——90% 的大中型钻机是国内自主生产的，抽油机之类的小一点的设备全是国产的！1998 年，中国石油瞄准国际先进的电动钻机技术，并用半年时间制造出一台价值 3000 万元的 5000 米钻机。

进入 21 世纪之后，国内的石油钻采设备工业迎来了高涨的市场需求，凭借当时的生产水平和能力不仅满足了国内需求，还以成本较低的优势，大踏步进入国际市场。从此，我国多年一直保持为石油钻机的最大出口国。

60 多年以前，王进喜操纵着苏联的钻机钻到地下 1200 米，如今，我们自己生产的钻机已经能钻到地下万米了。

2021 年，由中国石油宝石机械牵头研制的国内首台一键式人机交互 7000 米自动化钻机顺利通过出厂验收，装备的智能化升级极大提高了钻机的安全性和起升速度，每口井可减少辅助作业时间 2 ~ 3 天。

2024 年 3 月，中国石油宝石机械自主研制的 12000 米钻机在塔里木盆地成功钻进地下 10000 米深度，钻出了亚洲第一垂深井——中国石油深地塔科 1 井。

2021 年 9 月，由中国石油宝石机械牵头研制的我国首台 7000 米人机交互钻机在四川油气田作业

中国石油 CG STEER 旋转地质导向钻井系统

垂直万米的井是个什么概念呢？迄今为止，陆上垂深超万米的井只有两口，另一口是苏联 1970 年开始钻探的科拉 SG-3 井，钻了 12262 米，你知道用了多久吗？23 年！

再看如今这台 12000 米钻机，它打出的深地塔科 1 井仅用 279 天就突破了万米大关。

装备技术“叠 Buff”，石油开采更智能

近年来，随着工业 4.0 时代的到来，石油钻井装备除了不断突破钻探深度，也迎来了新的挑战——智能化转型。

中国石油 1205 钻井队钻井现场

从 2009 年至 2019 年，用了 10 年的时间，中国石油与航天科工联合攻关，成功研制出近四层楼高的旋转地质导向系统。

传统钻头只能钻一个方向，这个钻头可以像“贪吃蛇”一样，闻着“油味”在地层里随意游走，开采油气。如此智能，是因为用了神舟飞船同款惯性导航和控制技术。钻头直径只有 20 厘米，却有 3 万个零部件，相当于一台井下智能机器人。

有了旋转导向系统，原来一些打不了的井，可以实现高效开发。更重要的是，这些技术的国产化打破了西方公司在该领域的垄断地位，为我国的石油开采节省了大量的成本。

回看几十年的钻井设备发展历史，好似看了一场励志电影。从当年的王进喜，到如今的“航天同款”旋转导向钻头，我们埋头在一次又一次的技术革新、工业迭代中，用更高端的装备开采更多的石油。

（本篇图片由中国石油提供）

扫码听书

延伸阅读 国家工业密码

为什么要打万米深井？

2024 年 3 月 4 日 14 时 48 分 48 秒，我国首口设计井深超万米的科学探索井——中国石油塔里木油田深地塔科 1 井钻探深度突破 10000 米，成为世界陆上第二、亚洲第一垂深井，标志着继深空、深海探索大自然的壮举之后，我国在深地领域实现的又一重大突破。

深地塔科 1 井自开钻以来，已采集超万份地下岩石样品，反映了从 6000 多万年到 5 亿多年前的地质信息，据此绘制出我国首份万米深层地质剖面图，为深入研究塔里木盆地沉积演化和油气成藏提供一手资料。

很多人好奇，为什么要打万米深井？万米钻探工程肩负着地球深部科学探索、超深层油气发现两大使命任务，对保障我国能源安全具有重要意义。中国工程院院士孙金声曾表示：“超深层已成为我国油气资源增储上产的主阵地，向地球深部挺进是保障我国能源安全的重大战略任务，是端稳端牢能源饭碗的重大战略选择。”

同时，万米深地钻完井技术装备代表了一个国家钻探工程技术最高水平。万米深井的钻探难度堪比“探月工程”，随着钻探深度的加深，岩性越发复杂，地层温度压力显著上升，难度呈指数级增长，诸多技术需求已经超出传统钻完井技术的能力极限。经过艰难攻关，目前我国已形成万米深地钻完井关键技术与装备，突破诸多装备、工具等工作极限，形成万米深地钻完井作业能力。更重要的是，我国万米产业链实现了从无到有的蜕变，从而助力我国深地科技高水平自立自强。

10 它和他们的“一生一世”

坐落于武汉的武钢文化旅游区，被称为武汉最“硬”景点。已“退役”的武钢一号高炉和 5 座仍在运转的高炉屹立其中，打造出钢筋铁骨的别样美感。

“硬核”园区背后是更加硬核的钢铁的传奇。从新中国第一炉铁水喷涌而出，到华丽转身为国家工业遗址公园的特色景观，武钢一号高炉度过了怎样的“一生一世”？我国的钢铁制造业又经历了怎样的蜕变?

“这就是刚刚制作成型的钢材啊！好热啊！这还是已经冷却过的，感觉这个热量我站在这里最多几秒钟就受不了了。这是只有亲临这个地方才能感受到的钢铁行业的热情、炽热跟活力！”

中国宝武武钢有限百米钢轨生产线

中国宝武宝钢股份武汉钢铁有限公司武钢文化旅游区运营第一天，一名网络博主前来打卡，在身临其境感受了钢铁生产全过程后，发出这样的感叹。

中国宝武武钢有限铁前区域全景

中国宝武武钢一号高炉国家工业遗产外景

这里曾是神秘的钢铁都市，如今园区变身为钢铁主题旅游区，已经停产的武钢一号高炉和5座仍在运转的高炉屹立其中，仿佛在向人们诉说着那一段段历久弥新的钢铁故事。

“毛主席，铁水流出来了！”

如果把高炉比作一口大锅，那么铁水就是里边煮沸的水，高炉在冶炼过程中，内部温度高达2000摄氏度以上。

“在武钢工作27年，一直没机会走进一号高炉，很神秘，很好奇，想知道那时他们怎么工作。”从武钢退休的员工陈璐也来到了这里。置身一号高炉工业园区，她仿佛看到了当年那群人激情燃烧的青春岁月，听到了那段铿锵奋进的故事，听到了当年那震撼人心的呐喊……

1958年9月13日，武钢一号高炉建成投产

1958年9月13日下午3时25分，武钢一号高炉第一炉铁水出炉了，只见一条粗壮的火龙由炉口喷涌而出，蜿蜒伸展，顿时金星飞舞，热浪冲天。炉前总技师李凤恩兴奋地高呼："毛主席，铁水流出来了！"

李凤恩（1917—1993），辽宁海城人，曾任武钢炼铁厂炉前总技师、车间主任、副厂长、党委副书记，8次受到毛泽东主席亲切接见

就在12个小时之前，为了提前向国庆献礼，李凤恩和工友们冒着50多摄氏度的高温，只用三个半小时便将1500根枕木架好，为高炉提前出铁做好了一切准备工作。

毛主席站在高台上，目睹了这历史性的一幕。炉前高温，铁灰飘落，汗水浸湿了毛主席的衬衣；铁水奔腾，钢花绽放，毛主席在台上激动地挥手，台下掌声雷动。这一炉炙热的铁水托起了新中国民族钢铁工业发展的向往和希冀。

滚烫的铁水，炼铁又炼人

追随着李凤恩的脚步，钢铁工人王水枝在1969年来到武钢一号高炉，那一年，他24岁。

铁花漫天飞舞，铁水热浪奔涌，他和工友们手持滚烫的"铁钩子"，冒着高温，每天都如同行走在"火焰山"口。小山似的高炉，滚烫的铁水，在这样的环境中，诞生了武钢一号高炉独有的精神——炼铁又炼人。

1984年，武钢一号高炉又迎来下一任守护者——刘自力。从一个炉前工成长为炉前总技师。他与工友们写的30多万字的炉前工培训手册成为武钢大学的正式教材，做到了"诀窍不绝，秘方不秘"。

1995 年，参与武钢一号高炉设计、主持建设和改造的老炼铁人张寿荣当选中国工程院院士。他是我国唯一的炼铁院士，从事炼铁生产技术工作 70 余载，致力于高炉长寿和高效冶炼技术研究，为国家冶金工业技术进步做出了突出贡献。

张寿荣（1928—2024），新中国成立后唯一一位炼铁院士，曾任武钢总工程师，参与筹建武钢一号高炉，主持制订四号高炉建设方案，开创我国独立自主设计和建设高炉的先河；主持“一米七”轧机系统新技术开发与创新，推进了国家钢铁工业现代化进程

在投产后的半个多世纪里，历经两次产能提升和技术升级，武钢一号高炉累计生产生铁超 5000 万吨，成为当之无愧的“功勋炉”“光荣炉”。

华丽转身，“功勋”高炉有余温

时光飞逝，武钢一号高炉运转了 61 年，它老了，像一位花甲老者，看尽了几十年的繁华与沧桑，终于到了离开的那一天。

武钢一号高炉原貌

2019 年 10 月 14 日上午 10 时 9 分，出于绿色发展和降本增效的需要，这座武钢年限最久的一号高炉在 61 年后正式停炉“退役”。

一些老职工闻讯而来，挤满了一号高炉主操控室。他们抚摸着工作台上的操作把，依依不舍，一如抚过自己当年的岁月。

这一年，李凤恩老人家已经不在了。王水枝老人也已经 74 岁了。他平静地说：“我觉得应该尊重国家的发展要求和历史的进程。一高炉和我们这辈高炉人，已经完成了自己的使命，我衷心地希望，炼铁的明天更加美好。”

岁月不再，钢铁人的坚忍与宽广、气魄与胸襟仍旧在！

2022 年，完成环保提升的七号高炉点火。送来火种的，正是最后一任一号高炉炉长帅照。虽然我们经受了离别，但一号高炉的火光没有熄灭。

几个月后，一号高炉经过改造，华丽转身为国家工业遗址公园，本体和周边区域变成核心旅游景点。从空中俯瞰，彩色的厂房镶嵌在花园、绿地之中，其间错落分布着通身彩绘的高耸建筑和一座座气势磅礴的高炉。

中国宝武武钢一号高炉展馆一楼非遗贺新春展示活动

中国宝武武钢一号高炉正面

以武钢一号高炉为核心景点的中国宝武武钢文化旅游区

在毛主席当年观看出铁的眺台下方，游客可以通过屏幕观看中国宝武 5G+ 铁水智慧运输的现场，送料、鼓风、出铁都实现了一键搞定。钢铁生产变成了点鼠标、敲键盘，再也无须烟熏火燎，汗流浃背。这里变成了“股票交易大厅一样的钢厂”。

1958 年 9 月 13 日武钢一号高炉开炉，2019 年 10 月 14 日关停，师傅们说，13 号出铁，14 号封炉，一开，一关，用了我们“一生一世”……

钢铁的传奇还没有结束，新的传奇正在缓缓拉开序幕，其中，一定还有你，有我的，一生一世。

（本篇图片由中国宝武提供）

扫码听书

延伸阅读 国家工业遗产

高炉的“烟”不是烟?

“看，钢厂的烟囱又在冒烟！”

对于公众来说，对钢厂污染的印象首先来自高耸的烟囱冒出的“烟”。若干年前，钢铁企业污染严重的时候，其烟囱排放的烟气有白烟、黄烟、黑烟、红烟、褐色烟，可谓“七彩斑斓”。现在，随着环保要求和生产工艺的提升，在武钢这座有着 67 年光荣历史的钢铁基地，大家只会看到“白烟”，这种“白烟”实际上是高炉炼铁工序产生的水蒸气。这些水蒸气不仅不是污染物，在排放的过程中还会吸附空气中的一些灰尘、酸雾等，在一定程度上起到了空气净化器的作用。

如今的武钢以“智慧制造”为依托，追求极致能效，构建全流程能源环保管理新格局，全力实现安全、稳定、绿色、低碳的目标。武钢一号高炉“退役”的当年，中国宝武加快智慧转型的步伐。2024 年，新建成的热燃智控中心可实现整个钢铁生产基地热力、燃气专业集中操控，把建厂 60 多年以来“分兵把守、孤军奋战”的作业模式变革为“重兵防守（集中操作）+ 联合参谋”的集约管控模式。实现了“一个按钮控全局”的智慧化、高效化操控，整个系统集绿色、低碳、智慧、高效于一体。武钢有限吨钢能源成本、吨钢能源成本占比、吨钢综合能耗、碳排放强度等各项指标大幅优化，打造了老钢铁基地培育能效标杆的实践典范，老树亦可发新芽。

湛蓝的天空中，朵朵“白云”轻盈飘动，红色的厂房旁，蓝绿相间的大烟囱巍然耸立，翠绿的机车上，几只小鸟振翅划过……色彩绚丽的钢城如同打开多巴胺色的画板，散发着独特的美。

11

“人类大迁徙”中的顶流家族

国家工业密码

“人类大迁徙”中的“顶流家族”

火车，承载着一代代人的梦想
接力开往未来

把地球上的人口集中搬运一遍，怎么实现？一场中国春运就够了。2024 年世界人口有 80 多亿，而这年的春运，我国跨区域人员流动超 84 亿人次。铁路，是人们春运出行的首选。

从慢慢悠悠的绿皮火车到呼啸前行的高铁，一节节车厢，带着游子对家的渴望，承载了中国人的“春运变迁”。

从绿皮火车到动车“陆地舰队”，你还记得春运中“明星家族”是如何一路走来的吗？

奔腾时代 大幕拉开

在中国综合交通体系中，铁路被视作“国脉”。重要民生物资运输首选火车，百姓中长途出行首选火车。从蒸汽机车、内燃机车、电力机车到高铁列车，火车承载着一代代人的梦想，接力开往未来。

1952 年，新中国第一台国产蒸汽机车“八一号”在青岛四方机厂（中车四方股份公司前身）下线，“万国机车博览会”的牌子隐入历史尘烟。由于煤炭资源丰富，蒸汽机车又皮实耐用，一大批国产火车头相继面世。属于中国的奔腾年代开始了。

1952 年 7 月 26 日，新中国第一台国产蒸汽机车“八一号”在青岛下线

与世界铁路从蒸汽机车、内燃机车到电力机车跨越一个世纪不同，在攻下蒸汽机车技术不久，一场牵引动力革命迅速蔓延。国家建设急需跑得更快、载重更多的铁路装备，内燃机车和电力机车逐渐登上铁路交通运输的历史舞台。

改革开放不仅创造了“深圳速度”，也造就了人类文明史上前所未有的奇观，即一年一度、以亿为单位的人口大迁徙——春运。铁路客货运输需求迅速膨胀。20世纪末，我国人均铁路长度仅为 5.5 厘米，不足一根香烟的长度，客运时速不到 50 千米，货运装车量只能满足需求的 1/3。一个人口最多、发展速度最快的大国，坐在两条脆弱而行驶缓慢的轨道上，这不就是“大象走钢丝”吗?

高速铁路 高速发展

大象怎么能跑起来? 1997—2004 年，中国铁路进行了五次大提速。一批量身定制的机客车跑到了 160 千米的时速，一站直达、夕发朝至成为旅行新体验。

然而，铁路提速不久就摸到了“天花板”，技术滞后和运能提升的矛盾得不到彻底解决，发展高速铁路势在必行。

2006 年，由南车四方股份公司（中车四方股份公司前身）研制的首列时速 200 千米的和谐号高速动车组下线，并在第六次铁路大提速中正式亮相，随后实现了从时速 200 千米、300 千米到 380 千米的三连跳。2010 年，由南车四方股份公司研制的 CRH380AL 高速动车组跑出 486.1 千米的时速。世界铁路运营试验第一速诞生了!

中国中车集团研制的 CRH380AL 高速动车组

和谐号已经这么厉害了，还有进步的空间吗?

由于最初的技术路线不同，各平台的和谐号不能互联互通，出现问题也无法互相救援。从拿着国外的图纸制造“舶来品”，到基于原有平台创新出“混血儿”，此时的中国已经完全有能力研制出“纯中国血统”的高铁。

中国高铁 挑战极限

2013 年，复兴号中国标准动车组研制启动。中国中车集团以和谐号动车组为基础，成功研制出拥有完全自主知识产权和世界先进水平的复兴号中国标准动车组。

中国中车集团“龙凤呈祥”复兴号智能动车组效果图

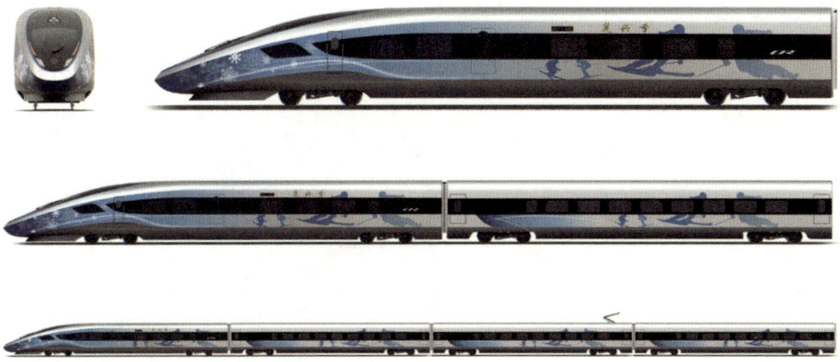

中国中车集团京张高铁复兴号智能动车组效果图

从硬件到软件，复兴号所有关键技术完全实现中国自主研发，254 项重要标准里，中国标准占到 84%，“纯中国血统”的高铁诞生了。更重要的是，相较于和谐号，在复兴号平台，同速度等级的所有列车都能连挂运营、互联互通。

从 0 到 1，在中国中车集团的不懈奋斗下，中国高铁一次又一次挑战极限。

2017 年，复兴号以 350 千米的时速开跑，我国成为高铁商业运营速度最高的国家；

2019 年，穿越长城，在世界上首次实现无人驾驶；

2021 年，“世界屋脊”响起复兴号的风笛。

4.5 万千米的高速铁路越织越密，4000 多列高铁列车日夜奔驰在广袤的大地上。“千里江陵一日还”，唐人的梦想成为最普通的现实。

2021 年 6 月，由中国中车集团研制的复兴号 CR200J 动力集中型动车组驶上“世界屋脊”青藏高原

2021 年 6 月 25 日，由中国中车集团研制的复兴号“瑞龙智行”智能动车组在京沪高铁投入运营

2023 年 9 月，由中国中车集团研制的复兴号亚运智能动车组服务杭州亚运会

“国家名片”闪耀世界

2023 年 10 月，由中国中车集团设计制造的雅万高铁列车，在印度尼西亚投入运营。坐高铁打卡、车厢挑战立硬币成为当地最时尚的旅行“标配”。雅万高铁成为展示中国高铁“高级定制”的样板间。

人类对速度的追求永无止境。我国时速 400 千米的高铁正在向世界招手，时速 600 千米的高速磁浮交通系统也已经问世，包括中国在内的许多国家正在加紧研究时速 1000 千米的高速飞车……

印度尼西亚民众乘坐体验中国中车集团设计制造的时速 350 千米雅万高铁动车组

2021 年 7 月 20 日，由中国中车集团研制的时速 600 千米高速磁浮交通系统在青岛下线

速度的极限在哪里，我们不知道，但是可能用不了太久，科幻大片的场景就会出现在我们的身边。

（本篇图片由中国中车集团提供）

扫码听书

“龙凤呈祥”奔驰在祖国广袤的大地上

中国中车集团研制的复兴号以350千米时速“贴地飞行”在祖国广袤的大地上。“复兴号高速列车”项目不负众望，获得2023年度国家科学技术进步奖特等奖。

在既有成熟的时速350千米复兴号标准配置动车组基础上，中国中车集团联合数十家高校和科研院所，通过增加智能旅客服务和智能运维，研发出CR400A（B）F-Z（S）型复兴号智能动车组系列产品。智能配置动车组采用“龙凤呈祥”涂装方案，以中华民族传统文化中的龙凤图腾为元素，寓意中国高铁领先领跑、造福人类的使命担当，表达了对祖国繁荣昌盛、人民幸福安康的美好祝福。

复兴号智能动车组首创“鹰隼”仿生学头型，线条硬朗锐利，减阻节能、绿色环保，彰显出强烈的科技和工业质感；牵引采用主辅一体结构，将钛酸锂电池作为应急动力源，世界首创高效智能应急自走行技术，整车综合能耗降低约7%。

结合云计算、大数据、人工智能和5G通信等先进科技，中国中车集团搭建了由车载设备、车地数据传输、地面系统组成的一体化安全监测系统，故障预测与全生命健康管理系统全球领先。

此外，复兴号智能动车组在应急牵引、碰撞吸能、电磁兼容等二十几项基础研究上实现重大突破，列车更舒适、更智能、更敏锐、更发达、更精准，引领了世界高铁智能化发展方向，成为一张亮丽的国家名片。

2024年末，我国建成世界最现代化、最发达的高铁网，高铁里程近4.6万千米，稳居全球第一。“龙凤呈祥”复兴号智能动车组在祖国大地上风驰电掣、勇往直前。

2024年12月29日，中国中车集团又发布了时速400千米CR450动车组样车。不断刷新的“中国速度”带领我们加速奔向未来！

12 中国雷达还是那个“大锅盖”吗？

雷达是一种可以全天候、全天时，不分白天黑夜，不受雾、云、雨阻挡，探测远距离目标的设备，并有一定的植被穿透能力，常被称为“千里眼”“顺风耳”。

借助国内的雷达部署，我们现在可以看见世界的每一个角落！那么中国究竟是如何实现这一突破的呢？

很多人对于雷达的印象还是那个能转来转去的白色“大锅盖”。事实上，作为实体版本的“千里眼”和“顺风耳”，雷达其实是一整个无线电定位系统。大多数人认识的“大锅盖”只是雷达的天线部分，而且现在用于军事、航天等方面的雷达天线不只有锅盖形的，也有球形的、鱼骨形的，还有长得像个巨型苍蝇拍的。也就是说，雷达的体制和功能决定了外形的差异。

“看”出来的国产首部雷达

在 2021 年庆祝中国共产党成立 100 周年大会上，歼 −20 编队飞过天安门上空的时候，可真是雄姿英发！

除了有顶级的武器系统，歼 −20 配备的火控雷达也是全球最先进的技术，有超一流的隐身性能和超强“慧眼”加持，一经展示，就在国际上引起轰动。

我国的雷达一直这么出类拔萃吗？并不是。

抗美援朝时期我军第一次用上雷达，当时我们带了 129 部雷达上战场，助力志愿军击落敌机330架、击伤95架。但这些雷达都是来自修复国外的旧设备，我们深知，必须研制自己的雷达装备。

我国第一部自行设计制造的雷达
——314 甲中程警戒雷达

我国第一部米波远程警戒雷达
——406 米波远程警戒雷达

1953 年，第一部自行设计的国产雷达在中国电科 14 所诞生，命名为 314 甲中程警戒雷达。该雷达最大探测距离 125 千米，这也是我国第一批装备部队的国产雷达。你知道 314 甲是怎么设计出来的吗？是靠望远镜一点一点“看”出来的。

因为当时没有一张雷达参考图纸，当得知苏联在我国东北边境有一台防空警戒雷达之后，时任 14 所所长的申仲义立即前去观摩。在无法靠近的情况下，用望远镜观察了一个月，终于看清了苏式雷达的天线结构并绘制了草图。设计团队就靠这张草图研制出了 314 甲中程警戒雷达。

中国雷达工业开始起步

20 世纪 50 年代后期，国民党驾驶美国 U–2 高空侦察机不断地对大陆进行袭扰。1962 年 9 月，借助我国第一部米波远程警戒雷达 406 及时提供的情报，导弹部队成功击落国民党 U–2 高空侦察机一架。

1964 年，毛主席指出：有矛必有盾。搞少数人，专门研究这个问题。五年不行，十年；十年不行，十五年，总要搞出来的。这就是著名的 640 工程。

这里说的矛就是导弹，盾就是反导防御系统。

在 640 工程中，我国研制了国内第一部远程战略预警相控阵雷达——7010 雷达，并在 1977 年 11 月试验成功。国家反导预警体系建设从此拉开序幕。

我国第一部远程战略预警相控阵雷达——7010 雷达

这个相控阵雷达有多先进？举个例子，1983 年 1 月，塔斯社向全球发出公告：苏联“宇宙”–1402 号核动力侦察卫星在轨道上失控，不久将坠毁。

消息一出，全世界都慌了！因为这颗卫星极可能带有剩余核燃料，一旦坠入人口居住区，将造成灾难性核污染。

各国纷纷呼吁有跟踪拦截能力的国家及时预报这颗卫星的坠毁时间及落点。要预报落点，首先要掌握卫星的运行轨道，但这颗卫星已经失控，“捕获”它犹如大海捞针！

当时，就是我国的7010雷达挺身而出，跟踪目标，分析数据，最终精确预报了卫星残骸的最终坠毁时间和地点。这一次出色的表现也让全世界钦佩的目光都投向了中国雷达。

1978年，中国决定研制世界上最先进的机载脉冲多普勒（PD）雷达。这种PD火控雷达对作战非常重要，如果没有它，目标的回波信号将全部淹没在地杂波中，战斗机也就无法进行识别作战。

密布陆海空天的“金钟罩”和“铁布衫”

如果你问现在的中国雷达是什么水平，这么说吧，借助国内的雷达部署，我们现在可以看见世界的每一个角落！

陆地上，有我们的陆基雷达守卫着国土的每一个角落，可以适应高原、沙漠、山区等全地形环境。

海面上，中国海军现在拥有的是世界尖端的有源相控阵雷达。

领空上，空警-2000预警机上装备了我国第一部大型机载固态有源相控阵预警机雷达。

太空里，我们的精密测量雷达组成了一个巨大的测控网，对飞船的发射、运行、回收进行空中的跟踪接力。

反隐身雷达

预警雷达

气象雷达

历经 70 多年的发展，从第一部 314 甲雷达，到自主设计研发出 406 米波远程警戒雷达，再到掌握相控阵雷达尖端技术的 7010 远程战略预警相控阵雷达，中国的雷达工业经历了从仿制到自主研发的跨越，中国雷达为亿万人民的美好生活织成了密布陆海空天的“金钟罩”和“铁布衫”。

（本篇图片由中国电科提供）

扫码听书

延伸阅读 国家工业密码

“三军之眼”如何看遍全球？

雷达常被称为“千里眼”“顺风耳”，是现代战争的“火眼金睛”、信息化战争的兵力倍增器，那么未来的雷达是什么样呢？

早期雷达功能、平台单一，部署于地面或舰艇上，一部雷达往往只能实现目标发现、参数测量、武器控制中的单一功能。现代雷达已经广泛应用于陆海空天全维平台，一部先进的多功能相控阵雷达能够完成传统多部雷达才能完成的任务。

随着军事科技的快速发展，雷达的观测目标探测技术也在快速进步，隐身目标的出现极大地降低了雷达信号特征，高超声速导弹压缩了雷达的反应时间，无人集群目标提升了雷达处理能力，低空突防降低了地面雷达探测视野。为解决以上难题，中国雷达科技工作者正在集智攻关，提升雷达在实战环境下的作战效能。

世界新一轮科技革命和产业革命加速推进，随着大数据、人工智能、高端集成电路等技术的发展，传统雷达正加速向数字化、网络化、智能化迈进。数字化将给雷达装上“智能大脑”，能够更快、更准确地捕捉和分析目标信息。网络化将把陆海空天的全域节点雷达“织”成一张巨大的网，实现一点发现、全网皆知。智能化将使雷达像人类一样，能够自主学习、积累经验、不断成长，持续提高探测能力，摆脱依靠人类操作员的限制。

未来雷达不仅会在军事上发挥重要作用，还会在空管、气象、安保等民用领域广泛应用，为国家经济发展和智慧中国建设添砖加瓦。

13

玻璃钢，
是玻璃还是钢？

有一种新型尖端材料，只有人头发丝粗细的 1/10，但仅需筷子粗细的一小束便能拉动两架 C919 大飞机，这就是被称为“黑黄金”的碳纤维。

碳纤维虽然被叫作“黑黄金”，但有些高性能碳纤维比黄金还要稀缺。先来看看它有多优秀吧！

碳纤维用于制造列车，可以助力提升车辆速度。

碳纤维用于航空航天，可以助力载人飞船更轻更强，承载能力更大。

碳纤维用于风力涡轮机叶片，可以增强叶片刚性，提高发电效率。

碳纤维用于建筑工程，可以提高房屋抗震性能和承载能力。

要知道，碳纤维这么好，生产却相当复杂。长期以来，碳纤维技术一直由美国和日本独霸，就连苏联也没能攻克这个难关。而在 60 多年前，别说碳纤维了，我国在复合材料领域连一块玻璃钢也造不出来。

中国建材助力全球首列商用碳纤维地铁列车问世

中国建材大型碳纤维复合材料制品助力神舟载人飞船上天

中国建材碳纤维助力海陆叶片大型化发展

中国建材助力建造国内首例应用千吨级碳纤维索锚体系的斜拉索车行桥——徒骇河大桥

玻璃钢：不是玻璃不是钢

玻璃钢和碳纤维有啥关系呢？不妨先来拆解一下玻璃钢的制作过程：将玻璃熔化后拉成很细的纤维丝，再与树脂结合，就形成了玻璃钢。这样做的目的只有一个：得到一种强度更高的复合材料。玻璃纤维和碳纤维一样，在复合材料中都起到纤维增强的作用。

第一块玻璃钢

中国建材生产的玻璃纤维成品

因此，玻璃钢既不是玻璃，也不是钢。本质上，它是一种塑料。那为什么叫玻璃钢呢？

时间来到20世纪50年代，时任重工业部副部长的赖际发同志率团访问苏联时，看到坦克外壳经受原子弹爆炸后的高温烧蚀，仍然完好无损。这种制作坦克外壳的特殊材料就是玻璃钢。回国时，他特意带回了一块材料样品，他想，咱们中国也一定要做出这种材料！

1958年，玻璃钢的研制工作启动了。从原建筑工程部玻璃陶瓷研究院（中国建材子企业中国建材总院前身）抽调了7名同志组成科研小组，开始研究苏联带回的材料样品。

值得庆幸的是，无碱玻璃纤维首先被成功研制出来了。那么，怎么将这些玻璃纤维压制成板呢？当时我们并未掌握热压工艺技术，在一遍一遍的反复试错中，烘干材料用的烘箱爆炸了两个。终于，4个月后科研小组成功压制出了我国第一块玻璃钢板。它长1.2米、宽0.5米、厚5毫米，放到现在根本不算什么，可在当时的确实现了“零”的突破。

第一块玻璃钢板研制成功，赖际发兴奋地说：“国外把这种产品叫‘增强塑料’，我看它强度相当于钢材，又含有玻璃组分，也具有玻璃那样的色泽，就叫‘玻璃钢’吧。”由此，“玻璃钢”一词沿用至今，中国复合材料工业也就此起步。

在中国，玻璃钢首次应用于国防军工事业中，特别是在“两弹一星”等重大工程中发挥了重要作用。到了 20 世纪 80 年代，浴缸、整体浴室、火车窗框等产品相继问世，玻璃钢逐渐走进寻常百姓家，成为我们日常生活中广泛使用的材料。

玻璃钢只是复合材料的一种，我们应该已经能猜到复合材料有多强大了：理想的耐热性、优异的耐腐蚀性，更重要的是，它只有普通钢材重量的 1/6 到 1/4。步履不停的工业化技术升级推动着复合材料不断迭代，一种性能更高的新材料出现了，就是开头提到的碳纤维。

碳纤维：强韧与轻盈的新材料之王

制造出这样的“黑黄金”我们经历了怎样的“升级打怪”之路呢?

事实上，我国碳纤维材料研究起步很早，1960 年就开始了，但进展缓慢。20 世纪 90 年代，体育用品需要更加高强轻质的材料，钓鱼竿逐渐从玻璃钢时代进入碳纤维复合材料时代。国产钓鱼竿使用的碳纤维材料需要从日本采购，但供应经常受限，还时不时通知性涨价，于是碳纤维的研发从钓鱼竿这个民用领域突破了。

随着更多技术的掌握和应用，2008 年，我国自主研制的 T300 级碳纤维成功量产，打破了美日垄断！

4 年后，国产 T700 级碳纤维技术达到了国际先进水平。2020 年，日本对我国实行了高端碳纤维材料禁售的政策，不卖了！令日本人没想到的是，我们早就不用买了！我国成了继日美之后第三个掌握超高性能碳纤维工业技术的国家。

中国建材 T700 级碳纤维生产线

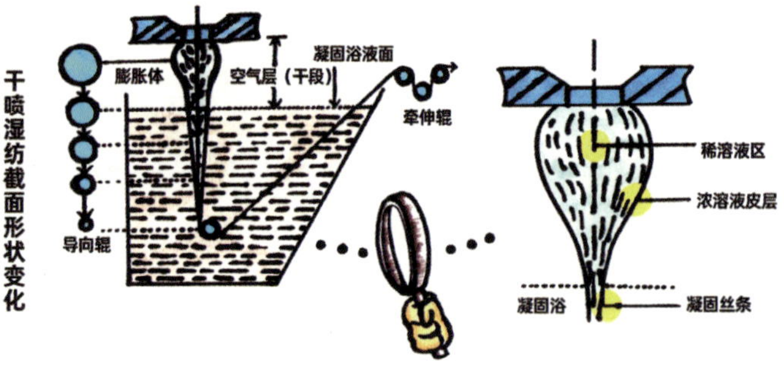

碳纤维工艺科普

时至今日，在中国建材车间，自动化生产线正开足马力生产，一束束原丝向远处有序延伸，经过预氧化、低温碳化、高温碳化、烘干等工序，被缠绕成一轴轴高性能黑色碳纤维。

干喷湿纺技术是生产高性能碳纤维的先进工艺路线。中国建材以自主化、规模化为目标，持续进行自主工艺研发和关键配套装备研制，已逐一攻克干喷湿纺碳纤维核心技术难题，并实现产业化。

目前，中国碳纤维已经实现自给自足，运行产能几乎占全球产能一半，雄踞世界第一。当中国的高性能碳纤维“开花结果”之时，国际市场碳纤维价格应声回落。

中国建材中复神鹰西宁公司是全球单体规模最大的全流程碳纤维生产基地

从第一块玻璃钢，到复合材料领域多项世界第一，从研究院所走向普罗大众，曾经“高不可攀”的新型尖端材料，推动着中国“智”造不断向前，更在热浪滚滚的产业升级中，造福着你我的生活。

（本篇图片由中国建材提供）

扫码听书

延伸阅读 国家工业密码

“材料之王”如何改造未来产业?

碳纤维，曾经被誉为“黑黄金”的“材料之王”，如今其已成为新兴产业中不可或缺的“明星”。未来，碳纤维材料将走向何方呢？我们可以一起展望这片蓝海。

碳纤维的性能提升正在经历一场技术革命。中国建材的科技专家正在探索如何通过调整碳纤维的微观结构来大幅提升其强度和模量。同时，碳纤维与树脂的结合、复合材料的高效成型技术等将成为未来技术发展的热点。

早期的碳纤维产品只是“能用”，如今，碳纤维的“好用”之路才刚刚开始。随着新兴产业的蓬勃发展，碳纤维的应用潜力正在迅速释放。比如，中国建材西宁的万吨碳纤维基地生产的碳纤维已经飞上了蓝天，成为大飞机和新型飞艇的“筋骨”；同时碳纤维旋转在风力发电机的叶片上，让叶片更轻盈，风能利用率更高，为能源行业的绿色转型注入了新动力。在建筑领域，碳纤维织物和拉杆的应用让水泥结构体变得更加坚固和抗震，如厦门翔安国际机场航站楼就采用了这样的碳纤维材料。

随着国家“双碳”政策的推进，碳纤维产业的绿色低碳转型成为发展的新航标。想象一下，使用核能蒸汽和风电光伏发电的清洁能源来生产碳纤维，不仅能大幅降低碳排放，也能将产出的碳纤维高效地应用于风电叶片、光伏组件的生产制造中，形成绿色产业循环，这是多么科幻的场景。

在未来，碳纤维产业将不再只是一个单纯的材料行业，而是成为推动各行各业产业升级的“神奇催化剂”。下一代的碳纤维不仅在性能上更加卓越，还将以更低的成本、更高的效能引领全球产业变革，推动低碳、绿色、智能的未来社会的到来。

14

高铁，为什么听指挥？

高铁为什么姓“高”？

时速 180 千米，这是强台风的速度；时速 300 千米，这是喷气式客机起飞的速度；时速 350 千米，这是目前中国高速列车的运营速度。如何确保迅如雷电的中国高铁“听话”、安全？

高铁的 CPU 有多会算？

假设你坐在由上海虹桥开往西安北的 G1928 次列车上，现在是下午 2 时 40 分，5 分钟前，列车刚刚驶出南京南站，12 分钟后，你会在滁州停车 5 分钟，避让身后去北京的 G136 次列车，然后以 300 千米 / 小时的速度冲入京沪高铁最繁忙的区间——蚌埠南至徐州东，福州开来的 G330 次列车会在蚌埠南等着给你让路，并在你之后保持 4 分钟的车距，和你追踪运行，你们会一起在宿州东站避让追上来的复兴号 G4 次列车，最后你会在徐州东转上郑徐高铁，向西安行驶……

中国中车集团复兴号智能动车组

这些列车的运行时刻被紧凑地安排在了一起，组成了每天上亿人次的出行线路。只要一趟车晚点，那么所有车都会被影响。所以每一辆列车都必须听指挥，每一个节点的计算都要精确到亚秒级，每一天都有上亿次计算。

这么复杂的计算量，高铁的 CPU 怎么不会被烧干了呢？下面我们带大家深入了解一下高铁的“最强大脑”——列车运行控制系统。

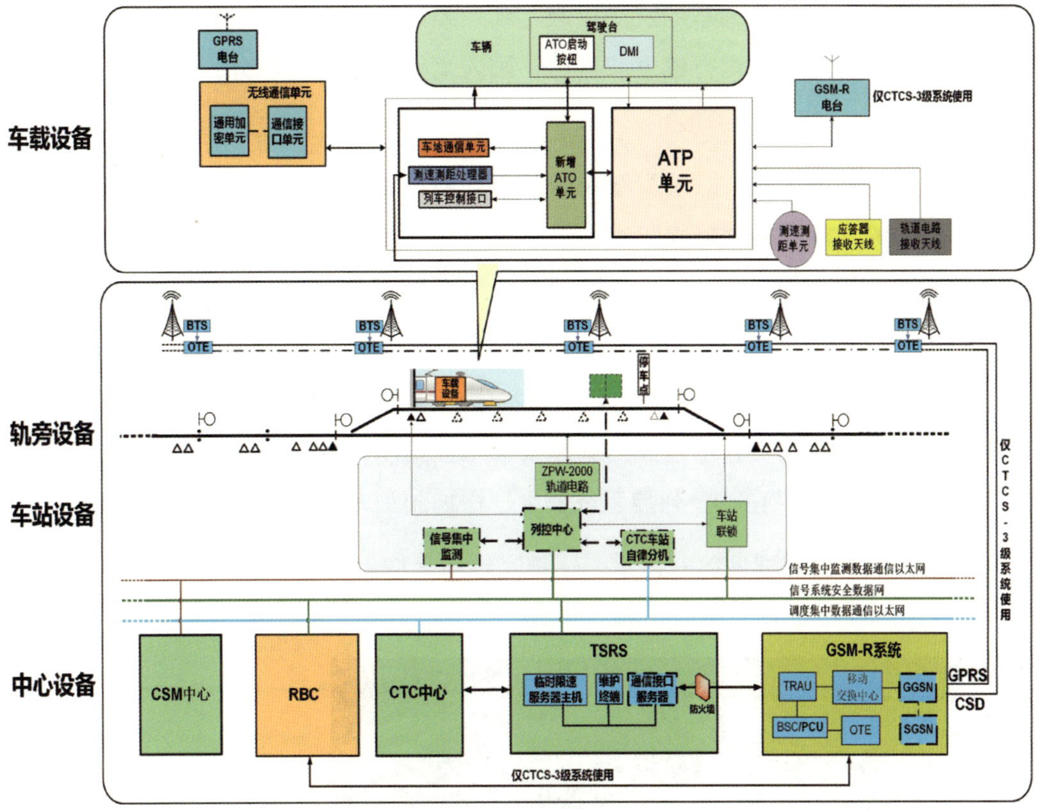

中国通号 C3 列控系统原理图

列控系统对高铁精准控制

换言之，列车运行控制系统就是“接收信号”。信号通知列车什么时候走、什么时候停、什么时候提速、什么时候匀速，这样才能保证很多辆列车同时行驶时，每一辆都可以一路畅通、安全平稳。

从头说起，早期的列车运行速度较慢，火车司机依靠线路上信号机打灯光给出的信号进行驾驶操作。铁路的信号灯不只红、黄、绿三种颜色，还可以通过不同的颜色组合代表不同的信息，如“绿黄”“双黄”“黄闪黄”等，用来提醒火车司机前方区段是否有车，或者是否需要全速行驶等。

20 世纪 50 年代中国第一代铁路信号灯

那你可能就会问了，现在高铁时速这么快，司机来不及看清信号灯怎么办？这可不是闹着玩的啊。

高铁列控系统就像列车的“千里眼”和“顺风耳”，实现对列车的精确控制，确保列车的安全间距和运行速度。目前，国内高铁列车的大部分列控系统由中国通号研发。

按设备的部署位置，列控系统设备分为地面设备和车载设备。这些设备在系统中承担不同的功能，概括地说，地面设备通过检查轨道上列车所在的位置生成车载设备控车所需的各种信息，并通过轨道电路应答器或无线通信的方式，将信息发送给车载设备。

同时，列控系统对轨道的状况也了如指掌。当轨道上出现障碍物或出现故障时，系统能第一时间察觉，并迅速通知列车采取相应措施，如减速、紧急停车等。所以大家放心，不管列车跑多快，列控系统都会严格控制列车，不会出现列车误判的情况。

现在，中国通号要做另一件事——把高铁信号搬上天。

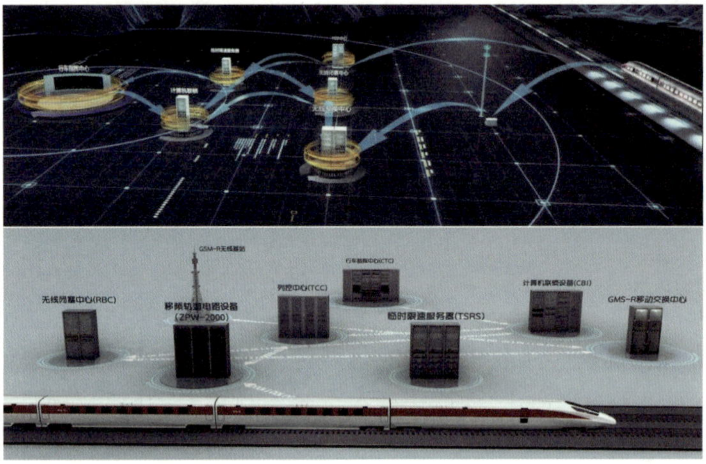

中国通号 C3 列控系统

把高铁信号搬上天

不是搬到飞机那么高的天上，而是再低一点，搬到3000米以下的低空飞行空域。当前的管理痛点在于“管不住”就“飞不起来”。

什么叫“管不住”呢？玩过无人机的都明白，很可能在某个热门区域，大家都想让自己的无人机在拍摄的黄金时段起飞。这不就把航路占满了吗？如果不管控，就会有相撞的风险。

还有一些“黑户”，就是没有飞行资质的无人机，其运载物和飞行意图都不清晰，不管控就等于不安全。

中国通号研制的世界首个时速350千米高铁智能自动驾驶系统C3+ATO和城际市域自动驾驶系统C2+ATO

现在，用无人机等低空飞行器的人越来越多了。由于无人机现阶段并没有足够聪明的大脑，无法保证那么多的无人机在空中不发生飞行冲突，因此我们不能让无人机肆无忌惮地飞。

大家都懂，自律给我自由，那怎么让无人机“自律”呢？这就要在空中划设“空中廊道”，在“空中廊道”里按照规则飞，才能守住安全底线。无人机“空中廊道”的特点与高铁铁轨“地面廊道”几乎一致。因此，中国通号就是想把轨道交通的智能运控技术搬上天，打造低空数智“大脑”，集高效运控与自动反制于一体，保证低空区域飞行的安全、高效、有序。

2024年8月1日，南京吨级以上eVTOL航空器长江首飞仪式在浦口高新区隆重举行。中国通号首次发布了自主研发的低空空域智能管控系统ID-Space1.0版，护航eVTOL航空器、P4垂起固定翼无人机、多旋翼无人机融合飞行。这是业内首次实现同一时间、同一空域多架不同类型、不同任务的航空器融合飞行，打破了不同类型航空器独占空域的限制，为安全高效利用有限的空域资源树立了典范。

有了“智慧大脑”，不管多快，中国高铁都能乖乖听指挥。未来，高铁的“大脑”将为低空经济领域编织一张安全的“空中交通网”。

（本篇图片由中国通号、中国中车集团提供）

扫码听书

延伸阅读 国家工业密码

中国高铁越来越"聪明"的秘密

列车运行控制系统，被称为高铁的“大脑”和“神经中枢”。在纵横交错的铁路网中，高铁在哪里、跑多快、往哪去、停在哪，都要靠它来安排。

21 世纪初期投入应用的 CTCS-2 级列控系统（以下简称“C2”），能够应用在时速 200 ~ 250 千米的线路上。CTCS-3 级列控系统（以下简称“C3”）在地面增加了无线闭塞中心，在车上增加了用于实现车－地无线通信的无线传输单元及 GSM-R 天线，适用时速达到 350 千米。

过去 10 余年间，中国通号等央企加大力度推进技术攻关，在高铁列控系统的核心技术领域打破国外垄断，实现国产化替代。从第一条装备国产化 C3 的武广高铁，到第一条装备自主化 C3 核心设备的京沈高铁辽宁段；从搭载中国通号 C3 全套自主化设备的合安高铁顺利开通，到深度自主化关键设备在辽宁阜新投入应用，再到 C3 走出国门装备匈塞铁路、雅万高铁，中国高铁列控系统在 10 余年间实现了从“舶来品”到“中国名片”的蝶变。

不仅如此，我们的列控系统还让高铁拥有了“智慧大脑”，那就是 CTCS+ATO（自动驾驶）模式。C2+ATO 主要用于城际铁路，能够实现站间自动运行、到站定点停车、车门及站台门联动控制等功能，实现“公交化”运行。C3+ATO 更是在京张高铁实现了时速 350 千米的自动驾驶，给高铁配备了“智能司机”，人工仅作为应急值守备份，实现了世界首创。

现在，中国高铁列控系统家族的新成员——CTCS-N 列控系统开始崭露头角，并在 C2、C3 的基础上进一步优化升级。例如，它与北斗卫星相连，定位更加精准、可靠，移动闭塞技术促使它进一步缩短列车的追踪间隔。

未来，中国高铁列控系统将在 AI 的帮助下不断“换脑升级”，中国高铁也将在列控技术的迭代演进中变得更加智慧、更加安全、更加高效。

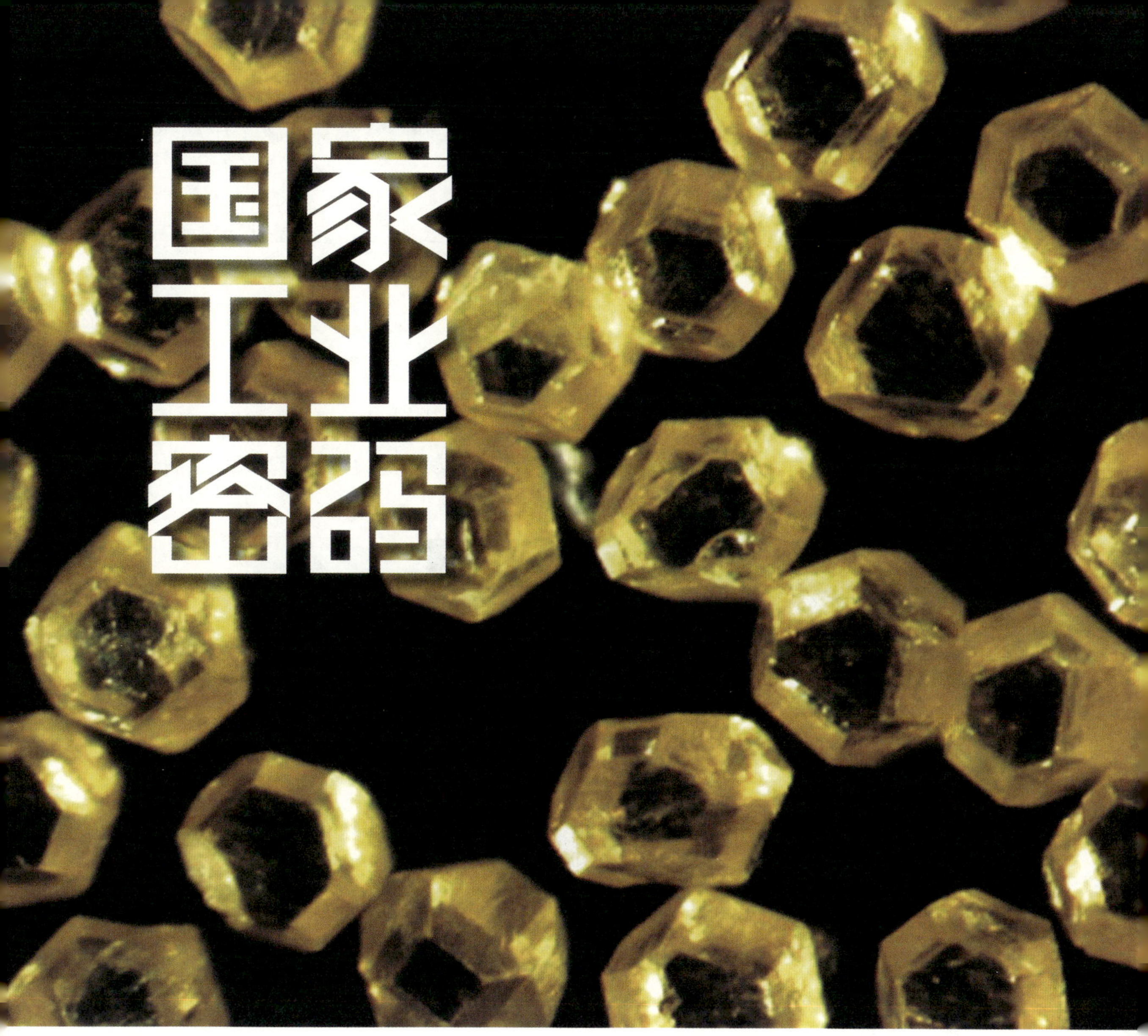

15 “工业牙齿”到底有多硬?

在标示物体硬度标准的莫氏硬度量表中，1 ~ 10 级硬度，人的牙冠硬度为 7 ~ 8 级，是人体最坚硬的部分。

在工业领域，也有一种超硬的材料，被形象地喻为“工业牙齿”。这是什么东西？它到底有多硬？

牙疼不是病，“无牙”真要命

在莫氏硬度量表中，这颗“工业牙齿”的硬度是最高的 10 级，意味着它是目前自然界存在的最硬的物质。相信大家都猜到了，它就是大家熟知的金刚石，又称钻石。

由国机集团培育的 CVD（化学气相沉积）钻石

金刚石除极高的硬度之外，还具备无与伦比的热、光、声、电等物理性能，用在工业领域，上至航空航天、国防军工，下至石油开采、地质勘探，精至半导体芯片、电子工业，各行各业都不乏其身影。

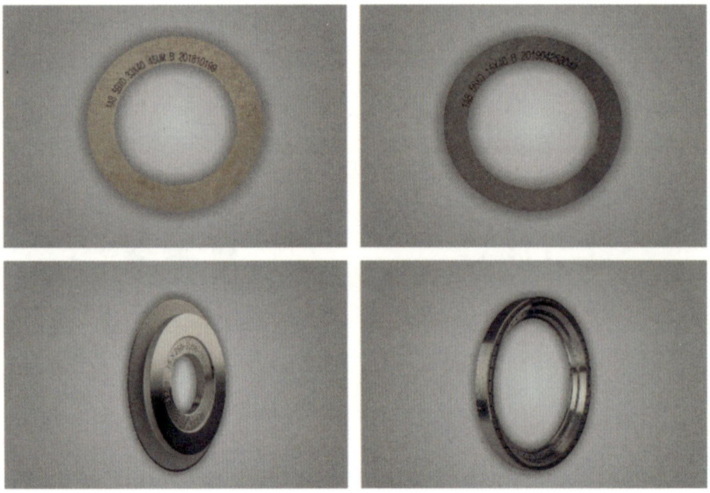

由国机集团生产的应用于半导体行业的金刚石工具

既然金刚石这么好，怎么才能得到呢？ 20 世纪 50 年代末，我国天然金刚石储量极度缺乏，获取金刚石严重依赖进口。在西方对新中国实施了经济技术封锁后，依赖进口的工业用金刚石来源几乎被全部掐断。

巧妇难为无米之炊，缺少了重要的“工业牙齿”，新中国的工业变成了“无牙仔”。为了解决这一难题，人造金刚石成为天然金刚石的平替，如何生产“工业牙齿”这一问题摆在了当时科技工作者的面前。

第一颗“工业牙齿”的诞生

金刚石和石墨都是碳元素的不同形态。人造金刚石的生产过程，就是将石墨变成金刚石的过程。

1955 年，美国通用电气公司专门制造了高温高压静电设备，得到世界上第一批工业用人造金刚石小晶体，从而开创了工业规模生产人造金刚石的先河。不久，杜邦公司发明了爆炸法，利用瞬时爆炸产生的高压和急剧升温，也获得了几毫米人造金刚石。

1960 年 10 月，国家第一机械工业部设立了代号为“121”的研制人造金刚石的国家重点课题，由北京通用机械研究所、郑州磨料磨具磨削研究所等组成联合课题组进行攻关。这两家企业分别是国机集团下属企业——合肥通用机械研究院有限公司和郑州磨料磨具磨削研究所有限公司的前身。

早些年，马路边上经常能看到崩爆米花的摊位，一个黑色的“炮台”在炉顶上不停地旋转，底下烧着火。如果“运气好”，路过的时候刚好爆开，巨大的响声经常会吓人一跳，不知道的以为哪里在放炮。

这和制造金刚石的过程有一些相像，在持续高温高压的环境下，把“爆米花锅”换成研制金刚石的六面顶压机，加上复杂的压力、温度等环境因素，最终将石墨转变成金刚石，这就是人造金刚石的生产过程。设备密封不严会造成实验失败，沉重而昂贵的设备也会崩裂损毁，发出巨大的爆炸声，像“开炮”一样，因此科研人员往往戏称自己是“炮兵”。

1963 年 12 月 6 日的晚上，在第 32 次试验中，两面顶压机中出现了闪闪发亮的神秘晶体。这意味着中国终于研制成功了第一批人造金刚石，成为世界上第六个掌握人造金刚石技术的国家。

人造金刚石颗粒合成块

1963 年，北京，中国首次成功合成人造金刚石

这是个十足的好消息，我国仅用了 3 年就拥有了自己的人造金刚石生产技术。但问题随之而来，装备效率低下、成本昂贵是不争的事实，拥有一口完整的“工业牙齿”的愿望依旧不能实现，我们还需要更高效的工业化生产手段。

从“一颗牙”到“一口好牙”

1964 年 4 月，由郑州磨料磨具磨削研究所牵头，联合济南铸锻所（现隶属国机集团）等开始研制铰链式六面顶压机，以实现人造金刚石的机械化量产。

在研发过程中，科研人员获得了一份特殊的奖励——一碗羊肉烩面。1964 年的光景，国家刚度过三年困难时期，填饱肚子都是奢望，更别提能吃上这一碗飘着油花儿的羊肉烩面了。

1965 年 11 月 5 日，在超过 1300℃的高温和数万倍大气压下，铰链式六面顶压机内，比指甲还软的石墨边缘，终于出现了点点星光般的金刚石，慢慢地，一颗颗晶体汇聚成一片“星河”。这也意味着这台压机可以量产人造金刚石了，新中国的工业发展真正实现了武装到“牙齿”的壮举。

1995 年，郑州，我国第一台具有完全自主知识产权的人造金刚石合成装备——“功勋压机”退役时的照片

这台压机在当年便生产出人造金刚石 10000 克拉，在服役的 30 年中共完成约 150 万次合成，被誉为“功勋压机”。

在越来越成熟的装备加持下，2023 年中国人造金刚石产量突破 250 亿克拉，占全球产量的 95% 以上。不仅能完全满足国内需求，而且能大量出口国际。

现在，从深地钻探到航空航天，从新能源光伏到 IC 芯片制造，都在使用人造金刚石，最锋利的“工业牙齿”正在啃下一块又一块“硬骨头”，在中国工业化进程中散发着璀璨耀眼的光芒。

（本篇图片由国机集团提供）

扫码听书

延伸阅读 国家工业密码

金刚石应用知多少?

金刚石广泛应用于机械制造、航天航空、珠宝首饰、光学元器件、半导体元器件、量子科技等领域。自然界中天然金刚石极为稀少且开采难度较大。为此，科学家们一直努力研制人造金刚石（包括工业用和培育钻石等）。

1963 年，我国第一颗人造金刚石在国机集团郑州磨料磨具磨削研究所（以下简称“三磨所”）诞生，开启了我国金刚石产业发展的新纪元。1966 年，三磨所又成功研制出另一种超硬材料——立方氮化硼。以这两大突破为源头，三磨所相继开发出一系列填补国内空白的超硬材料制品、行业专用生产和检测设备仪器，如半导体加工用减薄砂轮、切片刀等，引领我国超硬材料行业从无到有、从小到大、由弱变强，形成了完整的产业链，并在产业规模上逐步占据了世界绝对优势地位，三磨所因而被誉为我国超硬材料行业的“黄埔军校”。目前，我国人造金刚石产量占全球总产量的 95% 以上，而河南人造金刚石产量约占全国总产量的 80%。

金刚石具有高硬度和耐磨性，被制成各种各样的切割、磨削、抛光、钻探、修整工具，几乎可以加工世界上所有非铁族已知材料。

金刚石还具有优异的热、光、声、电等性能，在许多尖端领域具有广泛的应用前景。比如，大规模集成电路及 LED 光源、5G 通信、高性能计算、雷达系统、卫星等器件的散热，制作激光、微波、X 射线等光学窗口，以及纳米金刚石药物载体、污水净化处理电极，等等。金刚石被视为理想的第四代半导体材料，号称终极半导体材料。此外，其在量子信息技术方面也有较大发展前景。

作为战略性新兴产业，金刚石产业已经走在了国际科技和贸易竞争的前沿。随着技术的成熟，金刚石将不断激发潜能，造福人类。

16

用座机“视频”，比 Facetime 早了20年！

在手机还没全民普及的 20 世纪 90 年代，竟然用座机就可以打视频电话了？为什么《人民的名义》里面的达康书记在办公室的时候只用办公桌上的黑、红两部座机？手机功能越来越强大，座机会从我们的生活中消失吗？带着这些疑问，咱们来聊聊手机的“前辈”——座机（固定电话）。

人工交换阶段漏洞百出

1876年，亚历山大·格拉汉姆·贝尔发明了电话，从此人们告别了“通信基本靠吼”的时代。

最早的时候，人们打电话全靠接线员充当“中间商”，而由接线员帮你把线接到另一头就有接错线的风险。

打电话之前，先抓着把子摇上几圈，你这边摇，接线员那边铃就响了。他接起电话来，再问你要打给谁，然后给你搭线。看出来了吗？这个时期的电话连个按键都没有。

没按键不算什么，关键是很不方便，占用大量人力，而且通话质量差，电话里的声音时大时小，通话隐私也得不到保障。如果你在电话里聊到停不下来，还可能出现接线员插嘴干涉的情况。尽管现在看来很不好用，但在当时还是非常稀缺的。清朝末年，电话传入中国，当时只有衙门和皇亲国戚能安装。

中国联通天津联通红色文化学习教育基地馆藏——人工磁石交换台

中国联通天津联通红色文化学习教育基地馆藏——步进制交换机测试台

机电交换阶段用生命守护

座机电话的第二个阶段是机电交换，推动这一阶段技术发展的竟然是一位殡仪馆老板的“跨服”力量。史瑞乔，美国一家殡仪馆的老板，是一位“倒霉蛋”。他发现来找他做生意的电话经常被接线员错接到竞争者那儿，已经因此丢了好几笔买卖，史端乔一怒之下，发誓要发明一种不需要人工接线员的自动接线设备。你别说，他还真的说到做到。

1891 年，史端乔获得了发明“步进制自动电话接线器”的专利权。翻译过来就是解放人工，直接机器给你接线。

后来，步进制的电话交换技术也传到了中国。1927 年，中国第一部步进制自动交换机在天津电话东局开通，这也是我国自建的第一个自动电话局。这个电话局背后的故事令人唏嘘。

光绪三十年，也就是 1904 年，天津电话局开始在租界内发展用户，但主任工程师这个职位一直由外国人占据，导致外国人长时间把持着天津电话的技术管理权，霸占了 25 年。为了维护电信主权，1927 年留学美国回来的电气硕士朱彭寿组织建设天津电话东局，他亲自指导设计、施工。自这时起，天津通信的管理权回到了中国人自己手里。

1937 年，日军侵占天津时想要夺走天津电话东局的管理权，这样日军就可以控制整个天津的通信业了。朱彭寿带着东局的职工同日军斗争了 3 年，20 多人被捕，5 人被杀，朱彭寿也在这场斗争中被日本宪兵迫害致死。他用生命守护着堪称国家命脉的电信行业。

天津电话东局旧址现在是中国联通天津分公司的光复道分局，建筑内现仍有通信设备在运行，在线客户近万户。

我国自建的第一个自动电话局——天津电话东局

数字交换阶段推动技术变革

到了 20 世纪 40 年代，随着半导体电子技术的发展，电话交换技术进化到了数字交换的新阶段。与最早期的电话“呲呲啦啦”的音质相比，这一阶段的电话声音清晰得就像有人在你耳边说话，后来更是实现了可视通信播放视频的功能。

1990 年 9 月 15 日，北京亚运盛会到来前夕，我国国内第一次可视电话业务在北京市电信局（北京联通前身）与上海市电信局间开通。也就是说，在微信视频、Facetime 之前很久，座机就可以视频通话了。

虽然现在很多人的家里早就不安装固定电话了，但是这个“爷爷辈”的电话机是通信行业里不可磨灭的一个角色。有多少人设置的密码是家里第一部座机的电话号？有多少人用过 IC 卡在街上打公用电话？有多少人记得曾经的大学宿舍是整楼公用一部电话，宿管阿姨经常大喊“几楼的小谁下来接家里电话”……

不只是这些生活化的场景，安全稳定的通话网络更是座机的“大杀器”。开头咱们说的达康书记桌上的红色座机，连接的就是专网保密线路，有专门的加密方式，极大地保证了通话内容的安全。

“有 Wi-Fi 就能通话”，为进一步提升用户通话体验，中国联通开发了基于中国联通 App 的 Wi-Fi 通话（App 模式）功能。运用“VoWiFi”技术，以 Wi-Fi 网络进行语音传输，使用户可以在无通信网络信号（4G、5G 等网络）的情况下利用中国联通 App 随时随地接打电话，从而获得更加清晰、更高质量的原生通话体验。

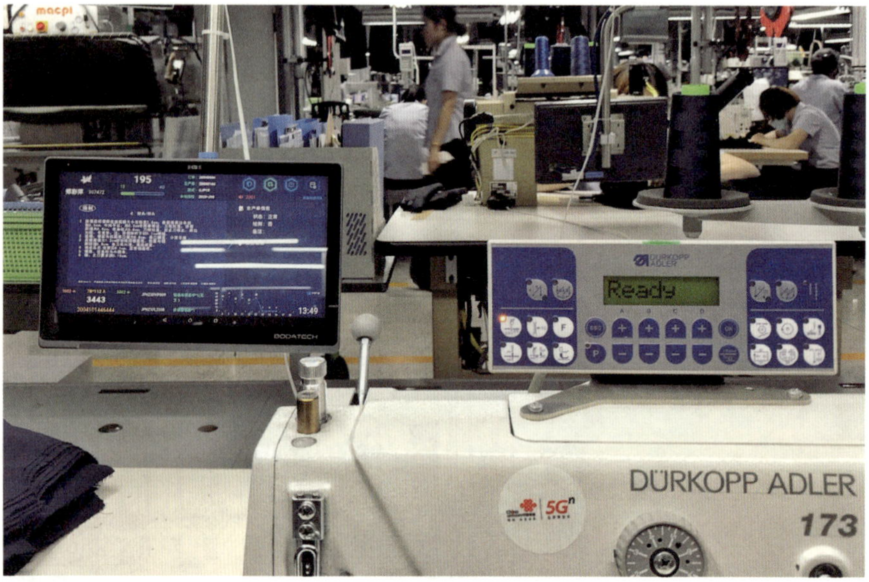

由中国联通打造的 5G 全连接工厂

中国联通赋能广州港码头建设

中国联通智慧仓储

听完今天的故事，相信当你再次拿起座机话筒，秒速连接对方的时候，能想起100多年前打电话也是一件很不容易的事儿呢。

（本篇图片由中国联通提供）

扫码听书

延伸阅读

国家工业密码

让通话无处不在

手机通信已成为日常生活中不可或缺的一部分。从最初的语音电话，到如今的音视频通话、5G 新通信等，通信技术的发展正不断丰富我们的沟通方式。

那么，未来的通信将如何进一步拓展，又会带来哪些革命性的变化呢？

中国联通的专家团队围绕提升用户通话体验推出了 Wi–Fi 通话技术，并已基于中国联通 App 进行试点。这项技术打破了传统通信网络（4G、5G 等网络）的束缚，让手机只要连接 Wi–Fi 网络，用户就可使用手机号码进行语音和视频通话。比如，在地下车库、高楼密集区或城中村等信号盲区，凭借 Wi–Fi 网络，那些曾经因信号不佳而中断的通话就得以重新连接。

在卫星通信领域，中国联通也在积极拓展通话能力边界。想象一下，当身处一艘航行在遥远海域的科考船上，传统基站信号无法触达，无需专业设备，只需通过手机连接卫星网络，便能与远方的亲人朋友进行实时语音通话。这项技术极大地增强了人们的归属感和安全感。

此外，中国联通还在探索更多智能应用场景，希望实现“万物皆可通话”的愿景。未来，在运营商与终端制造商的共同努力下，通信技术将逐渐走向更广泛的应用，让沟通更加自由、高效和无界。

17

大力出奇迹！从烧开水到燃气轮机

有这么一个东西，能让飞机、船舶、坦克装甲车动力满格、所向无敌。你知道这是什么吗？公布答案，这是燃气轮机。作为国之重器，燃气轮机其实非常“接地气”，它的工作原理与烧开水类似。

在“先天不足”中实现“从0到1”

燃气轮机通过燃烧天然气、柴油等燃料产生高温、高压气体，再将它们转换成非常强大的动力。燃气轮机具有广泛的应用场景，除了最常用的发电，飞机上天、船舶远航都离不开它提供的源源不断的动力。

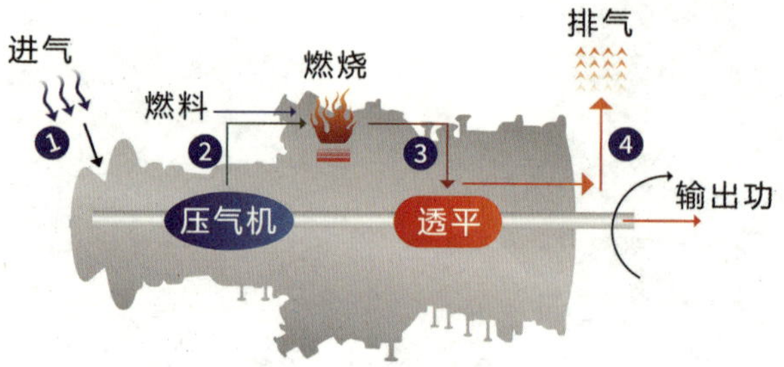

燃气轮机的内部工作原理图

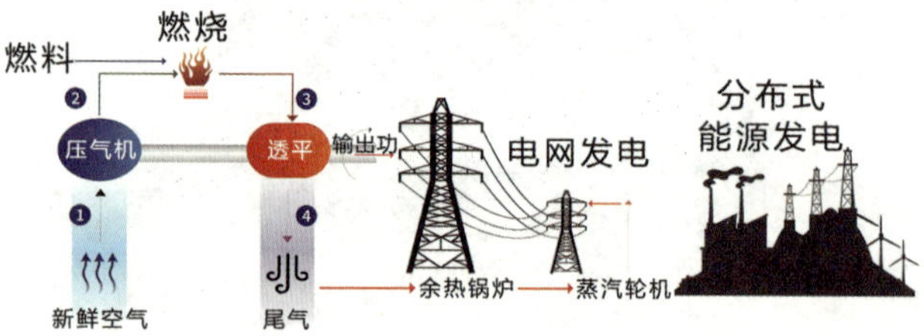

燃气轮机的外部原理图

现在，我国的燃气轮机制造水平在国际上已经占有一席之地。几十年前，由于国内相关制造还处于技术空白阶段，使用的燃气轮机只能从国外购买，所以我们长期沦为“被宰”的对象。为了摆脱燃气轮机受制于人的窘迫局面，我国的工程师们发愤图强迈上了自研之路，生动演绎了一场“大力出奇迹”的逆袭故事。

如此厉害的国之重器，为什么说是受到了烧开水的启发呢？其实烧开水和燃气轮机之间还隔了一个汽轮机。

人类最早利用热能就是在瓦特改进蒸汽机的时候。瓦特烧开水时，发现壶盖在水蒸气的作用下有节奏地跳跃，经过深入研究，他发现真的能将烧开水的热能变成机械能。虽然热效率只有2%～3%，但终究让烧开水实现了“跨服上班”！这一发现让人类走入了第一次工业革命，彼时，正是中国的乾隆年间。

后来，蒸汽机又经过了N代升级，不断提升功率。只是这段时间我国社会局势动荡，导致蒸汽机技术发展一直处于落后状态。

直到新中国成立，国家推动“三线建设”，一批来自全国各地的工程师、工人都聚集在一个山沟——西南地区龙门山脉的汉旺镇里。

东方电气集团东方汽轮机建厂前旧貌

大家在这儿扎根，研制中国自己的汽轮机。当时，一并落户在西南的还有电机和锅炉的建设者们，他们共同完成“三大动力”在祖国西南的战略备份使命。国家领导人将他们命名为“东方”。自此，东方电气集团的电机、汽轮机、锅炉三大动力厂第一次出现在新中国。

但是此时此刻，我们已经比早早入局的发达国家落后太多。在 1970 年前后，我们的发电汽轮机组功率始终在 20 万 ~ 25 万千瓦徘徊，不够用，根本不够用！连给北京供电都保障不了。

1971 年，东方电气集团汽轮机厂试制的第一台 75 兆瓦汽轮机试车成功

在筚路维艰中完成提质升级

1975 年，东方汽轮机厂开始自主研发 30 万千瓦汽轮机组。研发过程中，资金短缺的问题一度让科研陷入僵局。厂子里上上下下的职工都心有不甘，大家不想让数年的努力就这样付诸东流。既然资金短缺，那就一起想办法赚钱。他们开始利用制造余料生产不锈钢菜刀、折叠椅、保险柜等看起来“不务正业”的产品来“贴补家用”，通过养鸡、养牛、种地来保障职工生活，通过“搞副业”赚钱“输血”汽轮机组研发，终于，科研事业得以继续开展下去。

科研之路凝结了全厂上下的心血。一个一米长的叶片，就需要上千个坐标点的计算，而且每一个都必须 100% 准确。设计人员沉浸在办公室里夜以继日地计算，深夜，有些老专家回到家以后突然来了灵感，又马上折返，一路打着手电、借着月光回到办公室继续进行复杂的计算。

终于，1983 年 9 月 28 日的夜晚，所有人都紧张地盯着试验台，看着机组转速缓缓上升。当平稳升至 3000 转 / 分钟时，每个叶片都承载着 240 吨的巨大离心力。

在万众紧张期待中，现场调度员的报告声响起：机组运行正常，机组运行平稳，机组提速正常，机组提速平稳，机组降速正常。

在东方电气集团位于山沟沟的工厂里，我国第一台 30 万千瓦汽轮机组成功完成试车，全场一片沸腾。

2021 年 12 月，国内首台自主研制 F 级 50 兆瓦重型燃气轮机在东方电气集团东方汽轮机有限公司完成盖缸

2022 年 11 月 25 日，国内首台自主研制 F 级 50 兆瓦重型燃气轮机在东方电气集团东方汽轮机有限公司下线发运

在万众协力中实现历史跨越

成绩固然可贵，但摆在面前的问题是，到这个时候，我们还是只能生产以蒸汽动力为主的汽轮机，世界上已经出现了燃烧天然气、氢气的重型燃气轮机。它比蒸汽轮机功率更大、力量更强，我们岂能甘于落后？重型燃气轮机必须制造出来！

重型燃气轮机对制造技术的要求更加苛刻，要有能承受 1400 摄氏度的耐高温材料，要有能扛住龙卷风强度且不被扯碎的叶片，整机的点火试验更是难上加难，相当于在十级狂风中点燃一根蜡烛。

然而，纵然千难万险，也无法阻挡中国人民奋发图强的脚步。这一次，我们交出了漂亮的答卷。

2002 年，中国船舶、中国航发等科研力量开始一起攻关重型燃气轮机。2012 年，国产 R0110 重型燃气轮机成功应用在中海油深圳电厂，替代了西门子的产品承担发电任务。2020 年 11 月，东方电气集团生产的首台全国产化 50 兆瓦重型燃气轮机 G50 实现满负荷稳定运行，完成了历史跨越。

从祝融到普罗米修斯，从天雷引发的野火到触手可得的打火机，从蒸汽机到燃气轮机，燃烧和控制燃烧、热能动力的效率提升始终伴随人类前进的脚步，我们期待着下一次技术革命带来的滚滚动力。

（本篇图片由东方电气集团提供）

扫码听书

延伸阅读 国家工业密码

摘下装备制造业“皇冠上的明珠”

燃气轮机，被誉为装备制造业“皇冠上的明珠”，又被称作大国重器的“心脏”，它在电力、能源开采与输送、舰船以及分布式能源系统中，扮演着不可替代的重要角色，映射出国家综合科技水平和强大工业制造的硬实力。

这位机械界的璀璨巨星，全身上下有超过 2 万个精密零件。凭借顶级配置，即便在高温、高压、高转速的极端环境下，燃气轮机依然能稳健运行，展现出非凡的适应力与可靠性。比如，面对 18 个大气压，相当于海下 180 米深度的水压，它轻松拿捏；运行温度超过 1300 摄氏度，简直像在“火焰山”上工作，它也能从容应对。

早年，国外实施严格的技术封锁，我国的燃气轮机产业链长期被无形的大手紧紧扼住咽喉。自主研发成为我国冲破束缚、扬眉吐气的必经之路。

如今，我国自主燃气轮机产业已经迈出坚实的步伐。以东方电气集团为例，该公司 15 年磨一剑，先后研制出首台国产 F 级 50 兆瓦重型燃气轮机（G50）、首台国产 15 兆瓦重型燃气轮机（G15），实现了从 0 到 1、从 1 到 N 的创新发展之路。

燃气轮机是涉及能源和国防安全的战略性新兴产业。绿色化与智能化勾勒出未来燃气轮机不断升级的两大方向。绿色化方面，燃气轮机将朝氢燃机、氨燃机的方向发展，实现环保与高效并行；智能化方面，数字技术、人工智能、大数据等科技力量的加持，将为燃气轮机插上智慧的翅膀。

18 推着火箭上天的“烈焰毒师”

你注意过火箭升空的那个瞬间吗？一股“神秘力量”自火箭尾部喷出。

不仅能推动火箭升空，还能让这个庞然大物达到第一宇宙速度。这股“神秘力量”就是火箭推进剂。

1960 年前后，我国开始自主研发火箭推进剂。毫不夸张地说，投入其中的所有科研工作者都是勇士，因为他们接触的化学组分不是有毒有害，就是易燃易爆。这么危险，他们是怎么坚持下来的？

“抱着老虎睡觉”的人

“5、4、3、2、1，点火！”

火箭发射的点火瞬间，尾部喷出巨大火焰，发出撼天动地的吼声。缓缓升空的火箭把卫星、飞船、探测器等送入星辰大海。

2022 年 3 月 30 日，长征十一号运载火箭在酒泉发射成功

这巨大的火焰来自推进剂，正如汽油对于汽车，推进剂是火箭的动力源。如果拆开一枚火箭，你会发现它内部超过 90% 的重量不是金属而是液体——推进剂。推进剂的成分是非常特殊的存在，它需要在没有氧气的太空环境中燃烧，并且通过燃烧产生巨大的能量和推力。

回看世界上最早发射的一批火箭，飞起的时候，带起一阵棕红色的烟雾，这种特殊的颜色代表着推进剂是偏二甲肼和四氧化二氮的组合。

偏二甲肼和四氧化二氮在常温下只要接触就可以剧烈燃烧，产生巨大推力，使发动机操作简单，还能在太空中多次启动。但是这两种成分都有剧毒，因此有人将研制剧毒燃料的工作称为“抱着老虎睡觉”。

这么危险的研究工作，谁来开这个头？我们今天要说的第一位“烈焰毒师”登场，他就是中国工程院院士李俊贤老先生。

中国工程院院士、化工合成专家李俊贤

李俊贤院士研发偏二甲肼时所在的北京化工研究院，1998 年并入中国石化集团公司

1958 年，我国提出“两弹一星”及其推进剂研制任务，年轻的李俊贤被抽调至北京化工研究院第五研究所，加入高能推进剂研制队伍。他的目标是实现我国在偏二甲肼这一液体推进剂主要高能燃料上的突破。

不仅偏二甲肼有剧毒，合成它的原料也有毒。研发过程中，整个团队每天如履薄冰，防泄漏、防爆炸、防吸入。作为课题组的负责人，李俊贤顶着巨大的压力，既高度警觉，又争分夺秒。半年后，他们的试验数据表明，偏二甲肼工业生产完全可行，研发成功！

1966 年，带着团队的科研成果，李俊贤远赴青海山沟筹建化工厂，开始了偏二甲肼的工业化生产。

刚刚到达青海时，迎接李俊贤他们的是想象不到的艰苦生活。

大家住的大通铺就是水泥厂的仓库，两边对着住 40 个人，头顶还一直滴水泥。因为海拔高，饭蒸不熟是常事；因为缺氧，大家经常感觉到身体疲惫。

即使这样，喊困难的人也很少！当时，全体员工立下了“一定拿出合格产品，不拿出不回北京”的军令状，忍受着高原反应，研究生产。

终于，1968 年 2 月，在这个山沟里，李俊贤带着队伍建成了中国第一套制备偏二甲肼的装置，并生产出了世界水平的偏二甲肼火箭推进剂。

1970 年 4 月 24 日，长征一号运载火箭载着第一颗人造卫星“东方红一号”升空。让李俊贤感到无比自豪的是，他负责研制生产的偏二甲肼推进剂就用在了长征一号火箭上。

此后，长征一号到长征四号运载火箭，带着杨利伟飞向太空的“神舟五号”，都使用了偏二甲肼作为推进剂。在军事国防领域，我国的东风三号地地导弹采用了硝酸和偏二甲肼作为推进剂。由于偏二甲肼的特性，导弹能够随时作战备用，保卫国家。

长征一号运载火箭

长征二号丙运载火箭矗立在发射塔架上

青海山沟里建成的这座化工厂点亮了中国特种设备的“黎明”，以其为雏形发展起来的设计院，至今仍有百余名科研人员在这里继续着化工科研事业。

“以毒攻毒”的人

随着我国航天技术的不断进步，我们的眼光望向了更大的卫星和更远的星空，这也意味着火箭要有更高的运载能力。

1997 年，载荷超过 11 吨的长征三号乙成功发射，中国火箭终于有能力跻身国际市场。然而，步入国际市场，中国火箭面临着更多强大的竞争对手，它们不仅运载能力更强，还安全清洁、成本低廉。

为了追赶，中国火箭迎来了一场全方位的结构升级。其中，在推进剂方面，偏二甲肼与四氧化二氮的“有毒组合”为无毒无污染且成本更低的煤油与液氧组合所取代，发动机也全面升级。

煤油与液氧制备简单，成本低，而且燃烧产物是二氧化碳和水，无毒无害。它们的缺点是无法像偏二甲肼和四氧化二氮一样接触即燃烧，它们需要点火剂来引燃，而这，就是我们要讲的第二位“烈焰毒师”的故事。

为了适应新燃料，国家下达了火箭燃料新型点火剂的科研任务。当时没有人敢接受，因为新型点火剂有 80% 以上的成分是有机硼，这种成分不仅有毒，而且一碰到空气就马上燃烧，非常危险。这时，在中国科学院上海有机所负责硼基础性研究的邓敏智教授接下了这项任务。邓教授与火药、炸药打了一辈子交道。当谈到实验的危险性，80 多岁的邓教授云淡风轻地说：“我舍生忘死都要干这一方面。”

他还说，国家也很照顾我们，中山医院专门为我们 3 个月检查一次身体，对我们很保护。

10 多年“泡”在实验室里“以毒攻毒”，邓敏智教授带领课题组同志在国内没有资料的条件下首创研制出了新型点火剂，使得无毒、环保的煤油 / 液氧推进剂用在了长征五号、长征六号、长征七号等之后的长征火箭上，使我国的航天事业迈入世界先进行列。

奔赴，太空的远征

如今，在我们头顶的太空中，北斗列阵、神舟飞驰、天舟往返、天宫建成……这些成就离不开长征火箭一次次的托举，也离不开每一位“烈焰毒师”的奉献。

长征三号乙运载火箭 2024 年收官发射

2024 年 4 月 27 日，“嫦娥六号”探测器和长征五号遥八运载火箭垂直转运至发射区

2024 年 10 月 30 日，长征二号 F 运载火箭执行“神舟十九号”发射任务

2024 年 11 月 30 日，我国新型运载火箭长征十二号运载火箭在海南商业航天发射场点火发射

如今，邓敏智教授已经 80 多岁了，但他依然埋头在科研一线。李俊贤院士于 2024 年 3 月去世，他把所有年华都奉献给了化工合成科研事业。

2018 年，李俊贤院士向自己工作了半生的化工设计研究院捐赠了 300 万元，用于培养人才和资助退休困难职工。学生们说，李俊贤院士及其老伴生活节俭质朴，从来没有华丽的需求，他们用心攒下的 300 万元只为祖国的科研事业薪火相传。

还有许许多多像他们一样的化学工作者，一次又一次地点燃着长征火箭。下次看火箭发射的时候，您可以留意一下，偏二甲肼的火焰冒红烟，煤油的火焰是黄蓝色的，液氢的火焰是透明的。每一朵火焰都是化学工作者为飞天梦想种下的花。

（本篇图片由中国石化、航天科技提供）

扫码听书

延伸阅读 国家工业密码

让科学家精神在新时代更放光芒

每一次火箭的升空都伴随着震耳欲聋的轰鸣，那尾部喷出的熊熊火焰是火箭推进剂的力量。1957 年，苏联人造地球卫星的升空宣告人类的航天时代来临，随后美国卫星也发射成功，如何将中国的卫星送入太空成为当时的重要任务，而火箭推进剂的研制就是其中的关键一环。在我国自主研发火箭推进剂的征程中，有无数科研工作者投身于这项充满危险的任务。他们的坚持、他们的牺牲最终推动了我国航天事业迈入世界先进行列，他们也用毕生科研经历诠释了爱国、创新、求实、奉献、协同、育人的科学家精神。

在人类探索浩瀚宇宙的历史中，科学家精神始终是推动文明进步的不竭动力。这种精神不仅体现在对真理的探索上，也体现在他们对国家、对民族、对人类命运的深切关怀上。科学家精神的传承是一种跨越时空的对话，是一代又一代科研工作者之间的心灵接力。这种精神的火炬从李俊贤院士手中传递到邓敏智教授手中，再传递到今天每一位科研工作者的手中。这种精神始终鼓励着我们挑起历史重担，突破关键核心技术，努力把主动权牢牢地掌握在自己手中。

今天，当我们再次仰望星空，看着那些由长征火箭托举进入太空的北斗、神舟、天宫，我们不能忘记那些曾经的“烈焰毒师”。不忘却最好的方式，就是作为科学家精神的继承者和发扬者，继续用自己的智慧和勇气，点燃祖国的飞天梦想。

新时代，科学家精神更放光芒。

19 地下轨道交通网络，由谁掌控？

从古城到环球度假区，北京地铁 1 号线作为中国首条地铁线路，在连接首都东西向的轨道交通中扮演着重要角色。地铁 2 号线则环绕着西直门、积水潭等站，打开了中国首条环形地铁线路的大门。

几十年来，在中国，地铁从无到有，再到目前总里程突破 1 万千米大关，中国地铁奋起直追、不断超越。仅北京市地铁里程就达到了 836 千米，规划建成了 27 条四通八达的地下轨道交通网。

这么密集的地下交通网如何实现精准控制？ 1 号线、2 号线等老牌地铁线路又实现了怎样的升级？

奋起直追的中国地铁

中国地铁有着起步晚、发展快的特点。

从一份 1965 年绘制的北京地铁规划图来看，当时部署了北京地铁一期工程。一期工程里面的站点后来变成了大家熟知的 1 号线、2 号线，1 号线当年就开建了，2 号线也在 1971 年紧锣密鼓地开建了。

然而，我们的起步阶段与发达国家相差甚远。全世界第一条地铁是英国人的，1863 年就通了，那个时候我们还是大清朝呢，中国连铁路都没有，地铁更是不敢想。直到 1953 年，第一个五年计划开始实施的时候，修建地铁才在中国提上日程，也才有了后面的北京地铁 1 号线、2 号线。

俗话说，“先胖不算胖，后胖压塌炕”。现在我们能看到的是，从北京地铁 1 号线开通时起，国内各个城市的地铁遍地开花般地打通了城市地下网络。

北京地铁 2 号线

就看北京地铁吧，目前开通的线路就有 27 条，面对密密麻麻的地下轨道交通，如何实现车用信号和人用信号的通畅呢？

车用的信号越来越高效

随着时代的发展，地铁的乘坐体验也是越来越好。其中进化最明显的是地铁上的信号系统。地铁上的信号分两种：车用的以及人用的。

先说车用的，也就是地铁控制系统。你有没有好奇过，为什么每次地铁停下时地铁门和站台门总能严丝合缝地对齐呢？这就得靠先进的列车控制系统和信号系统。

北京地铁 3 号线和 12 号线车辆

1841 年以前，地铁的调度只能靠人工举旗子的方式，这当然存在相当大的安全隐患。信号机被发明出来后，地铁依然运行间隔很大，效率较低。

人们选择地铁出行就是希望方便快捷，所以有了第三代基于通信的列车控制系统。简言之，这个系统就是地铁列车和地面能随时“互发短信”，通过计算，地面通知列车最远可以开到哪里，这样就提高了出行效率。

2008 年以前，中国地铁采用的列车控制系统基本是国外的，价格昂贵，1 千米将近 1500 万元。而且国外公司不透露任何技术细节，在完全受制于人的情况下，我国开始研发完全自主知识产权的信号系统，让国内地铁用上“国产大脑”。到了第四代信号控制技术，这时列车不需要司机就能实现无人干预的“自己跑、自己回、自己检、自己修”，整条线路的各个节点都被精准计算。

信号系统连续式通信传输介质裂缝波导管

目前，国内的一部分地铁已经应用了新的信号控制技术，即车车通信。形象一点来说，就是前车和后车直接“打电话”，前车告知在什么位置、速度多少，后车回答“知道了，那我控制速度，保证不撞车”，没有地面系统这个“中间商赚差价”，列车之间传递信息的时间更短了。

这么多次的迭代下来，老牌地铁线路有什么变化呢？北京地铁 2 号线在 2008 年、2015 年分别进行过控制系统的改造，中国通号卡斯柯 CBTC 解决方案一举中标。这既是我国首个 CBTC 信号系统应用项目，也是全球首例为既有线提供 CBTC 系统的地铁改造项目。

如今，2 号线的发车间隔由 3.5 分钟缩短到 2 分钟，发车频次显著增加。可别小看这 1.5 分钟，2024 年，北京地铁每天的客运量有 945 万人次，每天多发一趟列车，就可以让更多“早八人”的通勤更高效。在这方面，中国通号先进的“地铁大脑”已经安装到国内近 90 条线路上了。

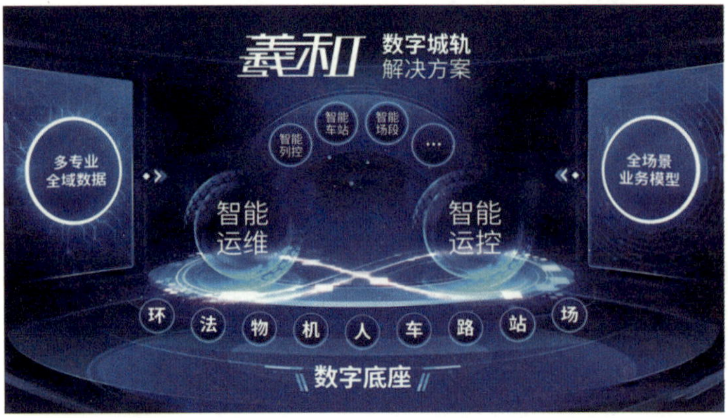

中国通号卡斯柯发布的“羲和”数字城轨解决方案架构图

值得一提的是，2024 年 6 月 28 日，中国通号卡斯柯发布了“羲和”数字城轨解决方案，打造了智能运控、智能运维两大平台，集成了一系列智能应用，致力于提升运营安全与韧性。在资源不变的条件下，该方案能够实现约 30% 的运能提升，节省约 30% 的故障与应急处置时间，变“人找数据”为“数据找人”。岗位设置与业务融合更加紧密，大幅降低了人力成本和管理成本，同时为乘客提供了更高效、更安全、更可靠的出行服务。

人用的信号越来越顺畅

说完了车用的信号，再来说说人用的信号，即在地铁上玩手机顺不顺畅的问题。这可不是一件容易的事儿，在地铁封闭的环境中，电磁信号经常会受到干扰和衰减，各种金属物质也会对信号产生阻断作用，所以我们会觉得进入车厢以后手机信号很微弱。

但也别担心，国内的地铁早就覆盖 4G 了。中国电信、中国联通、中国移动和中国铁塔正在琢磨地铁 5G 建设的事儿呢。到那时，即便在满载乘客的情况下，车厢里每个人同时看高清视频，都不会有任何问题。

上海地铁 4 号线于 2005 年 12 月底开通，是上海建成运营的第 5 条地铁线路。乘客之所以能在地铁 4 号线用上高速 5G 网络，是因为这里已经全线部署了中国电信上海公司首创的 5G 新型“车地系统”。

5G 新型“车地系统”的亮点在于“设备上车 + 高速无线回传”，突破了使用传统网线进行车厢间数据传输的瓶颈。实测显示，其下行峰值速率达 2.1Gbps，下行平均速率达 1.7Gbps，性能提升 100%，可为市民提供地铁隧道内“人人高清”的 5G 网络服务。

讲到这里，我们已经跟随时代走完了中国地铁的几十年，看到的是城市下地铁的风驰电掣推动了中国未来发展的前程万里。

（本篇图片由中国通号提供）

扫码听书

延伸阅读 国家工业密码

“信号革命”进行时

截至 2023 年底，我国地铁运营里程突破 10000 千米，这个庞大的地下网络正经历一场升级换代的“信号革命”。

早在 2008 年北京奥运会开幕前夕，中国通号卡斯柯就曾助力北京地铁 2 号线完成信号系统升级改造，在国内率先启用 CBTC 信号系统。改造完成后，2 号线发车间隔由 3.5 分钟缩短到 2.5 分钟，2015 年再次缩短至 2 分钟。

近年来，新一代列控系统 TACS 让地铁拥有了更强大的“智慧大脑”。它以车车通信为基础，能够实现列车自主资源管理和主动间隔防护，同时减少轨旁设备，降低建设成本。2021 年，卡斯柯启骥 TACS 在深圳地铁 20 号线成功开通，成为全球首套成功商用的 TACS 系统。

如今，深入地下数十米的地铁基本上覆盖了完善的网络，但是你有没有好奇过，网络信号究竟能向下延伸到多深?

地下 1000 米：亚洲最深的坑采铜矿——安徽铜陵有色冬瓜山铜矿在中国电信 5G 技术的支持下实现了“无人矿区”。无人矿车在漆黑幽深的地下有条不紊地行驶着。如果问驾驶员哪儿去了？他们正坐在调度室监控着现场画面，进行远程驾驶、矿石卸货等操作，大幅提升了矿区的工作效率和安全性。

地下 10000 米：中国电信使中国石油塔里木油田深地塔科 1 井实现了 5G 信号全覆盖。在这口万米深井中，无论是场站的油压、电压，还是各个设备的运行状态数据，都会通过网络回传至塔里木油田总部，实现对场站设备运行情况的实时监测，保障生产安全。“中国速度”赋能“中国深度”，中国电信与塔里木油田的合作已经延伸到智慧化、信息化的方方面面，实现了手机信号覆盖、视频监控回传、油井数据采集等服务，为油田数字化发展、智能化转型按下“加速键”。

20

制造“大国重器”的“大国重器”

一个国家的竞争力很大程度上体现在制造业水平上，而制造业中最重要、最核心的就是装备制造业。

党的十八大以来，我国装备制造业取得了举世瞩目的成就，其中最具标志性的，便是一件件大国重器的诞生——“华龙一号”、白鹤滩水电站、世界最大的热壁加氢反应器……

你是否也想过这样一个问题：这些大国重器都是谁来制造的？它们背后会不会存在一个大国重器“锻造机”？

这个“打铁的”不简单

故事要从一个叫刘伯鸣的人说起。1987 年 8 月 31 日，他刚从考入的技工学校出来，一个熟人问他学的是哪个专业，刘伯鸣回答锻工专业。熟人半开玩笑半讥讽地说：“哦，那就是个打铁的。”

刘伯鸣，现任中共二十大代表、中国一重水压机锻造厂副厂长、中华全国总工会第十八届执行委员会委员

这句话，像一盆冷水浇下来。次日一早，刘伯鸣来到学校，纳闷地问老师：“我们这个专业，就是个打铁的吗？”

同学们哄笑起来，老师等大家都安静了，说：“我们是打铁的，不过又有很大的不同，我们用的‘铁锤’不一样，我们打的‘铁’更不一样。”

同学们异口同声地问：“有啥不同呢？”

老师卖起了关子，转身播放了一段 1964 年第 39 号新闻简报的录音：

1960 年 5 月，第一重型机器厂（中国一重前身）成功生产出我国第一台 1150 毫米初轧机和 12500 吨自由锻造水压机

“上海江南造船厂制成了 1.2 万吨水压机，它是目前世界上最高一级的自由锻造水压机。”

老师：这是公开报道的我国第一台万吨水压机。其实，我们第一重型机器厂（中国一重前身）也在同时期生产了一台，有 1.25 万吨，因为当时研发属于机密，没有公开报道。

学生：水压机是啥？跟我们有啥关系呢？

老师：新中国成立初期，我国什么都没有，工业发展处处受制于人。其中之一，就有万吨水压机。工业体系中的几乎所有行业，包括石油、化工、造船、航空、电力、重型武器等，都要采用大型锻件，而这些大型锻件只能用水压机来锻造。我们没有，便不得不依靠外国。从 1958 年开始，在没有图纸、没有技术的背景下自行研制，6 年后，我们成功了！

老师提高了声音，说："你们是打铁的，可是，你们将来使用的'铁锤'，不是普通的锤子，而是万吨水压机；你们生产出来的产品，不是农具、锅铲、马掌，而是飞机、航母、潜艇、宇宙飞船……"

听到这些，刘伯鸣和同学们都惊呆了，没想到，这个"打铁的"还真不简单！

"万吨大铁锤"锻造大国重器

从此，刘伯鸣潜心学习。1990 年，他以优异成绩毕业，来到中国一重水压机锻造厂。虽然 30 年过去了，但前辈们苦心孤诣创造出来的 12500 吨水压机依然伟岸壮实。操作时，他感觉身上充满了力量。

2006 年，由中国一重自主设计制造的中国第一台 15000 吨水压机诞生，成为当时世界最大、加工能力最强、技术最先进的自由锻造水压机，刘伯鸣的"铁锤"升级了。

第一重型机器厂（中国一重前身）生产的 12500 吨水压机

由中国一重自主设计制造的 15000 吨自由锻造水压机，被称为“超级大力士”

经过近 20 年的磨砺，刘伯鸣已经是中国一重水压机锻造厂的一名老师傅了。一天，他接到通知，参加一个重要会议。走进会议室，他就感觉到了气氛的紧张。

听了一会，他明白过来，核电锻件在国际市场上身价百倍，奇货可居，一度成为制约我国核电发展的瓶颈。我国从 1988 年开始研发，实现了核电锻件国产化。但是，新一代核岛关键技术一直被国外掌握，视为利器、秘不示人，有的技术全世界只有一个国家才有。刘伯鸣和同事们的任务是如何让我们成为第二个掌握相关技术的国家。

接到任务，刘伯鸣既兴奋又紧张，因为他知道，“核电锻件，一直是一处险滩，甚至雷区，但我们不得不闯！”

刘伯鸣和同事们义无反顾地去闯了，指挥着“万吨大铁锤”，一顿操作猛如虎，喜报不断传来：国内最大锥形筒体一次锻造成功，核电站的全新“骨架”有了；低压转子锻造成功，核电站的灵活“关节”有了；高温气冷堆堆心锻件批量化制造，核电站的有力“心脏”有了。

中国一重成功锻造世界最大的热壁加氢反应器

中国一重生产的超大直径筒类锻件

由中国一重研制的精加工后百万千瓦核电常规岛整锻低压转子

中国一重研制的“国和一号”反应堆压力容器顶盖

核电锻件的成功仅是冰山一角，正如那位老师说的，万吨水压机在我国所有工业领域都发挥着不可或缺的作用，也取得了举世瞩目的成就，诸如：成功锻造了世界范围内最大的 715 吨钢锭，创造了 17 项世界纪录；锻造了三峡、白鹤滩水电站发电机组的重要组件；锻造了世界最大的热壁加氢反应器，它是炼制石油的关键性设备，为国家能源安全护航。

万吨水压机全面提升了我国工业设备制造水平，为振兴民族重大装备制造业立下了汗马功劳，无愧于制造“大国重器”的“大国重器”。现在，更高吨位的新型水压机正在研制中，让我们一起期待下一把震惊世界的“大铁锤”诞生吧！

（本篇图片由中国一重提供）

扫码听书

延伸阅读 国家工业密码

重器何以为重?

水压机，是液压机的分支。大型液压机是工业化国家竞相发展航空、船舶、重型机械、国防装备等产业的关键设备，其技术和装机水平是一个国家综合实力的标志之一。

水压机尤其是万吨以上水压机何以为重?

1893 年世界第一台万吨级（126MN）自由锻造水压机在美国建成以来，万吨级液压机作为大型高强度零件锻造核心装备的地位一直没有动摇过。20 世纪 60 年代初，我国独立自主拥有了两台万吨水压机，其中一台便是中国一重研制的 12500 吨自由锻造水压机。45 年后，中国一重以此为基础，研制出当时世界上最大、最先进的 15000 吨自由锻造水压机。

相对于我国当时几台千吨级且需修旧利废的压力机，万吨水压机是名副其实的“钢铁巨人”。如此庞然大物，就像一个巨大的揉面机，可以将数百吨不同材质的钢锭揉成所需的形状。15000 吨级水压机可以在短短 10 分钟内完成 500 吨钢锭的成型，能够有效满足我国核电、水电、火电、船舶、冶金、石化、煤化工业以及国防装备等领域高端、精密、复杂、大型、异形锻件所需。更重要的是，这一大国重器还改变了我国百万千瓦级核岛一回路、船用曲轴等大型锻件生产技术落后、规格受限并受制于人的状况。近年来，中国一重生产的“华龙一号”“国和一号”“玲龙一号”所需锻件擦亮中国自主核电品牌；一体化锻造锥形筒体等石化装备抢占了市场先机，巩固了我国石化装备领先国际的优势地位；先后为两代“世界轧机之王”提供冶金备件，产出更多国之重器的原材料。

有了万吨水压机，重型装备制造业就有了压舱石。展望未来，更大的压力机或将创造更多可能。

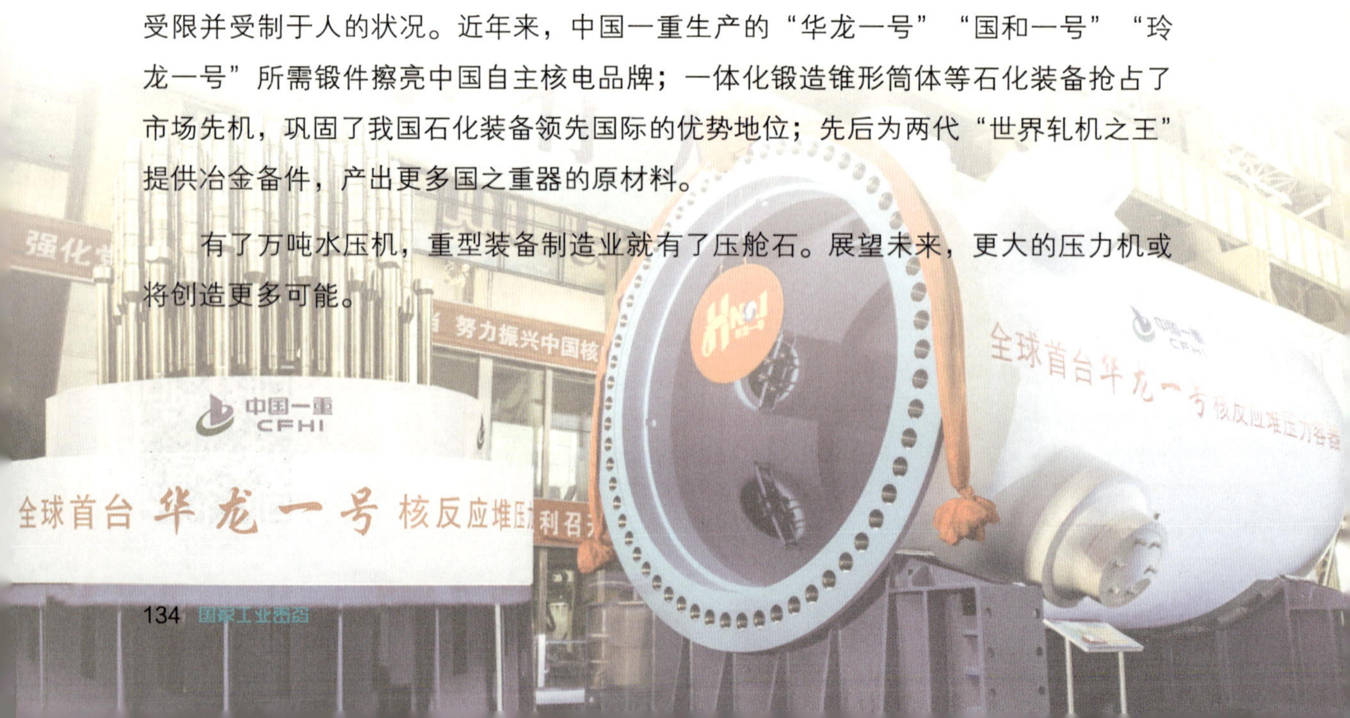

国家工业密码

21

文物保护，已经是“next level”了！

“山是一尊佛，佛是一座山。”乐山大佛地处四川省乐山市，依凌云山栖霞峰临江峭壁凿造而成，与乐山城隔江相望。千百年来，乐山大佛犹如绝世高僧，临江而坐，俯瞰众生。

从古至今，乐山大佛吸引了数以亿计的游人前来观瞻。然而，因常年暴露在自然环境下，风吹雨淋，又被植物侵蚀，大佛极易发生风化、渗水等病害，可能危及本体及游客安全。

2019 年，乐山大佛进行了一场为期 6 个月的“闭关体检”，一洗“流泪”“花脸”“鼻黑”的状态，古朴、庄严、亲善的面貌再次展现出来。

最具科技感的一次修缮

这次修缮被认为是最有科技感的一次，在传承传统保护技艺的基础上，负责此次大佛体检修缮项目的中国中铁旗下中铁文保运用成熟的工业技术，让大佛焕发出时代的生命光彩。

乐山大佛全景

中国中铁旗下中铁文保团队持续在乐山大佛开展系列研究保护项目

比如，在大佛附近，有一面“乐山大佛面层修缮材料色阶试验墙”，它被称为大佛的“粉底盘”。

试验墙上，一个个不同“色号”的小方块，是不同材料、不同配合比的试验品。它们与大佛共经风雨，待到修缮之时，专家再从中挑选最合适的颜色，正式进行修复。

被形容为“大佛 Plus 版大地色眼影盘”的乐山大佛面层修缮材料色阶试验墙，左上为中国中铁文保团队于 2019 年开展修复材料性能研究工作时制作的试块

又如，治疗被视为石窟文物癌症的体内渗水问题时，中铁文保借鉴了癌症治疗方法，专门为大佛研发了一项国家专利技术——荧光碳点示踪法，以银杏叶为前驱体，现场制备碳量子点作为示踪剂。通过合理布置示踪剂投放点和取样点，精细探测石窟寺渗流路径及来源。

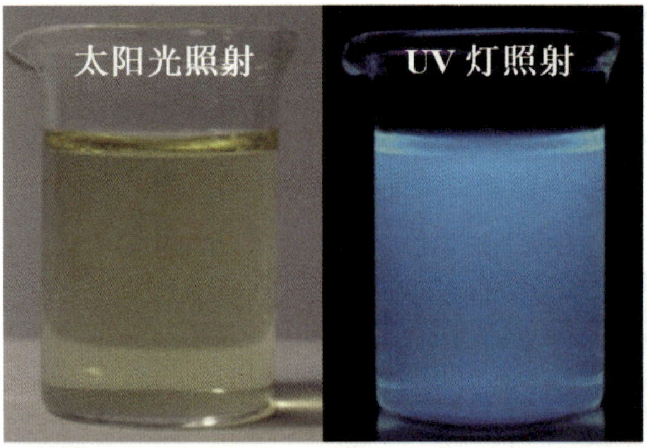

银杏叶经技术手段处理后得到的 CQDs 原液在 UV 灯照射下，呈现荧光特性

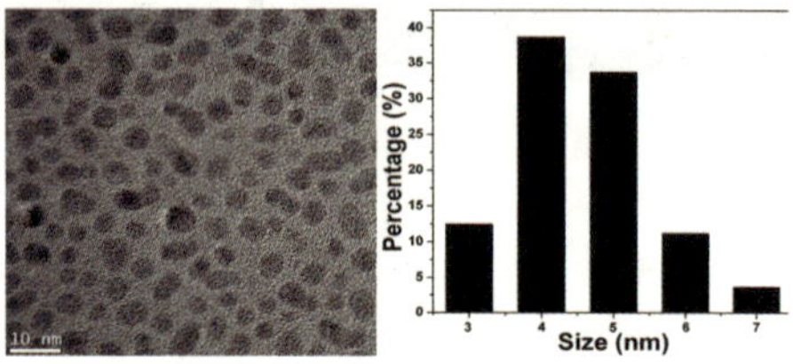

CQDs 原液粒径小于 10nm，具有无色、不结晶等优点

工业技术在文物保护中的应用不仅如此。在不可移动文物的修缮中，建筑信息模型（BIM）的运用让修缮、维护的工作变得更加“透明”；在青铜器等珍贵文物的保护修复中，工业 CT 用 X 射线穿透文物，让文物的材质、伤况和修复前后情况等一目了然，最大程度减小对文物的损伤。

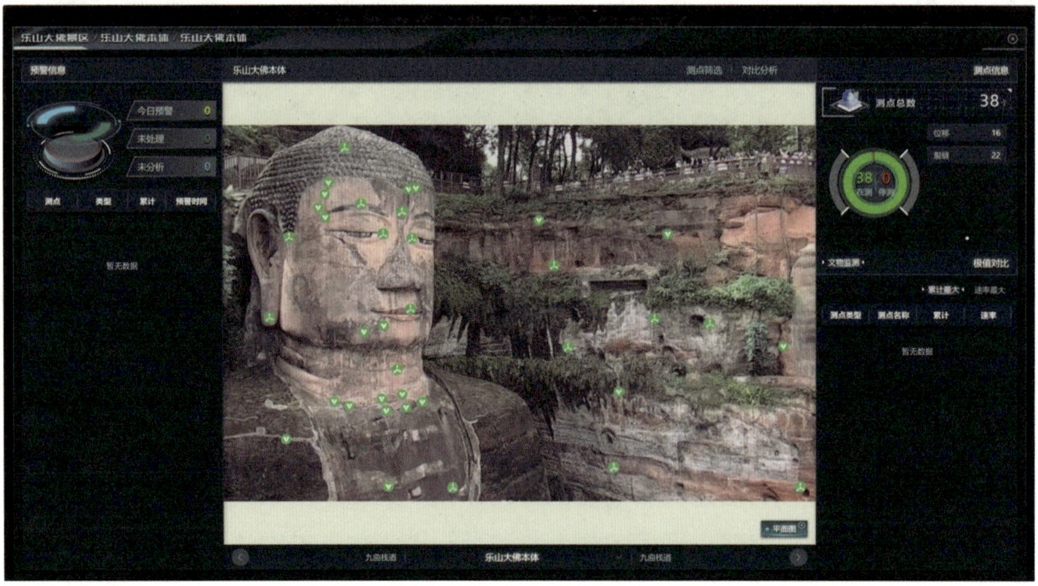

中国中铁文保团队自主研发的文物保护综合信息平台，用于乐山大佛本体沉降观测，以及左侧危岩体位移监测

工业技术赋能文物保护

工业技术在文物保护中的应用经历了一个吸纳、转化、升级的过程：

第一阶段，是把工业领域、建筑领域成熟技术吸纳到文物保护上面来。比如，早期古建筑的加固修缮就用到了很多土木、水利及交通工程技术，这也是最早基建行业能“切入”文保赛道的重要原因。

第二阶段，“转化”，简单来讲，就是根据自身的需求，让相关行业为文保做出定制化的服务。前面讲到的大佛修复中的应用大多属于这个阶段。

来到第三阶段，“转化”已经不能完全满足现实需求，文物保护走上了自主研发之路。比如，为文物量身“智造”的文物保护装备。

过去，田野考古工作大多在露天条件下开展，出土后的文物大多直接暴露在空气中，极易遭受不可逆转的损伤。

如何最大程度减少甚至消除出土后的环境变化对文物造成的不利影响？2019年，中国电科与四川省文物考古研究院联合研发“多功能考古发掘集成平台”，将考古实验室搬到考古发掘现场，为半出土状态下特殊、敏感、脆弱的文物提供全方位的保护。

2020年立冬，该平台在三星堆发掘工作中发挥了重要作用，这也是工业平台首次运用于考古。

因为有了工业与科学技术的融合，所以我们能更好地与几千年前的古人分享共同的知识密码，感受石刻、建筑、青铜，以及丝绸、玉器的魅力，更多新兴技术为新时代考古提供了更多可能。

（本篇图片由中国中铁提供）

扫码听书

延伸阅读 国家工业遗产

给石质文物当“保健医生”

世界上最大的石刻弥勒造像乐山大佛高达 71 米，历经千余年岁月更迭及风雨侵蚀，加之其特殊的红砂岩材质，本体出现了“流泪”“花脸”“鼻黑”“长草”“开裂”等问题。

当石质文物“挂号看诊”时，首要是运用成熟的探查技术“听诊”与“望诊”，既能找准“病因”，又能避免文物本体因遭受有损的解剖研究而受到不可逆的伤害。文物“保健医生”现在能采用类似超声波、红外热成像、CT 的无损探查成套技术，精细化探寻石质文物浅表部病害机理，从而“对症下药”。为了深挖乐山大佛因三面临空、四面来水而产生的内部渗水等问题，中铁文保团队首创了荧光碳点示踪法，将“追踪器”——微小的碳量子点打入石质文物体内，摸清渗水运移的特征。

除了高科技的“诊断”技术，经过反复试验和改良，现在有了更多石质文物病害“特效药”。比如，中铁文保团队在进行浅表层修复时使用了自主研发的复合改性捶灰材料，里面所含的矿物成分与力学性能经过精心调控与石质文物本体的兼容性更强，并兼具较好的耐久性，能让大佛更好地抵抗环境因子的劣化作用。除了改性捶灰材料，团队还通过对碳纳米纤维进行表面功能化处理，创新性地开发了更为适用的石质文物渗透加固材料。改性后的碳纳米纤维层间距变大，有利于减少团聚现象，并且提升了复合材料的物理性能、力学性能和耐候性能，能显著提升石质文物的抗侵蚀能力。

正如现代医疗技术不断更新迭代，石质文物的“保健医生”们也在不断拓展着文物保护新的边界。这些先进的科技探查手段与创新的“治疗”技术将推动我们步入一个更加智能化、精准化的文物保护时代，让历史的积淀于永恒的时间里生生不息。

22

如何“挖”出一个超级大港？

现实版“紫金葫芦”，能在泥海里吞天吐地。超级大港的“缔造者”，被称为“地图编辑器”。猜到这是什么大国重器了吗？就是挖泥船！

从重金购买到自主研发，中央企业造就了亚洲最大、最先进的绞吸挖泥船，真正实现了全周期的国产化，中国百年“疏浚梦”就此圆梦。

挖填出来的超级码头

提起中国北方最大的港口，你会想到哪个港？是的！天津港！它是可接卸世界上最大集装箱船舶的智慧化码头。然而，这个超级码头并非天然良港，竟是“挖”出来的！

2021 年，中国交建天航局在天津滨海新区的淤泥质浅滩上，挖出了一条长 47 千米、水深 21 米、底宽 780 米的复式航道，可实现“双进双出”四通道运行，并随之吹填造地超 100 平方千米，使天津港成为世界上等级最高的人工深水港。

你也许会问，如此庞大的航道工程是怎么“挖”出来的？有一个“神器”功不可没，那就是挖泥船，又被称为“地图编辑器”。

力大气足大长腿的超级“神器”

这艘“神器”凭什么能像“紫金葫芦”一样“吞天吐地”？拿亚洲最大、最先进的重型自航绞吸船“天鲲号”来说，单论尺寸，这个庞然大物长有 140 米，宽近

天津港

30 米，相当于 14 个网球场横向相连，高度则相当于 15 层楼，满载排水量约 17000 吨。它由上万块特种钢板焊接而成，拼接误差却要控制在 ±1 毫米，这比玩“乐高”难得多。

控泥船吞吐泥沙的核心法宝是绞刀。船身上配有不同刀刃的绞刀，直径约 3 米，运转起来可以直接粉碎海底几乎所有的风化岩石、珊瑚礁。

这艘船还拥有一个“巨肺”，也就是泥泵。它可以将搅碎的泥沙吸进船舱，并以 6000 立方米 / 小时的速度，将泥沙通过管道输送到 15 千米之外的另一个地方，相当于 600 辆大型装载车每小时的工作量。

它还拥有两条长 50 多米的“大长腿”交替扎入水底，以便在挖呀挖时能稳稳地立在汪洋之中。拥有并正确操作这样一艘绞吸式挖泥船后，就可以愉快地挖填出一个超级港口了！

然而，它不仅能建设港口、加宽航道，还可以用于疏通河道里的淤泥。专业来讲，这叫疏浚。

中交集团“天鲲号”绞刀

中交集团“天鲲号”钢桩

自主研发成就百年“疏浚梦”

100 多年来，大型挖泥船建造技术的王者一直是荷兰、比利时等少数几个国家。

我国在 1909 年也自主组装了一艘内燃机动力的挖泥船“金钟河”号，但其 15 马力的功率仅相当于现在一台农用拖拉机，与外国的挖泥船相差甚远。

“金钟河”号船模

海河工程局时期的疏浚船队

新中国成立后，为了加快海港航道建设，我国靠着“买买买”初步建立起了一支新中国疏浚船队。可问题也随之暴露，由于几乎全部依赖进口，我国在疏浚领域的工业技术非常落后，这样的情形一直持续到 21 世纪。

转折发生在2006年，中交集团成功建造了中国第一艘自主设计研发的现代化大型绞吸式挖泥船“天狮号”。这是中国疏浚业的“成人礼”，此时此刻距离中国的“疏浚梦”已过去了百余年。

此后，“新天牛系列”、“滨海系列”、“新215”系列，再到当时亚洲最大、最先进的“天鲸号”相继问世。这些国产的绞吸船舶自主化程度越来越高，设计越来越领先，建造也越来越精良。

中交集团建造的中国第一艘自主设计研发的现代化大型绞吸式挖泥船“天狮号”

中交集团投资建造的自航绞吸式挖泥船“天鲸号”

“滨海系列”绞吸船队

中国疏浚船队投入“一带一路”建设

由疏浚吹填形成的港珠澳大桥珠澳口岸人工岛

2019年，“天鲲号”建成投产，取得了上千项自主创新成果。在全电力驱动下，这个大块头拥有一颗清洁能源的“心脏”，不仅大幅提高作业效率，还减少了对环境的影响。在参与“一带一路”倡议阿布扎比港项目中，“天鲲号”日均开挖砂岩土5万立方米，让当初抱着“试试看”心态的阿联酋业主刮目相看。

如今，中国年疏浚量已超10亿立方米，成为世界第一疏浚大国，而中国的疏浚业也成为当之无愧的“中国名片”。下次当你看到新的港口、新的航道，甚至是新的岛屿时，不要惊讶，那可能就是中国疏浚家族的杰作。记住，你可以自信地说：“它们是从中国百年‘疏浚梦’中走出来的超级英雄，是海上的‘基建狂魔’，是我们现代工业的骄傲！”

（本篇图片由中交集团提供）

扫码听书

延伸阅读 国家工业密码

疏浚巨轮的绿色智变

从港珠澳大桥的壮丽跨越，到深中通道岛隧工程的深海穿行，再到江苏太湖的生态清淤，这些国家重大工程的背后，都离不开一群国之重器——挖泥船。它们是海上工程的“开路先锋”，在“双碳”政策的东风下，正迎来一场绿色与智能的双重变革，迈向更加环保、低碳的未来。

在海上疏浚装备领域，中国交建的技术专家团队正以数字化和绿色低碳为核心，推动中国疏浚业的高端升级。他们正在研发建造两艘新的海上疏浚旗舰：一艘拥有10000千瓦绞刀功率的绞吸船，以及一艘舱容等级达30000立方米的耙吸船。这两艘“绿色巨兽”不仅将大幅降低能耗和减少污染物排放，还将在性能上实现全面突破，引领全球超大型挖泥船市场的高端潮流。

在江河湖库治理领域，疏浚装备同样扮演着关键角色。中国交建的技术团队自主研发了世界首创的“太湖之星”系列成套疏浚装备，并成功应用于太湖治理。这一创新装备将淤泥固化和尾水处理等传统岸上作业搬到了船上，不仅节省了大量土地资源，还大幅缩短了清淤周期，避免了二次污染。太湖水质在“太湖之星”的高效清淤下，实现了30年来的历史性突破，首次达到良好湖泊水平。这一成果不仅为太湖治理提供了高效环保的解决方案，也为全球江河湖库的生态治理树立了智能化、绿色化的标杆。

展望未来，中国疏浚装备将继续朝着数字化、智能化、高效节能和绿色环保的方向高速发展。它们将以更低的成本、更高的效能，助力全球港口航道建设和江河湖库生态治理，推动疏浚产业朝“绿色、高效、协同”的方向迈进。这场疏浚装备的绿色智变不仅是中国科技的崛起，更是全球生态治理的新篇章。

23

从0到1，中国盾构机打了场翻身仗

国家工业密码

从0到1，中国盾构机打了场翻身仗

地下巨龙 开山辟地 掘进未来

有一个 5000 多年前就有人类繁衍生息的地方，至今还没有通上火车。

它坐落在中国东海海域，是中国的第一大群岛，如今，每年还有超 5000 万游客登岛，它就是舟山群岛。

舟山对火车有多向往？从一个事例可见一斑：虽然岛内没有铁路，但放着一列“南洞功勋号”火车，还成为网红打卡地。

火车想要开上群岛，首先要挑战的就是金塘水道。没错，就是那条进出世界第一大港——舟山港的黄金通道，每年都有上万艘运输船经过此处。既要通火车，又不能影响 10 万吨级以上的船舶自由进出，怎么才能做到？

换个维度看问题。敢于想象的中国工程师把目光投向了海底，决定用盾构机在海底掘出一条高铁隧道。

金塘海底环境非常复杂，看似松软的泥沙之下，其实暗藏着连绵不绝的“山脉”，要在金塘海底挖一条全球最长的海底高铁隧道，难度非同寻常。

由中国铁建承建的金塘海底隧道纵剖图

2024 年 5 月，由中国铁建建设的甬舟铁路金塘海底隧道开始相向盾构掘进，犹如“孪生兄弟”的“甬舟号”和“定海号”盾构机将在未来的 3 年内奔赴万米，在 78 米深的海底相会。

中国建设者何以有勇气挑战这样的世界难题？那就要说到为“基建狂魔”立下汗马功劳的重器——盾构机。

由中国铁建研发的“甬舟号”盾构机

由中国铁建研发的“定海号”盾构机

从无到有，开启属于中国的盾构时代

上天有神舟，下海有蛟龙，追风有高铁，入地有盾构。如今，那些世界最深、最长、最大的超级工程中，都有中国盾构制造和施工技术的身影。

盾构机是如何工作的呢？我们可以把盾构机比喻成“钢铁蚯蚓”，巨大的刀盘就是它的头部，密密麻麻的刀具就是它的牙齿，刀盘在前方“啃泥噬岩”向前掘进，身后环环管片拼装，对隧洞起支撑作用，盾构机走过，隧道便成型。

200 年前，法国工程师布鲁诺尔“灵光一闪”，从凿船虫得到灵感，发明了盾构机，并成功修建了泰晤士河隧道。

但直到十几年前，我国盾构机制造领域几乎还是一片空白。

1997 年，为了建设西康铁路秦岭隧道，中国第一次进口了两台德国盾构机。不仅盾构机施工效率大幅提升，而且施工过程安全性大幅提高。但是，在享受安全高效的同时，我们也不得不接受将近 7 亿元的高昂设备费用。2006 年之前，中国就从国外进口了 130 多台盾构机，花费上百亿元！

中国希望在盾构领域打一场翻身仗。2002 年，盾构机被列入国家“863”计划，开始了关键核心技术攻关。

2004 年，第一台由中国人自己设计制造的“先行号”863 盾构机诞生，这台盾构机的直径虽然仅有 6.34 米，但属于中国的盾构时代自此拉开序幕。

2008 年 4 月，我国第一台可以在复杂地质中作业的“中国中铁 1 号”盾构机在河南成功下线。再到 2020 年 9 月，国产首台 16 米级盾构机“京华号”在长沙问世，中国盾构机制造有了大的跨越。

由中国铁建研发的“京华号”盾构机

从有到优，掌握巨兽“换牙”黑科技

仅仅数十年，盾构机的发展创造了超乎想象的“中国速度”。但你可知道，从 0 到 1、从 1 到 N 的中国盾构机，一次次的创新与迭代背后，是央企建设者从实践中一点点摸索来的，“卡脖子”技术也要自己一项一项去攻破。

2005 年，南京长江隧道的修建备受瞩目，被称为“万里长江第一隧”。掘进到 600 米时，引进的盾构机参数突然异常，开始“罢工”。原来是盾构机刀具被磨掉，刀盘部分结构也被磨没了！盾构机没有了“牙齿”，甚至“牙床”也受到了影响。

事实上，盾构机的刀具要针对地形“量身定制”。面对长江底下的卵石地层，中国铁建的工程师分析了刀具的设计原理，重新设计了一款“更耐磨”的合金刀具。再次启动盾构机后，可以一口气挖掘 400 米不换刀，耐用率比原装刀具提高了 8 倍。

然而，面对“复杂多变”的长江，这样的改造还不够。以往更换刀具都是带压进仓，需要烦琐的加压、减压操作，被业内称为“刀尖上跳舞”。

盾构机制造之初，中国铁建工程师就提出常压换刀的设想。在这场危机的处理中，他们更是一马当先，在常压环境下完成刀具更换，第一代常压换刀技术至此诞生！

此后 10 年，他们又研发出第二代、第三代换刀技术，应用范围更广、操作更加便捷。如今，更是在智能化加持下攻坚机器人换刀技术。

从优到强，大盾构有了全球最强“中国心”

从落后百年到全球领先，我们仅仅用了 10 余年，但中国盾构机真的就“无敌”了吗？并非如此。盾构机全面自主化的“最后一环”——主轴承依然需要攻克！

如果将盾构机比作一个人，那么主轴承堪比心脏。主轴承长期以来依赖进口，就如同“心脏”被攥在别人手心中。

2023 年 10 月，由中国铁建自主研制的直径 8.61 米盾构机主轴承在长沙下线，这是迄今全球直径最大、单体最重、承载最高的整体式盾构机主轴承。国产盾构机主轴承也实现了从中小直径到超大直径型谱的全覆盖，国产大型盾构机全面国产化指日可待。

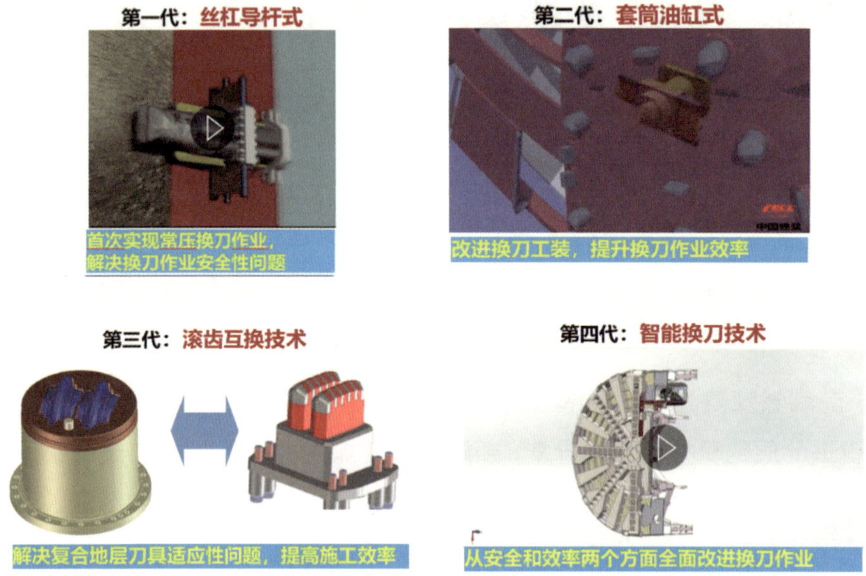

由中国铁建研发的四代换刀技术

2022 年 8 月，中国铁建技术人员在“京华号”盾构机常压舱进行刀具更换

不同涂装的中国铁建盾构机刀盘

不仅如此，浪漫的中国工程师还为盾构机设计了不同的“皮肤”。京剧脸谱、熊猫、醒狮、麒麟……国潮元素与大国重器巧妙结合，彰显着地域特色，使工业机器充满了灵魂和生命，成为中国品牌的“代言人”，向世界讲述着中国故事。

一条条隧道构成的市政网络、地下交通正慢慢形成，更深层次的地下空间迎来高速发展，相信在未来，《流浪地球》里的“地下城”将不再是科幻。千伏电压横卧长江、高铁飞驰百米海底、铁路上岛通达世界，如今更多的科幻场景在盾构家族的掘进下成为现实。

（本篇图片由中国铁建提供）

扫码听书

延伸阅读 国家工业密码

中国造的“工程机械之王”

盾构机号称“工程机械之王”，是隧道建设的利器。

2024年10月31日，由中国铁建研制的直径16.64米的国产最大直径盾构机“江海号”面世。“江海号”盾构机服务的海太长江隧道是目前世界最长公路水下盾构隧道。在9315米超长距离独头掘进中，盾构机需要面对75米的最大埋深、7.5巴的超高水压，还有未知地质状况和水汽腐蚀、砂石磨损等挑战与考验。为此，“江海号”配置了“软硬通吃”的常压刀盘、“耳聪目明”的主驱动状态监测系统和伸缩摄像装置。“江海号”的成功下线，标志着我国已形成超大直径盾构机全产业链产业化发展能力。

盾构机制造技术的创新并非横空出世，而是长期盾构施工经验积累的结果。比如，“江海号”盾构机应用的第四代同步注双液浆技术，首创于北京东六环隧道的施工，在江阴靖江长江隧道、通甬高铁苏州东隧道等超级工程建设中一次次应用总结，并反馈到盾构制造之中，最终实现更高效、更安全的迭代升级。

如今，盾构制造和施工正加速迈向智能化。想象一下，技术人员在千里之外一键启动后，盾构机自动向前掘进，高精度管片由无人运输车运送到盾构机上，经流水线转运到拼装区，并自动拼装完成，“工程机械之王”成为一个地下的“可移动智能建造工厂”，这是多么震撼的场景。

随着城市地下空间开发强度逐步加大，未来我国的隧道建设将会朝着更长、更大、更深、更复杂的方向发展。在中国铁建等央企的持续探索下，盾构制造和施工技术有望不断取得新突破，隧道建设也将更智能、更安全、更高效，从而推动我国从隧道大国向隧道强国迈进。

国家工业密码

24

这颗跳动的“中国心”

国家工业密码

这颗跳动的中国“心”

以科技之“心”托起航空强国梦

“我要飞得更高……”飞向更高、更远的蓝天，不仅是歌曲里表达的意象，更是古往今来人类的梦想。

飞得更高，离不开动力。在航空领域，这个动力就是航空发动机。

如今，在一代又一代航空人的接续努力下，我们已经拥有了自主研发的强大动力“心脏”，它上天入地，毫不畏惧，推动中国航空工业飞得更高、更远、更快、更安全。

新中国的“蓝天梦”

1950 年 10 月 19 日，李振东所在徐州的军工厂忽然接到紧急通知，要立即转移。但转移的地点保密，谁都不知道。

李振东等人收拾好所有物资设备，跟着大部队，坐了三天三夜的闷罐车，来到一个不知名的山沟里，马上开始动手搭棚子住、建厂房，安顿下来，好几天后他才知道，他们转移到的地方在株洲，已经是千里之外！

“一五”期间正在建设的株洲航空发动机厂（现中国航发南方公司）

株洲航空发动机厂（现中国航发南方公司）边建设边生产的场景

过了一段时间，李振东接到任务，要去一趟北京。他和同事在北京领到了一批文件，装了八个大箱子。返程时，他居然破天荒地坐上了专列！他明白，能享受专列的待遇，是因为那八个大箱子里面装的东西。

当时专列不能直达株洲，他们在武汉下车，再转乘船。李振东和同事一起肩扛手抬，终于把八个大箱子弄上了船。

船晃晃悠悠的，李振东的心情却很迫切。他催问船老大啥时候能到，船老大看了看天空，说：“着急？着急你就飞过去呀。”

听到这句话，李振东和同事并没有生气，反而相视一笑。大家都会意——那八个大箱子里面装的，是航空发动机设计材料，也是新中国的“蓝天梦”！

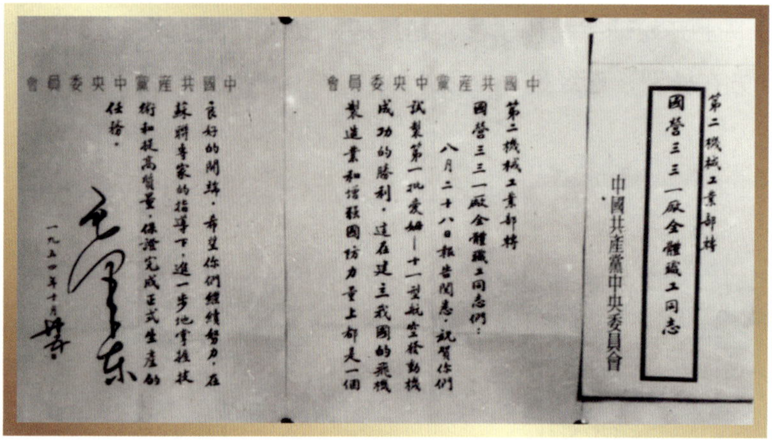
第二機械工業部轉
國營三三一厰全體職工同志
中國共產黨中央委員會

中國共產黨中央委員會
第二機械工業部轉
國營三三一厰全體職工同志們：
八月二十八日報告閲悉，祝賀你們試製第一批愛姆—十一型航空發動機成功的勝利，這在建立我國的飛機製造業和增强國防力量上都是一個

中國共產黨中央委員會
良好的開端，希望你們繼續努力，在蘇聯專家的指導下，進一步地掌握技術和提高質量，保證完成正式生產的任務。
毛泽东
一九五四年十月

1954 年 10 月 25 日，毛主席向新中国第一台航空发动机试制成功致嘉勉信

1954 年 8 月，经过一番艰苦卓绝的奋战，新中国第一台活塞式航空发动机——M-11 试制成功，并于同年投入批量生产！

飞向蓝天的自主“心脏”

飞机可以在蓝天翱翔，全靠“心脏”的强大，而飞机的“心脏”就是航空发动机。航空发动机决定了飞机飞得多高，飞得多远，飞得多快，飞得多安全。

1903 年，莱特兄弟在美国成功制造了人类历史上第一架飞机。这架飞机用一台汽油活塞发动机作为动力，飞行的留空时间只有 12 秒，飞行距离 36 米，但它是人类历史上第一次有动力载人飞行。

中国人也想飞，可是飞得很艰难。刚开始，中国的飞机都是买来的、借来的。新中国成立后，中国人明白，必须有自己的航空工业，必须自己让自己飞起来！

中国航发的建设者们先后创造了很多个新中国第一：新中国第一台活塞航空发动机、第一台涡喷航空发动机、第一台涡桨航空发动机、第一台涡轴航空发动机、第一台航空发动机改燃气轮机……

成都航空发动机厂（现中国航发成发）批量生产的涡喷 6 系列发动机

中国航空工业不但飞了起来，而且飞出了国门，飞得越来越高，越来越远！

1979 年 5 月，中国与埃及签署出口协议，向埃及出口歼 –6、歼教 –6 飞机及配套航空发动机等。这是新中国首次对外出口军用飞机和航空发动机，宣告中国航空工业正式进入国际市场。

越发强劲的“中国心”

进入 21 世纪，我国决定加快航空发动机自主研制的步伐。两款具有里程碑意义的航空发动机——“太行”和“玉龙”，分别以其独特的技术突破和创新，向世界展示中国航空发动机行业的决心和实力。

“太行”发动机为我国先进战斗机提供了强大动力，使我国成为世界上少数几个能够独立研制大推力涡扇发动机的国家。“玉龙”发动机配装我国直 –10 武装直升机，填补了我国在自主研制涡轴发动机领域的空白。

2016 年，为了加快航空发动机和燃气轮机自主研发与制造生产，建设航空强国，中国航空发动机集团正式成立，我国航空发动机事业迎来新的春天。

如今，歼 –20 战斗机飞行时，虎啸龙吟，动力强劲。

2022 年，在珠海航展上，空军新闻发言人骄傲地宣布歼 –20 装上了“中国心”。

中国航发携“太行”系列发动机亮相珠海航展

中国航发“玉龙”涡轴发动机

航空发动机是国之重器，是国家科技实力和创新能力的重要体现。先进航空发动机涉及了几乎所有的工业和技术领域，集成了冶金、材料、机械制造、力学、热力学、控制学等众多专业学科的最高成就，是人类有史以来最复杂、最精密的工业产品之一。航空发动机因此也被誉为现代工业“皇冠上的明珠”。目前，世界上只有五个国家具备研制先进航空发动机的能力，中国就是其中之一。

从航空的角度，航空发动机属于航空工业的一部分，应用于军用航空、民航运输和通用航空；从动能的角度，它可以改进应用于舰船、装甲车辆、燃机电站、机械驱动、管道增压等领域，应用非常广泛。

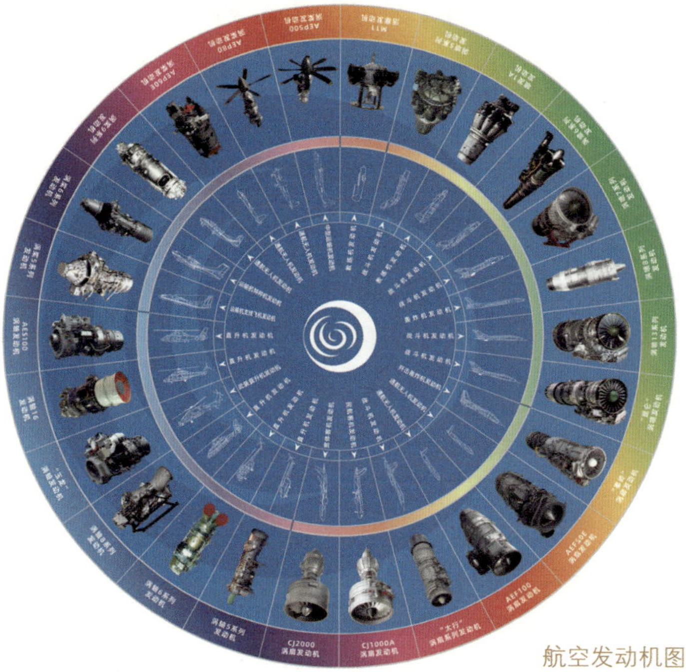

航空发动机图谱

航空发动机既是飞机的“心脏”，也是国家工业的“心脏”。让中国的飞机用上更加强劲的“中国心”，连着航空强国梦想，联系着中华民族伟大复兴的中国梦。

湖南株洲中国航发南方公司，是李振东战斗过的地方。虽然已经离休，但他还要经常回去看看，坐在当年转移时运输物资的铁轨上，他的耳畔仍然响起日夜不停的“哐当”声，就像几千名工人的心在一起跳动，也像亿万颗中国人的心在一起跳动……

（本篇图片由中国航发提供）

扫码听书

延伸阅读 国家工业密码

让中国的飞机用上更加强劲的“中国心”

航空发动机是飞机的“心脏”，让中国的飞机用上更加强劲的“中国心”是几代航发人的夙愿。早在 1954 年，航发人就试制成功新中国第一台航空发动机。70 多年来，我国在航空发动机领域不断取得新突破。

2024 年 11 月，第十五届中国航空航天博览会，歼 –35A 飞机首次公开亮相，先进航空发动机喷射出漂亮的马赫环，赢得现场阵阵喝彩。中国空军新闻发言人在航展现场宣布，装备国产发动机的歼 –35A 飞机精彩亮相，可以说是“上新”又“上心”，“上新”上的是新型战机，“上心”上的是强劲的“中国心”。

中国航发还在此届航展上首次公开展示了一批重要产品。

获颁中国民航局型号合格证的 AES100 发动机是我国首款自主研制的先进民用涡轴发动机。它与其衍生型号 AEP100、AEF100 发动机同台展示，可为通航直升机、公务机、无人机等提供可靠动力，具有良好的经济性、安全性、可靠性、维修性，性能达到国际先进水平。

AEF1200 发动机是我国自主研制的第一型大涵道比双转子涡轮风扇发动机，填补了我国航空动力领域的空白，将为我国大型飞机提供动力。

“双碳”目标指引下，航空发动机行业加速绿色低碳转型。氢动力方面，兆瓦级氢燃料涡轴发动机、首次亮相的 200kgf 推力级氢涡轮发动机燃烧室及供氢系统，都是中国航发氢能发动机研究的代表性产品。电动力方面，兆瓦级航空混电动力系统、eVTOL 电动力推进电机等新产品首次亮相。

为了让中国的飞机用上更加强劲的“中国心”，中国航发自主研制的步伐将永不停歇。

“造星梦工厂”，不在横店，在海淀

25

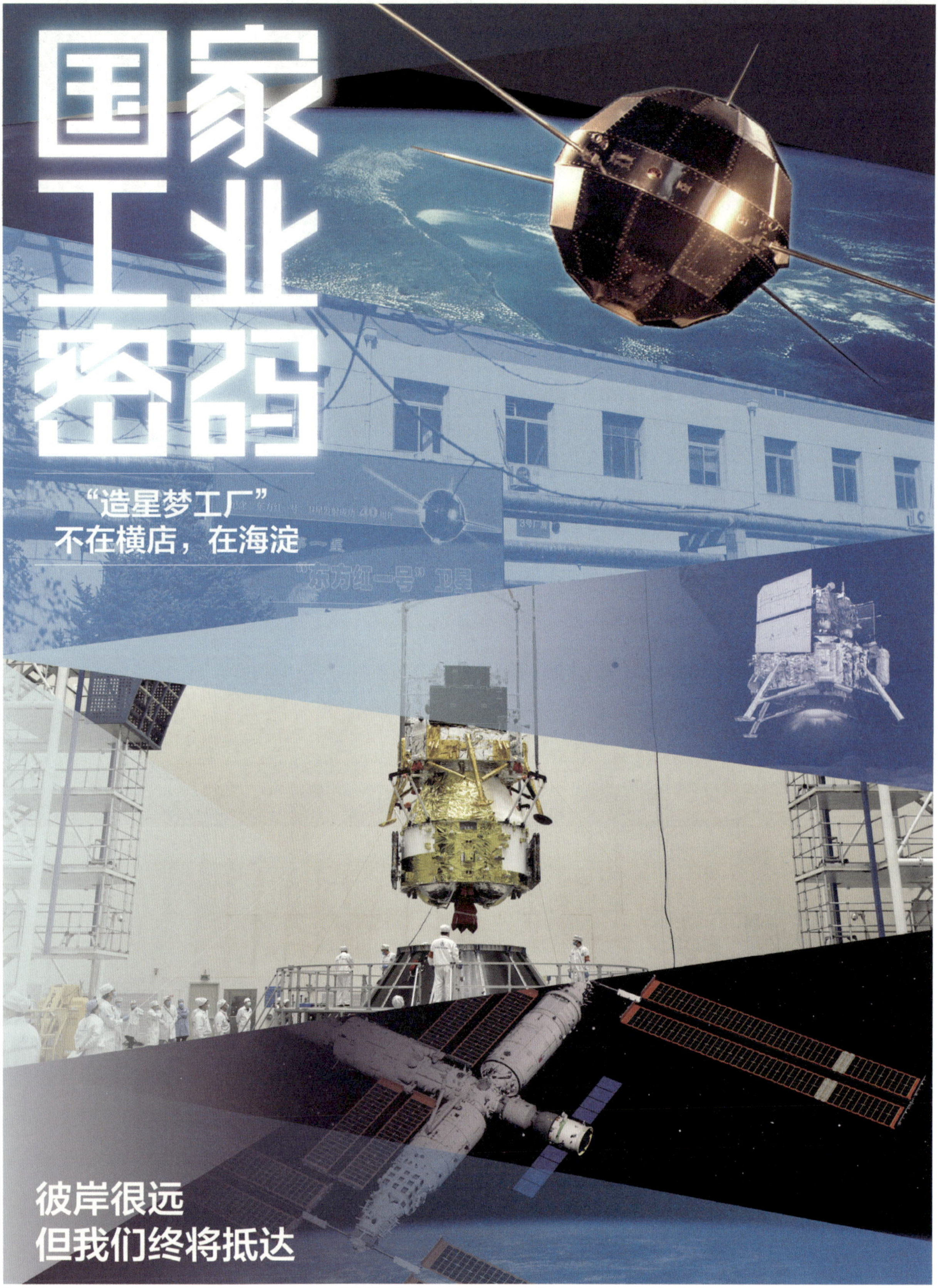

国家工业密码

“造星梦工厂”不在横店，在海淀

彼岸很远
但我们终将抵达

你一定知道这些属于中国航天的名字，空间实验室叫“天宫”，探月的卫星叫“嫦娥”，监测太阳的卫星叫“夸父”，火星车叫“祝融”……真是宇宙级的浪漫。

无论多少次探问苍穹，让航天人最刻骨铭心的应该是第一次——1970 年 4 月 24 日我国第一颗人造地球卫星“东方红一号”成功发射，“东方红，太阳升”的旋律第一次在宇宙中响起。

制造“东方红一号”的位置在哪里？

“东方红一号”的诞生地

坐落于北京市海淀区中关村的北京卫星制造厂科技园就是当年“东方红一号”的诞生地，这里先后完成了 200 多项卫星和飞船的研制任务，是名副其实的“造星梦工厂”。

下面我们带大家走进中国航天科技集团五院这座“梦工厂”，重温一遍中国航天追逐星汉的漫漫征程。

1965 年，中国人造卫星“651”工程启动研制任务，由中国科学院牵头，北京卫星制造厂承担总装任务。目标只有一个——卫星能够成功上天。

如何认定“东方红一号”真的发射成功了？有个标准，即“上得去”“抓得住”“看得见”“听得到”。

“上得去”是指卫星成功升空到达预定轨道完成绕地飞行，“抓得住”是指地面监测站能确定卫星的实时位置，这两项都相对好实现。“看得见”和“听得到”却难住了众人。

制造“东方红一号”卫星主要结构件的端面车床

为了“看得见”，“东方红一号”采用 72 面体设计，在轨运行时 72 个面都可以反射太阳光。除此之外，科研人员还给卫星的“发光”上了双保险，他们受到折叠伞的启发，给卫星穿了一条铝制的“观测裙”。火箭发射前，“观测裙”像伞一样收起来，进入太空以后再撑开，形成一个直径 3 米的大面板，反射太阳光的面积大大增加，确保可以被看见。

其中，“听得到”是最难的。当时已经明确了，“东方红一号”将携带一台发射机上天，由发射机播送《东方红》乐曲的电子信号。但是，太空环境的未知太多了，万一卫星进入太空以后“失声”了怎么办？万一《东方红》乐曲变调了怎么办？

《东方红》乐曲，听见了！

这样的担心并不多余，就在我们研发期间，法国和日本相继发射人造卫星。法国的卫星由于扛不住太空低温，在运行两天后停止了工作，日本的卫星则因为高温，运行 15 小时后就宣告失败了。我们中国人正在争分夺秒、穷尽一切地研发卫星，需要大量初样、试样时，大家甚至用捏橡皮泥、削萝卜的办法来模拟零件——这样的简陋条件下我们真的能发射成功吗？发射之后，地面上的人真的能听到卫星发送的《东方红》乐曲吗？

“东方红一号”卫星

1970 年 3 月 21 日，东方红卫星在北京卫星制造厂完成总装。接下来，太空对我们的考验正式开始。4 月 24 日 21 时 35 分，点火口令下达，伴随耀眼的火光，长征一号托举着“东方红一号”呼啸升空。21 时 48 分，星箭分离，卫星，上去了！21 时 50 分，国家广播事业局播报由“东方红一号”播放的《东方红》乐曲已收到，声音洪亮，卫星，听见了！

不久后，地面监测站也抓取到了卫星的飞行轨迹。卫星，抓住了！第二天 20 时 29 分，“东方红一号”飞行经过北京上空，人们抬头仰望，看到漆黑夜幕中有一个移动的光点。卫星，看到了！

我们有了属于自己的“中国星”，开启了进入太空的远征。在“东方红一号”之后，中国的第一颗返回式遥感卫星、第一颗试验通信卫星、第一艘无人试验飞船“神舟一号”也先后诞生在北京卫星制造厂，这里是梦开始的地方。随着一个个航天利器冲向苍穹，我国的航天事业开始腾飞。

中国航天 逐梦苍穹

1984 年 4 月 8 日，我国第一颗地球静止轨道通信卫星“东方红二号”0B 星发射成功。它在离地面 36000 千米的高空缓缓飞行，在没有自己的通信卫星的年代，昆明、乌鲁木齐等偏远地区的人们想收看《新闻联播》要晚整整 7 天。自此，人们的广播电话、卫星通话都有了保障。

“嫦娥一号”模拟图

2003 年 10 月 15 日，中国“神舟五号”载人飞船升空，我们迎来了载人航天时代。

2007 年 10 月 24 日，“嫦娥一号”卫星成功发射，我们的探月征程就此开始。

2016 年 9 月 15 日，我国第一个真正意义上的空间实验室“天宫二号”发射成功。

“天宫二号”模拟图

2024 年 6 月 25 日，“嫦娥六号”带着 1935.3 克月壤返回地球。不仅“带土下凡”这事儿值得惊叹，“嫦娥六号”的返回更是堪称精彩。探测器扛住了上万摄氏度的高温，通过“打水漂”的飞行方式精准着陆在内蒙古，这是世界航天史上前所未有的重大突破。

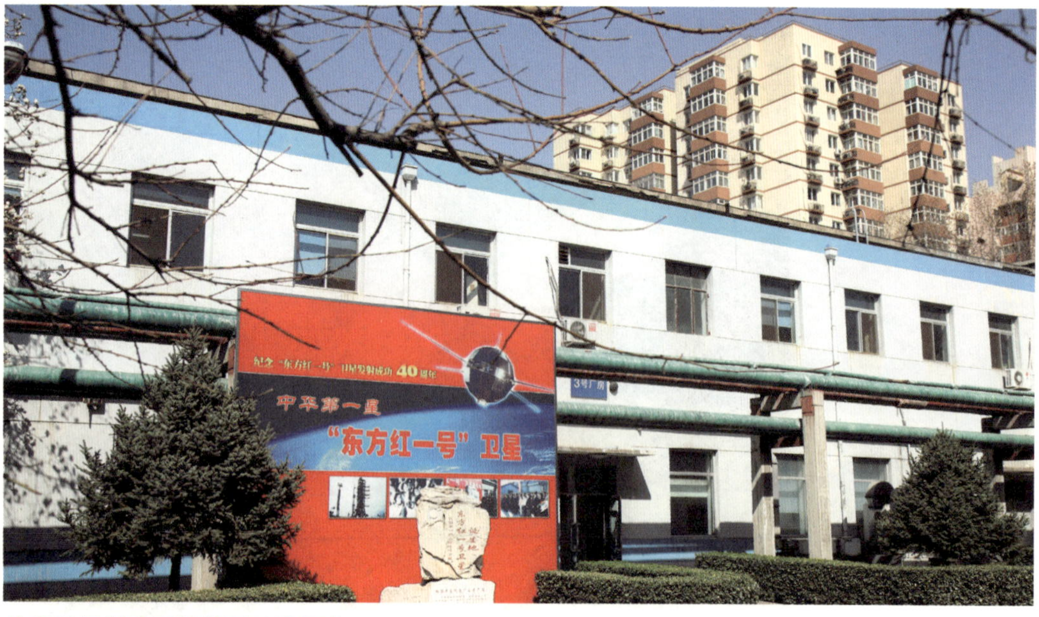

北京卫星制造厂科技园三号厂房

“天舟一号”模拟图

如今，当我们仰望星空时，耳边依稀还会响起50多年前的那段《东方红》。如果你有时间，欢迎你来到北京海淀区的“造星梦工厂”参观一下。现在这里焕然一新，成了北京卫星制造厂科技园，园区里有一座“东方红一号”卫星1∶1比例模型，诉说着曾经的光辉岁月。

“梦工厂”造的是星，也是胆识和梦想。世界很大，彼岸很远，但我们终将抵达。

（本篇图片由航天科技提供）

扫码听书

延伸阅读 国家工业密码

从“制造厂”到“智造厂”

1970 年 4 月 24 日，“东方红一号”发射升空。它的成功研制为后续航天发展奠定了技术基础，探索了工艺流程，培养了人才队伍，同时为中国航天事业探索和发展建立起了一套完整的体系。

当年助力“东方红一号”成功上天的航天科技五院 529 厂先后完成了 400 余颗（艘）卫星及飞船的机械、电子与热控产品研制、总装集成与测试，以及发射场服务等任务，助力北斗导航服务全球，嫦娥飞天揽月逐梦，中国空间站全面建成。一系列重大成就创造了新时代的航天新篇章，为我国航天事业发展和国民经济建设做出了重要贡献。

2024 年 6 月 2 日，在 529 厂量身定制的 4 条轻质、高强的“纤纤美腿”助力下，“嫦娥六号”在月背轻盈着陆。这些“修长美腿”的学名叫“着陆缓冲机构”，每条着陆腿由 1 条主腿、2 条副腿和 1 个足垫组成。着陆前，采用新型高强合金材料并填充特殊材料的主、副腿协同工作，以便着陆时安全地支撑住探测器的身体，并传递、吸收各种冲击力。529 厂自主研发的“嫦娥六号”钻取子系统具备钻得动、取得着、封得住、缠得上、送得进、展得开六大关键特性，当天，也圆满完成人类首次月球背面次表层月壤的钻取采样任务。

探索浩瀚宇宙，发展航天事业，建设航天强国，是以 529 厂为代表的航天企业不懈追求的航天梦。它们正逐渐实现由“制造厂”向“智造厂”的转变，不断开创航天智造发展的新局面。

26

你好，我有一辆红旗，请你来看看

国家工业密码

你好，我有一辆红旗 请你来看看

中国轿车工业，始于红旗
而中国车的传奇，正在上演

对于普通中国人来说，有一辆车可能最特别：它不仅是一个品牌，还承载着深厚的历史价值和民族情感。它，就是红旗。

“哪一天能坐上自己生产的轿车就好了”

如今，中国的汽车保有量为 3.45 亿辆，汽车产销量连续 15 年保持全球第一，新能源汽车的产销规模更是连续 8 年领跑全球。

但其实中国与汽车产生交集并不早，在世界上第一辆汽车诞生整整 70 年后，中国人才开始制造自己的国产轿车。中国第一辆高级轿车红旗的诞生，缘于领袖的一句话。

1956 年 4 月 25 日，中央政治局扩大会议上，当听说新中国第一辆卡车已经由第一汽车制造厂造出来时，毛主席不禁感叹：“哪一天能坐上自己生产的轿车就好了。”

在新中国第一辆解放牌卡车诞生的两年后，1958 年，第一辆国产轿车东风小金龙试制成功。该车生产编号为 CA71，CA 为生产厂家一汽的代码，7 为轿车的编码，1 就表示第一辆，发动机为 4 缸顶置气门，最高速度为 128 千米 / 小时。

5 月 21 日上午 9 时，CA71 被拉到北京怀仁堂的小花园前。下午 2 时，毛主席坐进轿车，围着花园跑了两圈。下车后，毛主席高兴地说：“坐上我们自己制造的小汽车了。”

1958 年 5 月 12 日，国产第一辆东风牌小轿车试制成功，图为东风轿车驶出一汽去省委、市委报捷

由于东风小金龙尺寸、空间较小，无法满足国家对高级轿车的需求，因此中国一汽决定试制高级轿车。“乘东风，展红旗，八一拿出高级轿车去见毛主席”成了当时中国一汽员工最强烈的愿望和最强劲的动力。

“八一”拿出高级轿车去见毛主席

一张张图纸高高挂起，一件件零件错落摆放，工厂的中央大道就像“赶庙会”一样，工人们积极挑选自己擅长制作的零部件，仅用了几小时，3000 多张手绘图纸以及零部件被一抢而空。一汽退休职工窦淑香回忆，当时造车完全靠的是手工。

1958 年 8 月 1 日，经过 33 天夜以继日的奋战，新中国第一辆高级轿车——红旗 CA72 下线，红旗品牌正式诞生。

1959 年，中国一汽将 36 辆红旗轿车分批运送到首都北京参加国庆庆典。当凝聚着民族汽车工业情怀和技术的第一代红旗轿车通过天安门接受检阅时，一下子成为当时国内外的热点和焦点。

1958 年 8 月 1 日，中国一汽试制出第一辆红旗牌高级轿车

1959 年，向新中国成立 10 周年献礼的一批中国一汽红旗轿车

红旗 CA72 车型在设计上融入了诸多中国元素，体现了浓厚的民族特色和时代精神。前脸格栅采用中国传统的扇子造型，车身侧面装饰线造型取自中国武士的矛，展现了力量与勇气的传统象征，尾灯采用了大红宫灯的设计，这些设计奠定了此后红旗车型的主要设计语言。

从此，来华访问的各国政要开始流行起了三件套：一是见到毛主席；二是住进钓鱼台；三是坐上红旗车。

此后，红旗轿车成为国家尊严的象征，也成为中国汽车工业的一面旗帜。“国车”的印象正是从这一时期开始深入国人心中。

中国汽车工业的一面旗帜

当时任美国总统尼克松准备访华，历史性的破冰之旅即将开展。美方表示，怕中国车不保险，要从美国带一个车队过来。

周恩来总理表示，中国有红旗轿车，足以保证安全乘驾。美国人不信，专门派一个先遣组来实地考察，为首的是时任美国国家安全助理黑格将军。红旗完美地通过了美国人的实地检查。

尼克松访华当天，周恩来亲自率领 50 辆 CA772，到机场迎接 500 人的美国访华团。

几十年来，红旗轿车一直活跃在历史舞台，见证了新中国的诸多重要时刻。在庆祝新中国成立 35 周年、50 周年、60 周年、70 周年的阅兵仪式上，我们都看到了红旗车的身影。时代在发展，共和国在前进，红旗车也伴随着时代的步伐，与共和国一起成长。

2018 年 1 月 8 日，中国一汽在北京人民大会堂召开红旗品牌战略发布会

长春市东风大街的中国一汽老厂区，百余栋中式雕檐、西式阳台的红色建筑群静静矗立。这里孕育出了解放、红旗两个民族汽车品牌，见证了新中国汽车工业从无到有、从弱到强的历史进程，昔日如稚子般的一汽正走向壮年。

如今，中国汽车市场的强劲需求和汽车产业的快速发展，让中国成为推动全球汽车产业转型的重要力量。我们不仅拥有了从整车制造到零部件供应的完整供应链体系，还在新能源汽车技术、智能网联技术等方面取得了显著进展，中国汽车出口量更是持续增长。

中国一汽红旗新能源汽车工厂（繁荣工厂）

2024 年，中国一汽红旗国雅亮相北京车展

在 2024 年北京国际车展上，由红旗国耀、红旗国礼、红旗国雅、红旗国悦组成的红旗金葵花国宾车队成为全场瞩目的焦点。它们代表着泱泱大国、礼仪之邦，至上宾礼、盛迎八方。

与此同时，红旗 EHS7、EH7、E009 等多款基于“红旗 · 天工”纯电平台和“红旗 · 九章”智能平台打造的全新新能源产品，不仅展示了红旗在驾控与智能领域的技术突破，还展示了民族汽车品牌在新能源赛道上的最新探索。从国车到国民车，红旗已经成了更多普通家庭的选择。

“能坐上自己生产的轿车就好了”，我们实现了当年的愿望。当年的国车，现在成了国民车，在大街小巷也可以看见那一抹“中国红”的身影。其中跌宕起伏的造车历程，正是中国汽车工业发展的真实写照。

中国轿车工业，始于红旗，而中国车的新传奇，正在上演。

（本篇图片由中国一汽提供）

扫码听书

延伸阅读 国家工业密码

弯道加速超车的中国汽车工业

中国汽车工业从艰难中起步，在新能源时代实现了弯道超车，通过全新的电动化、智能化探索，向世人展示着中国汽车品牌的文化底蕴和科技内涵。国内产业政策的支持，国产新能源汽车品牌的相继崛起，使得中国在短时间内一跃成为世界上最大的新能源汽车生产及消费国。

在无数新老汽车品牌竞相抢占市场的今天，1958 年诞生的红旗依然具有独一无二的标志地位。2024 年，红旗品牌正式发布阶旗技术“SIGHT(洞见)531”发展战略，围绕“安全、智能、绿色、健康、美妙”这五大品牌“基因”，全力自主掌控关键核心技术，打造卓越产品，树立卓著品牌。

技术创新，是品牌发展的“根”与“魂”。AI 芯片、智慧 OS、动力电池、线控底盘被称为智能网联新能源汽车的“四大件”，是核心技术最密集、安全问题最突出、“卡脖子”最严重的领域。在 AI 芯片方面，中国一汽携手合作伙伴打造了中国第一颗先进制程、五域融合、车规级 AI 芯片——“红旗 1 号”，这款芯片将在 2025 年正式点亮。在智慧 OS 方面，自主搭建的整车级操作系统 FAW OS 全面支撑智控、智驾、智舱的应用场景需求，实现了对软件之“魂”的掌控。在动力电池方面，成功研发了中国第一款量产低温电池，大幅减少了过去低温对动力电池电量的影响。在线控底盘方面，开发了拥有完全自主知识产权的线控底盘，能够为用户带来极致的驾乘体验。

红旗品牌还吸收了新的“成长基因”，“红旗·天工”纯电平台、“红旗·鸿鹄”混动平台、“红旗·九章”智能平台相继问世，成为新能源时代民族汽车品牌向上的探索与标志。

从国车到国民车，从传统动力到新能源，红旗的持续向新只是中国汽车工业发展的一个缩影。前路仍在，只是这一次，与 67 年前相比，红旗，不再孤单。

27

“车厘子自由”背后的中国名片

国家工业密码

“车厘子自由”背后的中国名片

与这个世界交换来自中国的礼物

水深港阔，海风阵阵。汽笛声起，轮船交织。这里是港口，中国的港口，是水陆交通的枢纽，也是进出口物资的集散地。

如今，中国港口已经成了响当当的名片，每天都接收或外送着煤炭、矿石、粮食等物资，成百上千的轮船停泊在我们的海岸线上，承载着10多亿国民的吃穿用度。

甜美的车厘子见证港口里的中国速度

京津冀的市民们已经实现了最新鲜的“车厘子自由”，功臣就是天津港。2024年1月，京津冀首条南美车厘子直航快线成功开通了。想象一下，2500吨鲜红欲滴的车厘子，在万里之外的南美大地成熟后，被精心采摘、包装，然后登上货轮，在海上乘风破浪，直达天津港，再通过高效的物流体系送到你的手中。这中间，每个环节都在争分夺秒。

2024年1月16日晚9时许，来自智利的“车厘子专列”——大型集装箱班轮“巴赫”号即将进入天津港锚地。负责港口装卸和货运的岗位已做好准备，一场接力赛随即展开。船舶靠岸后，3条作业线马上忙碌起来。天津港全方位提升各环节物流速度，单箱车厘子码头作业时间压缩至20分钟以内；东疆海关依托口岸智慧管控系统，单箱查验时间不超过30分钟；150辆运输车在岸等待。很快，一辆辆货车驶出夜色中的天津港，运往京津冀水果批发市场。

中国交建承建的天津港北疆港区的智慧码头

为了提升货运效率，天津港的智能化水平遥遥领先。由中国交建承建的天津港北疆港区的智慧码头是全球首个“智慧零碳”码头，这里的货物从装卸、转运到堆放，全部通过人工智能实现，每年的吞吐量高达200万标准集装箱。在堆场和货轮之间，有92个承担运输任务的智能机器人，它们通过激光雷达、5G技术实现转弯、减速、避让，每跑一趟都会与周边设备进行上百次信息交互。

“最强大脑”筑牢中国港口安全防线

一个港口，蕴藏着多少能量？中国交建建成的另一座大港——宁波－舟山港给出的答案是，可供全国使用18天的原油量。一排排整齐的储油罐，承担了全国3亿辆小轿车的动力之源，也塑造了这座世界上货物吞吐量最大的港口。

在中国交建建成的宁波－舟山港，超大型油轮“巴士拉”轮正在靠泊卸油

这里是宁波大榭港区，超大型油轮“巴士拉”轮正在靠泊卸油。油轮单次运载的原油量便能支撑整个长三角地区一天的消耗。宁波－舟山港的责任不只是接收船上的原油，还要保证接卸过程安全平稳，没有泄漏。

原油泄漏是每一个港口都不想看到的。输油臂的作业要求油轮保持绝对的安全与平稳，压力给到了系船的缆绳。要想在27.5米的深水之上固定住这艘35万吨重的油轮，20根缆绳严阵以待，每一根都分摊着超过自身重量100倍的拉力。较量一直在进行，海面上变幻莫测的风浪和船只在卸油时快速变化的吃水量都会导致缆绳受力不均。一旦船只失控离港或撞击码头，后果不堪设想。

中国交建建成的宁波－舟山港系船的缆绳

为此，宁波－舟山港上线了“最强大脑”——缆绳应力监测系统。试想一下，我们在拔河的时候，一定不知道手里使了多大的劲，只能通过比赛的胜负知道哪边力量更大。而缆绳应力监测系统，就是用科技装备将缆绳的受力转化为数字，这样一来，我们就可以清晰地看见绳子上承受的力量有多大。再结合海上风浪情况，这个“最强大脑”甚至能监控缆绳状态，预测断裂风险，及时调整受力。任何时候都稳稳的，很安心。

中国智慧让铁矿石“乖乖听话”

2022 年 10 月，世界上最大的矿砂船“珠峰”正在卸货。它装载的 40 万吨铁矿石足以装满 6557 节火车皮，堪称“移动的矿山”。这么大的体积，在这里从装卸到物流只需 48 小时，这就是中国交建设计建设的全球自动化效率最高的铁矿石码头——山东青岛港。

中国交建设计建设的山东青岛港

标准化，是现代物流运转的核心。然而，散装的铁矿石因为形状和密度都不同，根本无法被统一成某个“标准”，它们是全球港口中最令人头疼的“顾客”，也是码头物流实现自动化的最大难题，但青岛港的工程师完成了这个看似不可能的挑战。

2017 年 3 月 15 日，中国交建设计建设的山东青岛港全自动化码头首次实船作业

在堆放铁矿石的庞大矿场，工程师操作无人机理货巡检，一遍巡检和激光扫描过后，数据系统就可以实现 3D 建模，对铁矿石进行采集分析，人工智能算法就可以进行“排兵布阵”，准确计算出每节车厢的装载量。数字液压技术让设备有了感知和触觉，就可以根据铁矿石的形状、密度、黏度自动配料和放料，实现了整列 60 节车厢连续全自动作业，装好一节车厢只需 50 秒，效率大幅提升！

中国交建承建的大连港

中国交建承建的天津港北疆港区的智慧码头夜景

有关中国港口的故事还有很多。从 1952 年修复我国首座万吨级码头天津塘沽新港开始，有新中国“筑港摇篮”之称的中国交建在北自丹东南至三沙的海岸线上，建成了一座座深水大港。你看，在中国东部和南部，还有唐山港、日照港、大连港、广州港……大大小小的港口如珠链般串在一起，勾勒出漫长的海岸线。2023 年公布的全球十大集装箱港口中，中国港口占了七个，都留下了中交建设者的奋斗足迹。

向海图强千帆竞，踏浪而行卷千澜。一年年，气象万千的中国港口用更快的速度、更大的吞吐量与这个世界交换着来自中国的礼物。

（本篇图片由中交集团提供）

扫码听书

延伸阅读 国家工业密码

自动化大码头引领“港口革命”

大型自动化码头，被誉为港口建设的“珠穆朗玛峰”。它颠覆了传统码头的作业方式，实现了港口作业的自动化、智能化、高效化，掀起了一场“港口革命”。

交通运输部数据显示，截至 2024 年 11 月，我国已建成大型自动化集装箱和干散货码头 49 座，规模位居世界第一。那么，大型自动化码头是如何建成的呢?

第一步，建成一座深水大码头。

随着国际贸易的发展，港口吞吐量大幅增长，运输船舶不断大型化，码头建设逐步向深水水域发展。然而，我国虽拥有 18 万千米的大陆海岸线，但适合建设大型深水码头的天然岸线十分稀缺。2006 年 12 月，由交通运输部组织中交集团牵头，联合 28 家科研、设计及施工单位，启动联合研发，攻克了离岸岛群建港、海工混凝土结构耐久性、深水大浪条件下外海施工装备等一系列难关，形成了离岸深水港建设关键技术，将码头建设不断推向深蓝，让中国有了在任何海域建设港口的实力。

第二步，为码头接入先进的自动化设备和系统。

首先是码头生产管理系统 TOS，主要负责码头的生产控制及信息管理，被称为自动化码头的“大脑”。其次是码头设备控制系统 ECS，它负责从 TOS 获取任务，自动指挥设备安全、高效地把集装箱转运至目标任务位置。最后是各类自动化子系统，直接作用于岸桥、轨道吊等单机设备。在接收 TOS 作业指令和 ECS 调度指令后，通过单机控制模块实现自动化运行。

30 年来，中交集团依托离岸深水港建设的成套技术，以及旗下全球最大的自动化码头系统化解决方案提供商——上海振华重工，已在国内外打造了近 60 个大型自动化码头项目，掀起低成本、短周期、全智能、高效率、更安全、零排放的港口建设“新浪潮”。

28

黑灯工厂的“黑”产品

设想一下，如果没有钢铁，我们的生活会变得多么原始与混乱？没有锅，做不了饭；没有刀片，男士连胡子都刮不了；更别提那些离了钢铁就造不出来的车、船、铁路、桥梁……

铁器改变了世界，改变了我们的生活。那么，钢铁最早是如何炼成的？

钢铁是这样炼成的

我们知道，青铜百年不腐，铁器几天就上锈，那为什么还要用铁？原因非常简单粗暴——因为铁器比铜更硬，而且地壳中的铁矿远多于铜矿。

你知道我国是从什么时候开始采矿炼铁的吗？在距今3000多年前的西周晚期，每次要先用泥土糊一个炼铁炉，把铁矿石放在炉子里面烧。当时的燃料有限，所以炉膛温度不高，烧制出来的产物里只有一小块熟铁，剩下的大部分都是炉渣。这时候再把炉子砸开，把这坨烧红的东西取出来敲打、去掉炉渣，就得到了柔软的熟铁。

这种办法效率太低，炉子每次都是现垒现砸，几个人忙好几天只能得到一小块铁。有多小呢？也就刚够给农具包个边，或者打个马掌。

虽然每次吭哧吭哧干几天只有这么一小块铁，但这说明我国在春秋战国时期就有了铸铁冶炼技术，比欧洲掌握这项技术足足早了2000多年。

后来，为了提高效率，土垒的炼铁炉“鸟枪换炮”，进化成了高炉。河南省郑州市出土的汉代一号竖炉容积有50立方米，一天能生产差不多一吨的生铁，与近代的炼铁高炉相比，冶炼能力丝毫不逊色！

锻造钢铁脊梁的“国家队”

冷兵器时代，人们使用的铁器主要是农具、刀枪、铠甲。第一次工业革命之后，机械设备让铁的应用走向巅峰，人类开始拥有大量的铁制枪炮、车船、铁路、建筑等，法国的埃菲尔铁塔就是在这一时期建成的。

1949年，新中国成立，我国对发展的渴望、对工业化的急切，都指向了一条非走不可的路——发展现代钢铁冶炼技术。

解放初期，新中国首先集中全国力量恢复和扩建鞍钢，同时恢复本溪、大连、抚顺、北京、天津、唐山、太原、上海、马鞍山等钢厂的生产。第一个五年计划中，钢铁产量大幅上升。

接着第二个五年计划建成了武钢、包钢两个大型联合钢铁企业，各省市建设了二十几座中型高炉和大量小型高炉。20 世纪 60 年代建设了攀钢，70 年代开始建设宝山钢铁厂，这是新中国成立以来，当时投资最多、技术最新、难度最大的工程项目。

1953 年马鞍山铁厂（马钢前身）兴建

1978 年宝钢工程开工建设

宝钢一期所有核心设备基本是进口的，只有约 12% 的边角结构件是国产的；到二期时，设备改为合作制造，国产化率大大提高；到第三期时，设备国产化率达到 80%。后来随着包钢改造、攀钢改造、曹妃甸的建设等，我国钢铁设备基本上实现了国产化。

钢铁行业的“黑科技”与新可能

今天，在创新技术的应用之下，宝钢给了我们新的惊喜——有了“黑科技”加成，是真的“黑”，因为我们建成了“黑灯工厂”。

黑灯工厂，顾名思义，就是平时在不开灯的情况下仍可以高效运转的智慧工厂。

走进中国宝武宝钢股份的宝山基地，你会发现在这个工厂里工作的“员工”大多是可实现 24 小时“在岗”的机器人。在这里，无人行车使命必达，打磨机器人智能识别、自动翻面，让打磨作业快、准、稳。具备四合一功能的巡检机器人每天巡检 2 次，每次 3 ~ 4 小时，保姆级地呵护所有设备。

中国宝武宝钢股份宝山基地黑灯工厂

截至目前，宝钢股份已有近 1500 台机器人在黑灯工厂里工作，累计将 3000 余名体力劳动者从重复、繁重、恶劣的环境中解放出来。

放眼未来，我国的采矿业和冶炼业“脑洞”越开越大。在陆地上，已有一批金属矿山进入深部开采阶段，同时，海洋采矿和太空采矿也成为新的探索方向。

中国宝武宝钢股份连铸实现机器人自动更换水口、取样、测温、添加保护渣等工作

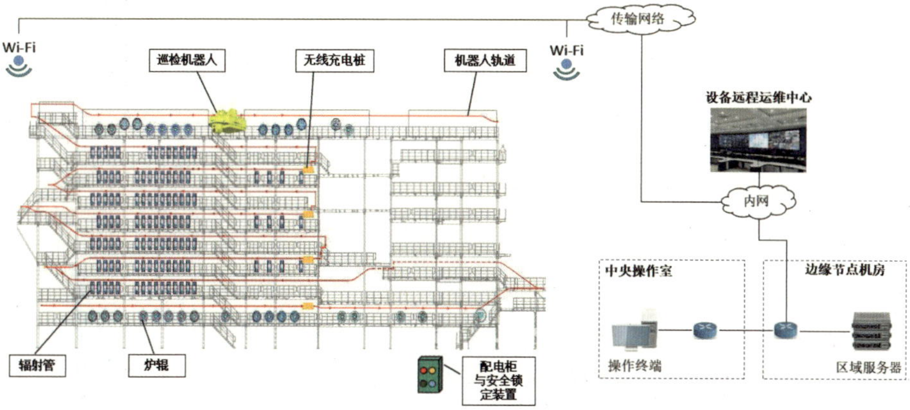

中国宝武宝钢股份冷轧厂黑灯工厂炉子巡检机器人工作原理图

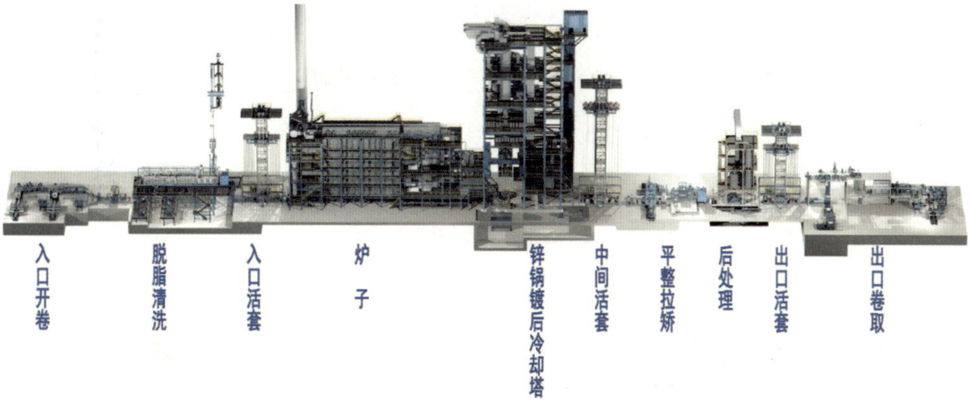

中国宝武宝钢股份冷轧厂黑灯工厂三维图

我国已领先研究出可潜入6000米深处的水下机器人，为海洋采矿提供了有力支持。太空采矿研究也在逐步展开，2024年6月，“嫦娥六号”带回了月球背面的月壤，科学家们就可以研究月球上有哪些矿物质了！未来，人类或许能够在宇宙中的某个星球上开采更多的矿产资源，开启人类采矿史的新篇章。

人类进化史也是钢铁的演变史。从冷兵器时代到钢铁森林，从高炉冶炼到智能化工厂，人类生活的方方面面被无数次颠覆。让我们共同期待，在未来的日子里，智能化的“老铁变形记”为我们的生活带来更多便利和美好。

（本篇图片由中国宝武提供）

扫码听书

延伸阅读 国家工业密码

黑灯工厂的光明未来

当“中国制造 2025”遇上“工业 4.0”，如何增强制造业的核心竞争力，推动产品质量提升和品牌建设，引领行业朝高端化、智能化、绿色化发展？黑灯工厂是宝钢在新浪潮下一次成功的实践探索。

黑灯工厂建设不是一蹴而就的。宝钢股份从 2013 年开始，首次引进安装无人化行车，拉开了钢铁智慧化转型的序幕。随着科技不断进步，宝钢股份相继又自主研发、引进应用了出入口自动化系统、锌锅捞渣撇渣装置、锌层闭环系统、多用途机器人等，逐步完成从“制造”到“智造”的迭代转型，实现了“工作负荷减轻、产品质量稳定、工况切换顺滑”的初期建设目标。

黑灯工厂突破的脚步永不停歇。近年来，人工智能（AI）、5G、大数据等新技术层出不穷，黑灯工厂通过机器视觉和传感器技术，实时监控甄别异常；AI 主操自动调整工艺参数，确保产品质量；供应链管理高度集成，实现了从原材料采购到成品交付的无缝对接，缩短了生产周期，提高了响应速度。通过不断创新实践，黑灯工厂正逐步走向高端化、智能化、绿色化。

2024 年，被定义为宝钢股份的 AI 元年。宝钢股份将“钢铁 +AI”的理念充分融入原料采购、研发生产、营销服务全流程，搭建夯实新一代钢铁数字底座，探索应用场景，目前已探索 100+ AI 赋能应用场景，并逐个攻关落实。未来几年内，宝钢股份将打造 1000+ AI 赋能应用场景，超过 100 个组织将实现全体系的 AI 转型发展，为钢铁行业的提质增效注入强劲动力。

人工智能技术正蓬勃发展，钢铁工业恰逢国家加速推进新质生产力、促进数字技术与实体经济深度融合的机遇期。以黑灯工厂为代表的宝钢“智造”将持续拥抱 AI 战略转型发展，为钢铁行业的高端化、智能化、绿色化发展提供有益的探索与实践经验。

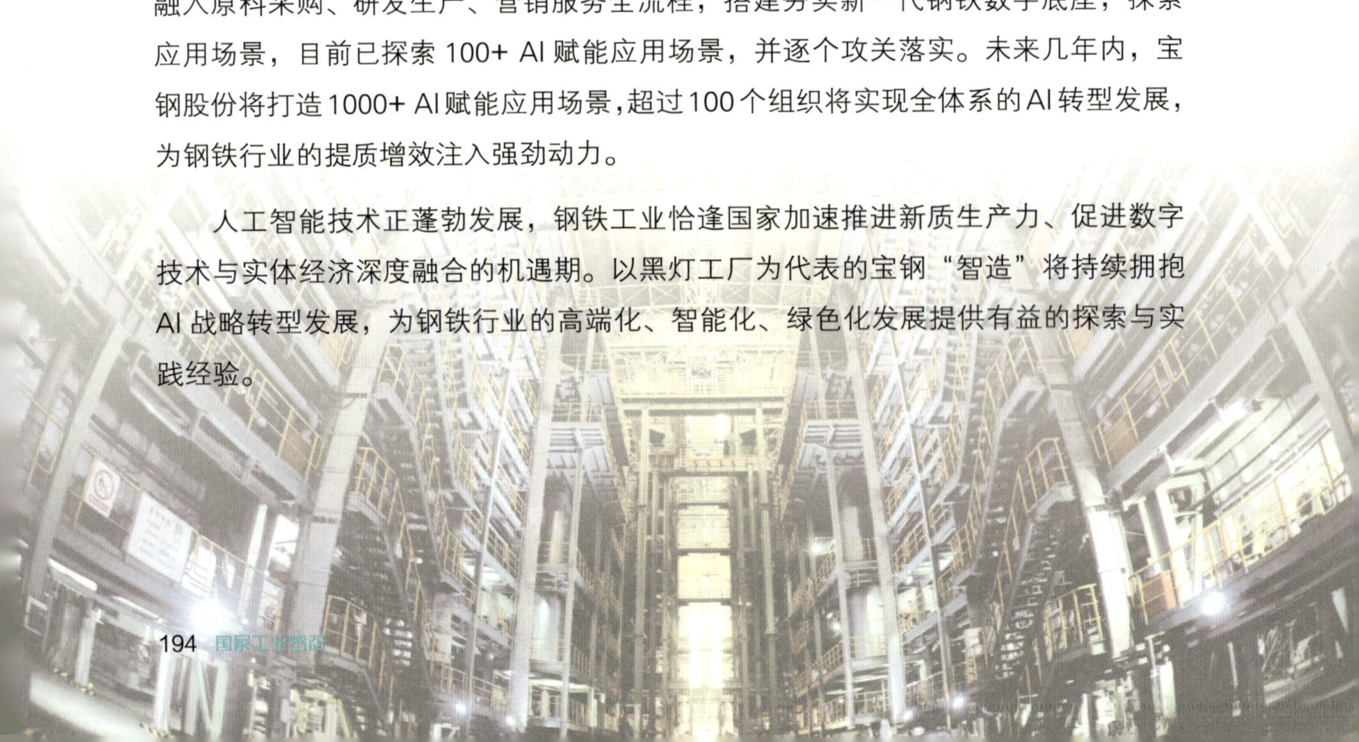

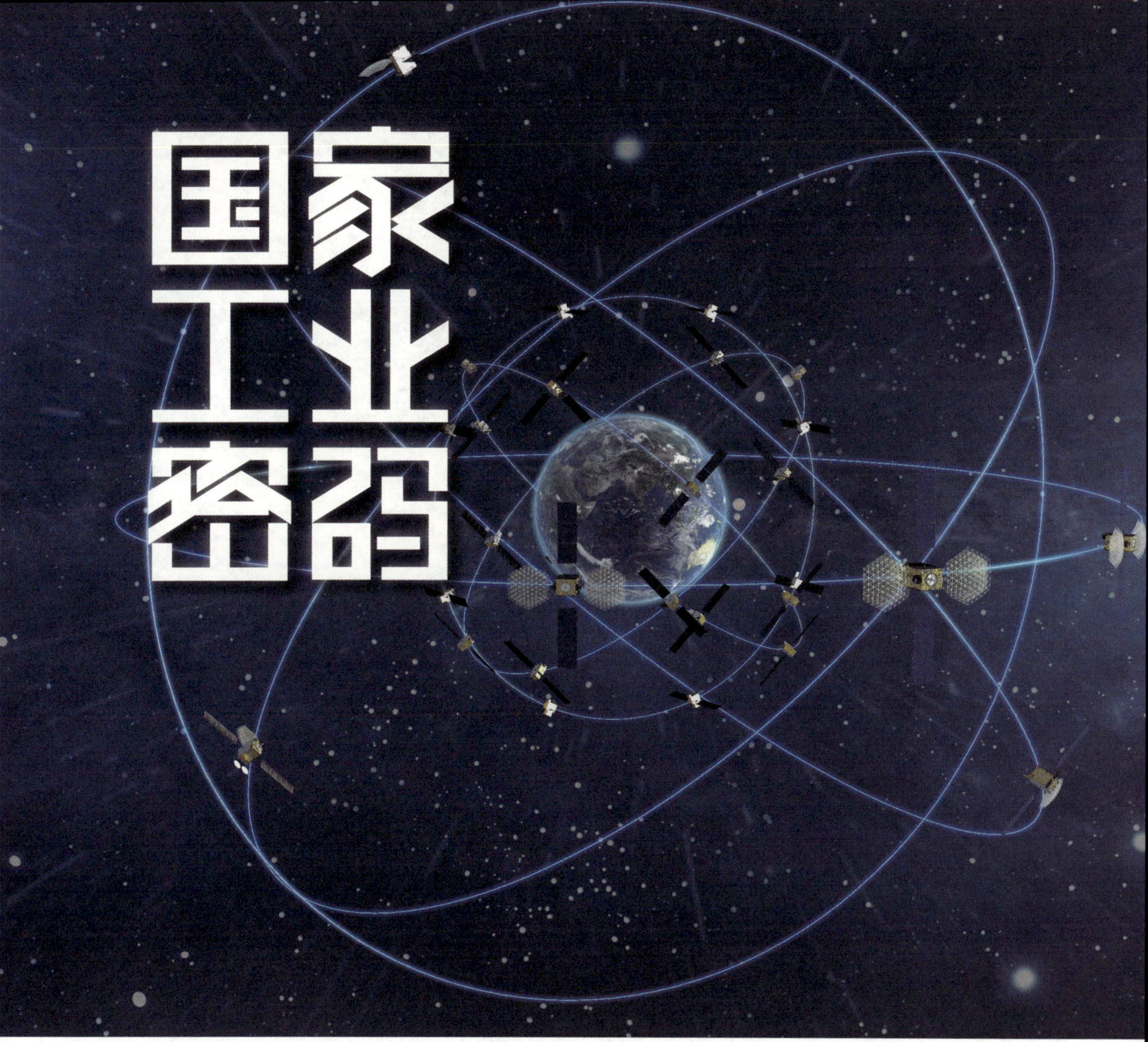

29

知否知否？应问中国北斗！

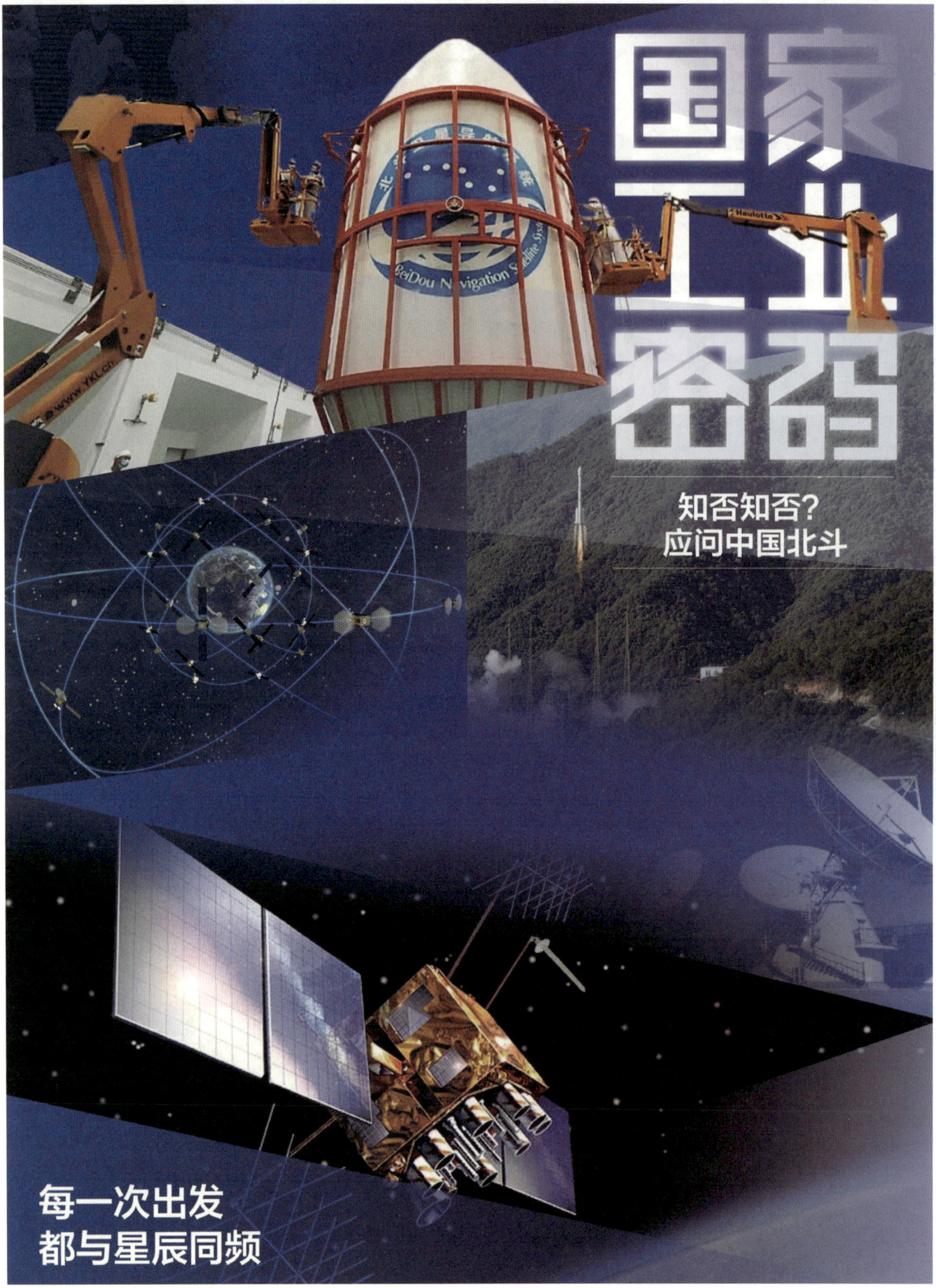
国家工业密码
知否知否？
应问中国北斗
每一次出发
都与星辰同频
BeiDou Navigation Satellite System
Haulotte
www.YKL.cn

以前买回来一部新手机，首先要做的一件事，就是对表。如今的智能手机早已不用调时间。让时间可以自行“对齐颗粒度”的“功臣”，就是北斗导航卫星。

北斗卫星通过给各地的网络授时中心发送精确的原子钟记录的时间，已将全国的时间统一。现在，每一部接入网络的手机都显示着最精确的北京时间，其精确度可以达到几百万年只差一秒。

如果关掉北斗导航，我们的生活会变成怎样？这一定很难想象。

用 7 年时间“极限挑战”，打赢频段保卫战

1994 年，我国北斗一号系统工程立项。2000 年，北斗一号的两颗卫星先后进入太空预定轨道。

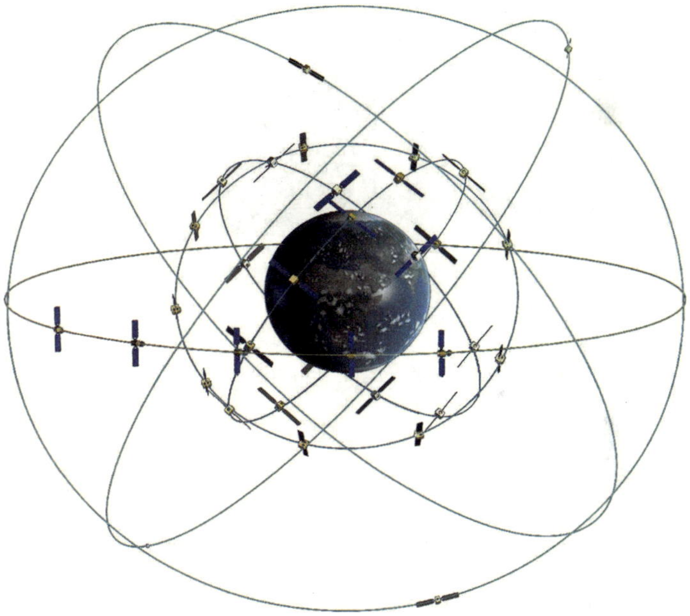

北斗导航卫星组网效果图

为什么要部署北斗卫星？因为我们明白，没有自己的导航卫星，迟早受制于人。

但是，地球可用的卫星频段和轨道资源都是有限的，起步较早的美国和俄罗斯卫星导航系统已经占据了 80% 的“黄金导航频段”，对于 1994 年才立项的北斗工程，可选择的余地并不多。

2000 年，联合国国际电信联盟开放了最后一小段频率和轨道，世界上任意一个国家都可以申请。当年 4 月 17 日，中国提交了申请。

这段开放的频率资源启用时限为 7 年，逾期作废。这意味着中国必须在 2007 年 4 月 18 日零时之前，发射全球组网的第一颗卫星，并成功传输信号才能保住频段，否则，一切都白折腾。

一开始，中国和欧盟的“伽利略”合作，并投入了超过 2 亿欧元的资金。但在合作中的关键技术领域，中国始终被排挤在外，尤其是卫星核心部件原子钟，花多少钱都买不到。

这个局面我们熟，你不帮，那我就自己上。

研制人员确认
太阳翼位置

2004 年，北斗二号正式立项。此时距离国际电信联盟规定的期限仅剩 3 年，时间紧、任务重，整个团队分工协作，以“三班倒”的方式用一年半完成了原子钟的攻关，又通过了各种测试改进。到 2007 年，4 个国产原子钟正式装备北斗二号卫星。

时间一天天流逝，离“七年之限”越来越近了。

2007 年 4 月 14 日凌晨 4 时 11 分，北斗二号第一颗卫星顺利升空。想保住频段，我们还需要成功接收到卫星传输的信号。

按通常的规范操作，卫星需要在真空环境下“暴露”5 天才能开启设备，提前开启可能会导致设备故障。而此时，距离最后的时限仅剩 80 多个小时。

时间不够已是事实，只能赌一把。赌一把卫星的质量，赌一把北斗的技术。

卫星开始在轨调试，时间一分一秒地过去，地面接收机一直没有收到信号。

4 月 17 日晚上 8 时 14 分，距离频段的有限期仅剩不到 4 个小时，北斗卫星总师孙家栋突然站起来，低头和技术专家商量了一下，随后果断命令：加电开机。

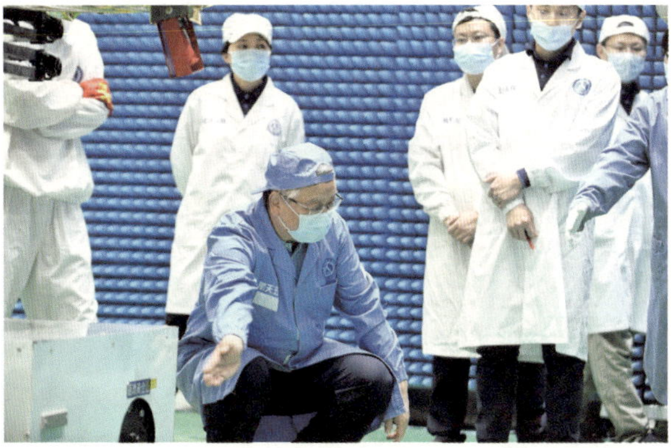

研制人员确认无线电测试技术状态

在北斗主控站的大操场上，十几家终端设备厂家将接收机排成一排，所有人表情肃穆，在这个黑沉沉、静悄悄的春日夜晚，等待命运的宣判……突然间，有人大喊一声：有了！

北斗二号卫星工作正常，频段保住了，中国拿到了全球卫星导航俱乐部的“门票”。

用自己的系统导航，为美好生活指明方向

北斗二号系统在2012年底正式向民用开放，我们的生活悄然发生变化。

有了北斗，我们随时能知道网购的东西送到了哪里，能知道下一班地铁几分钟后到，能知道哪一条线路最快抵达目的地……每一次都是来自太空的信号对我们的回应。

当然，北斗的应用远不止于此。

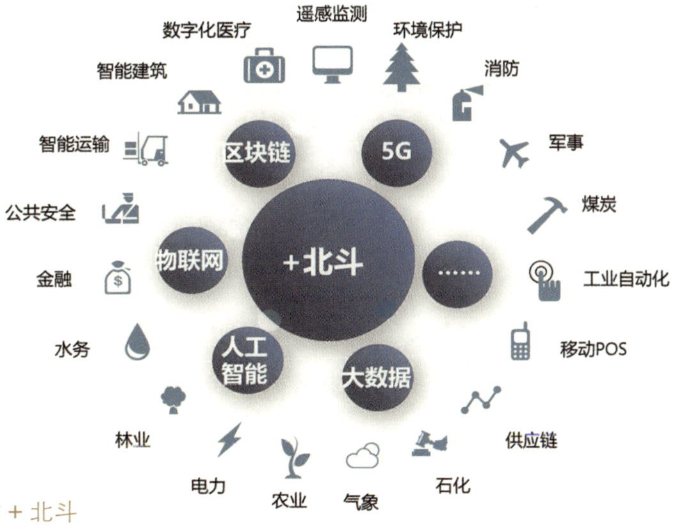

兼容互操作＋北斗

我国有着密布的电网，有一些电缆铺设在海底，电力巡检一直是很大的工作量。

如今，借助上天入海、无所不能的北斗高清定位，电力工作人员开着小艇在海面上疾驰，海风自耳边呼啸而过，眼前的电子海图实时显示着电缆有无裸露、悬跨、位移等潜在风险，巡检效率和准确率大大提升。

2020 年 6 月 23 日，第 55 颗北斗卫星成功发射，北斗全球卫星导航系统部署圆满完成

南方电网贵州都匀供电局组织研发了基于北斗的智能模块，通过该模块，计量设备能自动将数据和高精度的定位信息通过北斗短报文服务传送到平台系统。

如今，最新的北斗导航卫星应用的氢原子钟，已经可以在民用层面将定位精度控制在一米以内。地图软件可以识别你的车辆具体在哪条车道上，并且告诉你是否要变道。

此外，在抢险救灾时，北斗独门的短报文服务，可以直接连接卫星向外界发短信，信息中会包含发送信息时手机所在的精确经纬度，这会为深山以及大洋中的搜救工作提供巨大便利。

至今，北斗的短报文功能已支持了上万次海上救援活动。当然，这种功能希望所有人一生中也不会用到，但真的用到时，那就是生的希望。

天空中很容易就能看到勺子状的北斗七星，在一天时间里，北斗七星会绕着北极星旋转一圈，我们的祖先就是据此判断时间和方向。

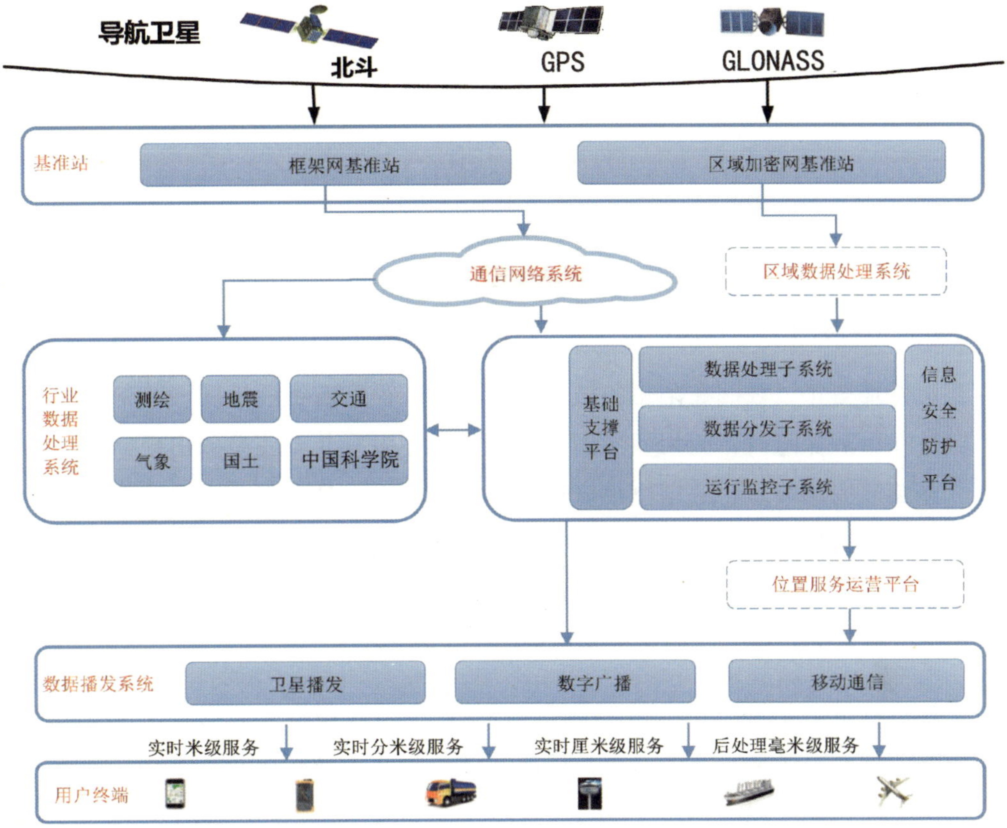

北斗地基系统组成框图

如今以北斗命名的导航系统正延续着东方的智慧与坚韧，让全世界都可以用北斗给自己指明方向。

（本篇图片由航天科技提供）

扫码听书

延伸阅读 国家工业密码

北斗三号：你的隐形生活“助手”

在浩瀚的宇宙中，北斗三号就像一位隐形的超级英雄，默默地守护着普通人的生活。从开车到种地，从探险到救援，北斗三号无处不在，是一位你看不见的“亲密伙伴”。

还记得那些年，我们在陌生的城市里兜兜转转，拿着纸质地图一脸茫然的日子吗？或是在山野探险时，因为找不到方向而焦虑不安？北斗三号的出现彻底终结了这些“迷路”的烦恼。它的定位精度可以精确到米级，甚至更高！无论是繁华都市的复杂路网，还是偏远山区的羊肠小道，北斗三号都能轻松锁定你的位置，为你规划最优路线。开车时，它帮你避开拥堵；徒步时，它带你找到最美的风景。北斗三号就像一位贴心的向导，让你再也不用担心“走丢”。

更神奇的是，北斗三号还有一个“独门绝技”——短报文通信。在没有手机信号的地方，如深山老林、茫茫沙漠、辽阔海洋，北斗三号终端设备依然可以发送和接收短信。对于渔民、探险者、户外爱好者来说，这简直是“救命神器”。想象一下，你在海上作业时遇到紧急情况，只需按下按钮，北斗三号就能帮你发出求救信号，瞬间拉近你与外界的距离。它不仅是导航工具，更是生命安全的守护者。

北斗三号的“超能力”还不止于此。它的授时精度高得惊人，堪称“时间大师”。在金融交易、电力传输等对时间要求极高的领域，北斗三号确保每一个环节都能精准同步。它就像一位严谨的指挥家，指挥着全球范围内的复杂“交响乐”，让一切井然有序。无论是股市交易还是电网运行，都有北斗三号在背后默默支撑，确保我们的生活平稳运转。

从农田到城市，北斗三号的“隐形之手”无处不在。在农田里，它帮助农民实现精准农业管理，通过卫星定位和数据分析，优化播种、施肥、灌溉，让每一寸土地都发挥最大价值。在城市中，它助力智慧交通，减少拥堵，提升出行效率。甚至在智能手机里，北斗三号也在默默工作，为你提供精准的位置服务。

北斗三号不仅是中国的骄傲，更是全球数十亿人的“生活助手”。它见证着城市的车水马龙，助力着农业的丰收喜悦，守护着每一次的远行与归航。从迷路到精准，从焦虑到安心，北斗三号正在用科技的力量点亮我们走向未来的道路。北斗三号将继续陪伴我们，走向更加精准、便捷、智能的新时代！

30

阿勒泰的绿，毫秒级“闪送”

北疆之北，是我的阿勒泰，她是狂野的梦，她是山野的风。

一部热播剧《我的阿勒泰》将这片北疆之地送上了流量巅峰。阿勒泰的景入了我们的梦，可很多人不知道的是，在阿勒泰可可托海地下136米深处曾发生了一件事，成就了几代人的梦。

故事的起源关乎国家命运

可可托海并不是海，而是阿勒泰富蕴县的一个小镇。在这个新疆最冷的地方，藏着一个如同古罗马斗兽场一样恢宏的矿坑。曾在新中国的工业发展史上留下浓重身影的“可可托海3号矿”就在这里。3号矿脉有着非常丰富的稀有金属，世界上已知的矿种有140个，3号矿坑独占了86种！而且在这里开采的几种稀有金属，是研制“两弹一星”、东方红卫星等军工装备的必备材料。为了解决采矿的用电问题，建设者在大山深处的地表下136米，“掏”出了一座水电站，并于1967年2月开始发电，工作至今。

2018年10月，可可托海水电站正式接入大电网。如今，这座地下水电站不仅为可可托海人供电，还承担起了水电外送的新任务。就这样，清洁的水电通过电网毫秒级“闪送”到千里之外。

点亮可可托海

在全国电网互联的版图里，为中国电力绿色赋能的水电站还有很多。世界第二大水电站——白鹤滩水电站的丰沛水电直送江苏只需0.007秒。截至2024年5月，超3000亿千瓦·时的清洁水电从世界第四大水电站——溪洛渡水电站发出，经由特高压直流输电工程奔赴浙江……

溪洛渡水电站的清洁水电经国家电网投资建设的 ±800 千伏溪洛渡左岸—浙江金华特高压直流输电工程送至浙江

电从远方来，来的是清洁电。一座座水电站被一步步编织到了“西电东送”的能源网络里，跨越中国地理三级阶梯，自西向东，源源不断注入经济中心的心脏，支撑着工厂里的奔腾马力、家家户户的日常起居。

“西电”为什么要“东送”？

铺开中国资源地图，你会看到，煤炭、风能、太阳能、水能“深藏”在中国西部；然而翻开中国的用电地图，你又会发现，我国的用电负荷与能源分布恰恰相反。我国能源资源与需求呈逆向分布。80%以上的能源资源分布在西部和北部地区，70%以上的能源消费集中在东部和中部地区，能源富集地区距离负荷中心1000～4000千米。

特高压助力电力资源在全国范围内优化配置

如何跨越时空障碍，解决这道能源输送难题？“西电东送”给出了满分答案。2000 年 11 月 8 日，贵州乌江流域电站建设工程启动，拉开了“西电东送”的序幕。

经过 20 多年的发展，现在我国已经建设了“西电东送”三条强劲通道：在北方，电能从陕晋蒙、新疆、河西走廊、宁夏向华北、华中、华东地区输送；在中部，三峡、金沙江、川渝地区的清洁水电输送到华东地区；在南方，云南、贵州的电能输送到珠江三角洲。

如此遥远的输送，中国的电网工程师们为之量身打造了许多条电力“快车道”。从超高压到大国重器特高压，随着电压等级的不断攀升，中国能源输送的“经脉”渐渐被打通，“西电东送”的潜力正在被不断挖掘……

特高压线路织就“能源互联网”

说起特高压线路，乍看上去，它与我们路上看见的高压线、电塔没什么区别，就是电压更高呗！你可不能小看它。

目前，世界上电压等级最高的 ±1100 千伏特高压直流输电工程，输电容量提高到了 1200 万千瓦，经济输电距离提升至 3000 ~ 5000 千米级。这距离是个什么概念？从漠河到三亚大约 5070 千米，从理论上讲，这只是一条特高压线路的输电距离。一条特高压线路就能输送一个葛洲坝的发电量，类似这样的特高压线路，截至 2024 年底，中国已建成 42 条，线路全长能绕赤道一圈还有余。

国家电网投资建设的 ±800 千伏白鹤滩—江苏特高压直流工程穿越大凉山

世界电压等级最高的特高压输电工程——国家电网投资建设的 ±1100 千伏准东—皖南特高压直流输电工程穿越丹霞地貌地区

条条银线跨高原、过荒漠、穿大江，特高压电网让中国跨越东西南北的电能输送不再是问题，正如让青海的绿电进入河南也就只需 5 毫秒！

经济发展，电力先行。如今，一项项电网超级工程在中国大地上结成了一张巨大的“能源互联网”。目前，我国“西电东送”输电能力已经超过了 3 亿千瓦。“西

国家电网投资建设的 ±800 千伏祁韶直流线路穿越巴丹吉林沙漠

国家电网投资建设的 ±800 千伏白鹤滩—浙江特高压直流输电工程安徽段长江大跨越线路

全国首个“风光火储一体化”大型综合能源基地外送项目——国家电网投资建设的 ±800 千伏陇东—山东特高压直流工程

星空之下，国家电网投资建设的 ±800 千伏上海庙—临沂、晋北—南京特高压直流输电工程跨越黄河

电东送”这一跨越了时空的世纪工程也正“绿潮涌动”，让我们看到了美好未来的更多可能性。

（本篇图片由国家电网提供）

扫码听书

延伸阅读 国家工业遗产

"西电东送"开启绿色转型"加速度"

2000 年，以"西电东送"、"西气东输"、青藏铁路开工为标志，我国启动西部大开发战略。经过 20 多年的发展，中国已形成"西电东送"北、中、南三大通道的跨省跨区输电格局，成就了一场中国能源版图里跨世纪的"乾坤大挪移"。目前，全国"西电东送"工程的输电能力已超过 3 亿千瓦，支撑起全国东部和中部地区约 1/5 的用电需求。

过去，将西部的煤炭转化为电力送往东部，是"西电东送"的重要形式。在碳达峰、碳中和背景下，近年来，我国能源结构加速转型，西部地区新能源快速发展，"西电东送"里的"含绿量"也逐年提升。截至 2023 年底，我国西部地区 12 个省份新能源装机总规模超过 4 亿千瓦，占全国新能源装机的 40% 左右。

通过纵横神州的"电力高速"，眨眼间，西部地区丰沛的绿色电能就能送到 2000 千米甚至 3000 多千米以外的东部和中部地区：世界首个新能源远距离输送大通道——±800 千伏青海—河南特高压直流输电工程，每年可从青海向华中地区输送 400 亿千瓦·时清洁电能，相当于替代受端原煤消耗 1800 万吨；我国首个以输送"沙戈荒"新能源为主的特高压工程——±800 千伏宁夏—湖南特高压直流输电工程投运后，年送电量将超 360 亿千瓦·时；还有"陇电入湘""陇电入鲁""陇电入浙"……在"风光"占比高的甘肃，新能源装机超过火电，成为第一大电源。"西电东送"的功能正从优化全国电力资源配置、解决电力供需不平衡转变为促进清洁电力在更大范围内的消纳利用。

"电力丝路"联通四方，"西电东送"绿潮涌动。相信在未来，更多的"西电东送"大通道将纵横神州大地，为新时代中国能源转型之路厚植绿色底色，为加快构建能源供给新体系贡献更多力量。

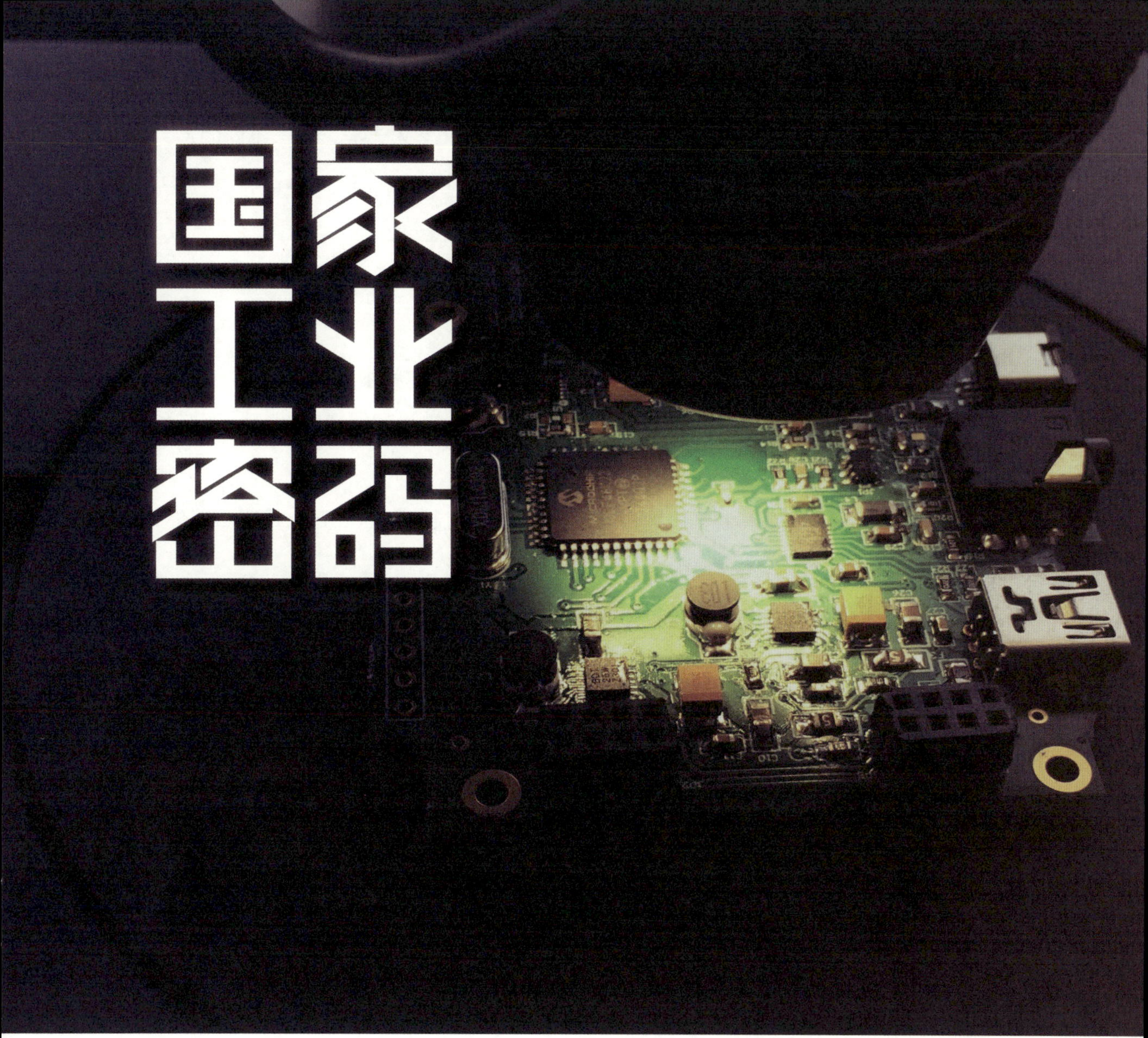

31

嗨！
请打开声音模式

在全世界有这样一个特殊群体，他们的外表看起来和常人无异，唯一不同的是，他们的世界或是模糊嘈杂，或是寂静无声。这个沉默的群体有一个统一的名字——“听障人士”。

不知道你有没有过这样的疑问，倾听和倾诉的功能源于人体的两个不同系统，为什么许多听障人士却不能正常表达呢？

这就像学习一门新语言，如果你从未听过这门语言，你就很难学会说它。同样，如果一个人从小就听不见，那么他们的大脑就没有机会学习如何将声音与语言联系起来，也就无法正常说话。

在我国，2023年残障人士总数约8500万人，其中有超过2000万人是听障群体，占残障人士总数的1/4。

好在，人工耳蜗的出现帮助他们打开了声音模式。

人工耳蜗是怎样工作的呢？

可以住在耳朵里的“小精灵”

它就像一个耳朵里的“小精灵”，当外界的声音传入耳朵，这个“小精灵”就开始工作。

首先，它通过一个叫“麦克风”的小帽子捕捉声音，接着，这些声音会被“小精灵”转换成电信号，刺激耳蜗内的神经，神经将信号传递给大脑，大脑再把信号转换成能够理解的声音。

举个例子，当有“喵喵”的猫叫声，“小精灵”就会接收到这个声音，并通过电信号刺激神经“跳舞”，最后大脑就会告诉你：“哦，这里有一只可爱的小猫在叫！”由此可见，人工耳蜗与“电”息息相关。

事实上，早在1800年，意大利科学家就证实了电刺激可以恢复人的听觉，为后来的人工耳蜗技术埋下了种子。100多年后，1961年，一名美国的外科医生将金制的电极线植入患者的耳蜗内，人类第一次成功完成了人工耳蜗植入术。至此，人工耳蜗正式问世。如今，医学与科技结合得越来越紧密，人工耳蜗成为治疗重度、极重度听障人士的常规方法，也成为人类历史上最成功的仿生器官。

国家工业密码 知识拓展

人工耳蜗工作原理

人工耳蜗是目前世界公认的能使双侧重度或极重度感音神经性耳聋患者恢复听觉的唯一有效方法及装置，是多学科交叉融合发展的高科技结晶。

人工耳蜗运作原理：声音通过人工耳蜗声音处理器的麦克风输出经过内部的AD转换变成音频数据流，再通过降噪处理、编码策略生成编码数据，发射线圈将数据以无线方式输送给植入体，植入体接收相关数据后解码，并将信号传输到植入式电极阵列，进而刺激听神经，让大脑产生听觉，使用户能够感知声音。

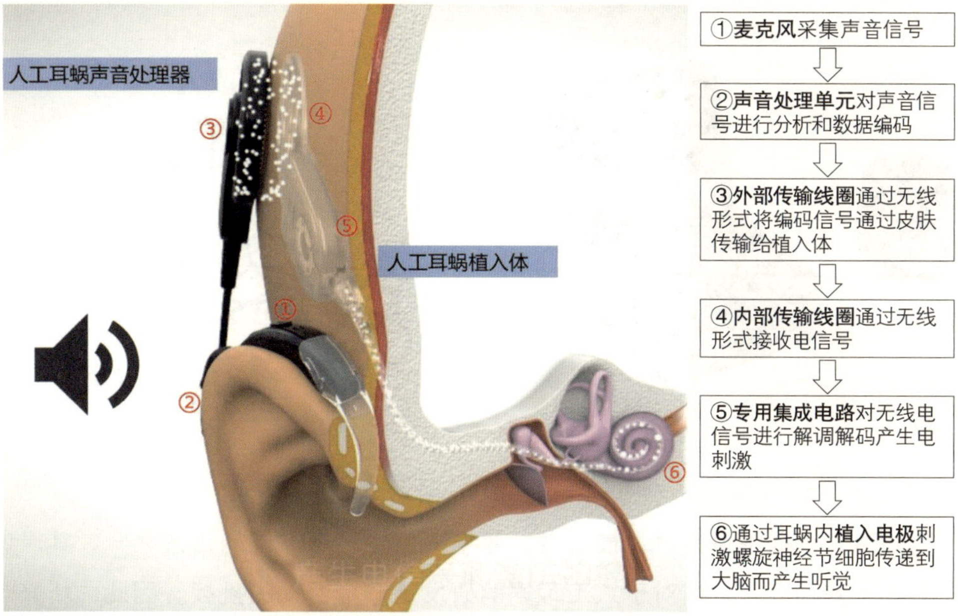

人工耳蜗工作原理

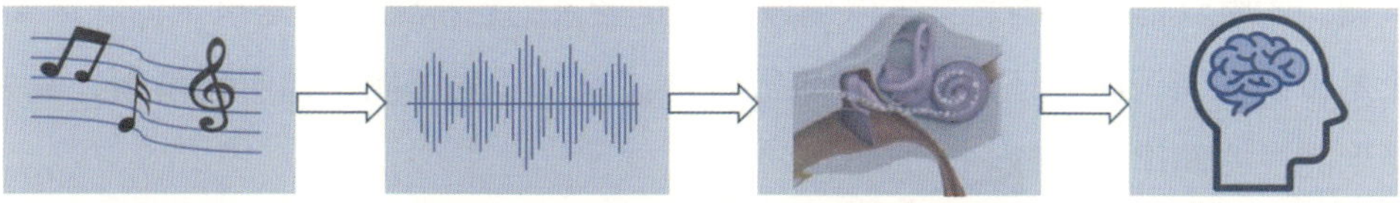

人工耳蜗听觉产生基本过程

人工耳蜗技术进入国产化阶段

1995年，随着中国首位人工耳蜗植入者出现，人工耳蜗产品正式进入中国市场。

2011年，新兴际华集团取得国内首个人工耳蜗产品注册证，标志着中国人工耳蜗技术进入了国产化阶段。虽然起步晚，国产人工耳蜗在汉语识别上却显示出了更大优势。

新兴际华集团早期一代人工耳蜗产品

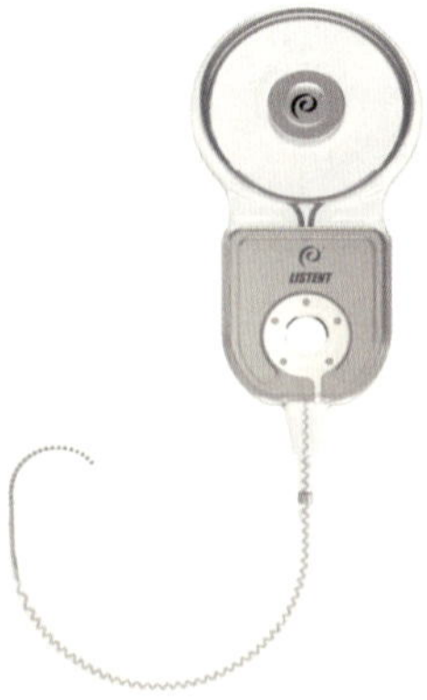

新兴际华集团力声特植入体

新兴际华集团力声特一体机

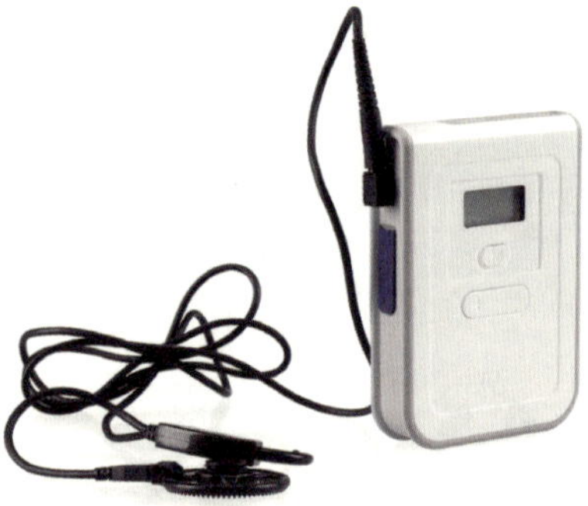

新兴际华集团力声特一代产品

要知道，汉语作为世界上最古老、最丰富，也最难掌握的语言之一，其声调和含义有着千万种变化，这对于人工耳蜗的研发是一个巨大的挑战。因此，新兴际华集团研制的人工耳蜗采用了独特的言语处理编码策略，使得耳蜗能够精准分辨汉语的声调，还原汉语的音韵之美，以确保无论是老人的慈祥话语还是孩子的欢声笑语，无论是传统的诗词歌赋还是现代的流行音乐，人工耳蜗都能帮助听者清晰、真切地感受到其中的韵律和情感。

人工耳蜗使用微小电流来刺激听觉神经，帮助恢复听觉，但电流刺激也有局限，如精确度不够高，可能会引起一些不必要的神经刺激。未来，若光学人工耳蜗研发成功，它使用激光来精确刺激耳朵里的神经，就像一把“光剑”，能够一下击中目标，而不会误伤周围的神经，这样就可以给人们提供更清晰、更自然的声音体验。

想象一下，未来可能会出现这样的场景：听力受损的朋友们耳朵里藏着一把精准的“光剑”，这把“剑”不仅帮助他们打开了这个世界的声音模式，还持续传递着光明与希望。

让生命听见声音

现如今，我国重度听障患者约为 520 万人。这个数字如同一颗颗沉默的星星，散落在无声的宇宙中。他们中仅有近 10 万人通过人工耳蜗植入重获听觉。我国开始自主生产人工耳蜗，目标就是让这种高科技设备变得更加亲民。

在保障高性能的前提下，国产人工耳蜗通过降低物料成本、降低关键部件的更新频率来增加普适性。2022 年，一个充满爱心与希望的行动“让生命听见声音——中央企业公益助残活动”正式启动，通过公益帮扶的方式唤起了社会对听障群体的关注。

新疆康复巡回活动，新兴际华集团力声特听力康复老师为植入者开机及调机

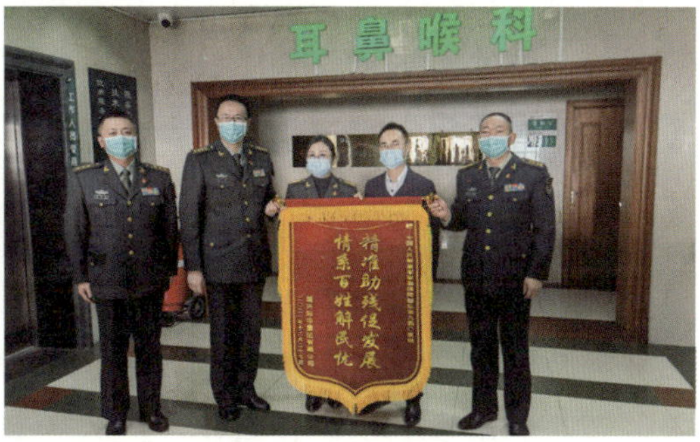

新兴际华集团帮扶救助定西残联项目手术，940 医院赠锦旗

一个活泼可爱的孩子，先天性耳聋，他的世界一直是寂静无声的。直到他接受了人工耳蜗植入手术，他第一次听到了妈妈温柔的呼唤。

一位退休工人，长期在高噪声环境下工作，听力逐渐丧失。在接受了人工耳蜗植入后，他再次听到了鸟叫虫鸣……

希望人工耳蜗的不断迭代和普及能让无声的世界重新充满爱的旋律，让每一个生命都能在这个世界上自由地歌唱。

（本篇图片由新兴际华集团提供）

扫码听书

延伸阅读 国家工业密码

科技变革奏响爱的交响乐

人工耳蜗产品的研发生产涉及生物医学、语言学、电子学、化学、仿生学等多个学科，以及信号处理、大规模集成电路、精密机械加工等多项技术，具有极高的难度。但人工耳蜗市场长期被国外企业垄断，国内听障人士想购买，往往需要支付普通家庭无法承受的昂贵费用。尤其是最核心、研发难度最高的组成部分——植入芯片——也被国外公司垄断，无法采购，更难以实现国产。

通过优化供应链、整合上下游资源，央企在推动人工耳蜗产业塑造上发挥了引领作用。新兴际华集团成功研发出在国内设计、流片、加工的，拥有完全自主知识产权的人工耳蜗“中国芯”，申请并获得发明专利 35 项，获得授权专利 139 项，有效专利 114 项，参与制定国家行业标准 6 项，实现了国产人工耳蜗听障治疗的自主创新。更重要的是，我国自产的人工耳蜗与基于英语研发的进口产品相比，更适合中国听障人士使用。如今，在上海浦东新区，拥有完全自主知识产权的 LCI-20PI 型人工耳蜗产品实现国产替代。

为了让更多的听障人士享受到科技发展带来的变革，尤其是让偏远地区的贫困听障人士能够早日回归有声世界，2022 年，“让生命听见声音——中央企业公益助残活动”正式启动。截至目前，这一项目覆盖了 50 多个央企定点帮扶县市，救助了 700 多名贫困听障人士。

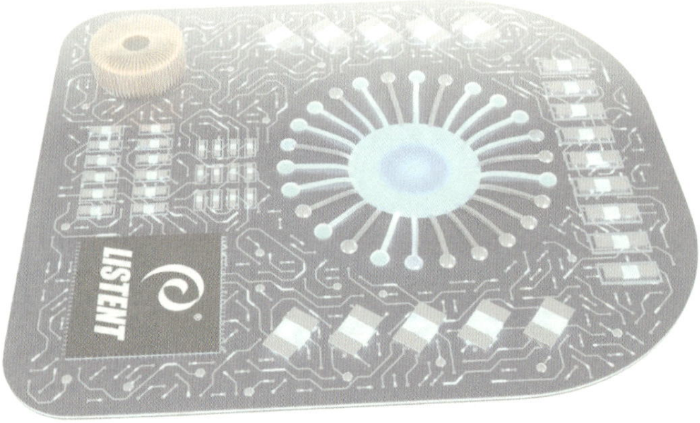

暗夜“鹰眼”

32

“眼睛瞪得像铜铃，射出闪电般的精明……”《黑猫警长》是几代人心中的童年经典，每当主题曲旋律响起，相信很多人都可以哼上两句。

事实上，如黑猫警长般“精明的眼睛”不只存在于动画片中。

在抗美援朝的战场上，中国人民志愿军以暗夜为袍、借星月之力，凭借智慧与勇气，化解了一次又一次危机。特别是“奇袭白虎团”那一战，美军都惊呆了，他们不禁感叹“月亮是中国人的”。

奇袭成功靠的是志愿军的肉眼肉身，而在当年的战场上，敌军早就用上了先进的夜视装备，这给我们敲响了警钟。

我国第一支红外变像管样管的诞生

1956 年，时任国防部部长彭德怀和副部长兼任军械部部长王树声到现兵器工业集团夜视院集团光电仪器公司的前身国营第二九八厂视察。他们带来了一支志愿军从朝鲜战场上缴获的美制枪用红外瞄准镜。这不仅是一份战利品，更是国家科技自立自强的使命召唤。

“今后要做红外线瞄准具！”彭德怀的话字字真切、掷地有声，吹响了二九八厂向高峰攀登的号角。

这条“上坡路”可不好走！硬件匮乏、技术空白、经验缺失，三座大山压得人喘不过气来。但咱中国人从来都是吓不倒、压不垮的！清除杂草、打磨地板、粉刷墙壁……二九八厂的同志们，愣是把山洞改造成了实验室，还有人用废旧设备搞出了新花样，用行动诠释了“有条件要上，没有条件创造条件也要上！”

国营第二九八厂山洞旧址

国营第二九八厂旧址外景

“取经之路，虽远必达。”时间来到 1958 年 2 月，为了攻克难关，二九八厂的技术精英们四处求学，夜以继日地学习红外变像管相关技术。

在时任中国科学院长春光学精密机械研究所副所长龚祖同的主持下，经过几个月的努力探索，研发工作终于在初夏五月迎来了初步曙光——我国第一支红外变像管样管诞生了。虽略显稚嫩，其技术性能和各项指标也还未达到预期，但样管的成功研制像一颗新星，瞬间照亮了所有人的心。那一刻，二九八厂沸腾了，朱德、郭沫若等时任国家领导人也纷纷点赞，给大家伙鼓足了劲。

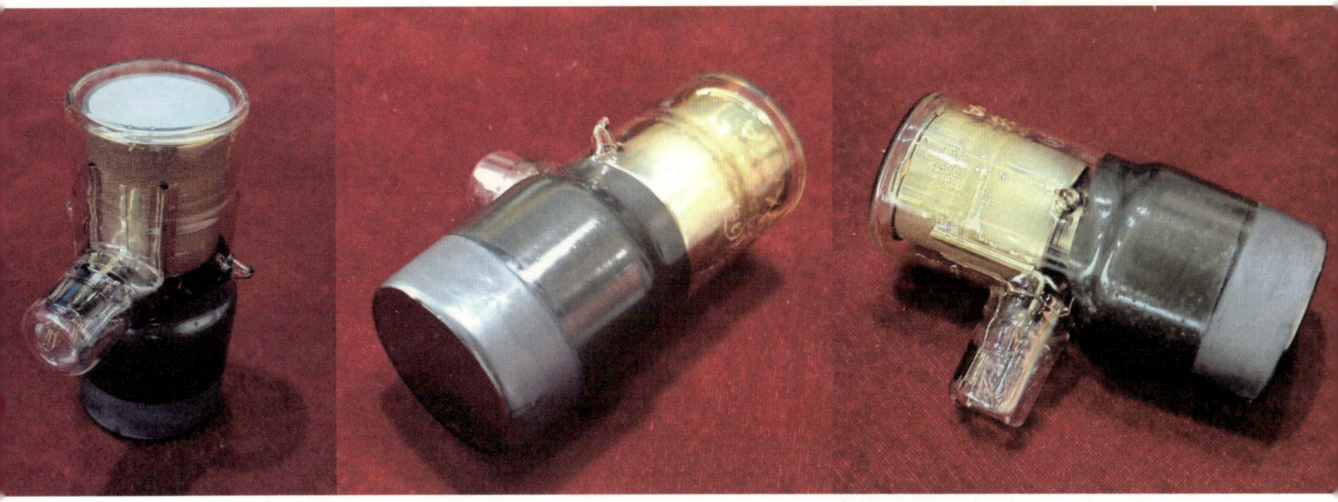

兵器工业集团夜视院集团研制的第一支红外变像管

中国夜视技术迈上新台阶

有了初步的成功，二九八厂更是火力全开。到了 1958 年末，随着技术精英们学成归来，工厂内涌动起前所未有的创新热潮。

二九八厂迅速成立了红外变像管研制组，对存在的关键性技术问题一一进行剖析，并制订方案。他们采取统一部署、分工明确的策略，对每一个技术瓶颈持续发起冲击。在制管过程中，团队开启了“智慧碰撞”的“诸葛会”，通过集思广益解决了一个又一个技术难题。二九八厂不但圆满完成了任务，还大幅提升了效率与质量，实现了零件制造的完美飞跃。

这当中最重要的就数光电阴极，说它是红外变像管的“心脏”一点也不为过，其研制就像攀登珠穆朗玛峰，稍不留神就得从头再来。二九八厂的同志们不畏艰难，以严谨的科学态度和不懈的探索精神，不断优化监测与控制方案，终于攻克了光电阴极灵敏度稳定性的技术难关，全面掌握了高性能电真空红外变像管的研制技术。

光电阴极制造现场

时间在这里仿佛失去了刻度。团队成员们以厂为家、不舍昼夜，经过近 300 天的持续奋战和 300 多次的反复试验，终于在 1959 年 9 月 5 日凌晨 2 时，迎来了历史性的时刻！第一块光电阴极面成功封装成整管，二九八厂自主研制的高性能红外变像管正式面世，这标志着中国夜视技术从此迈上了新台阶。

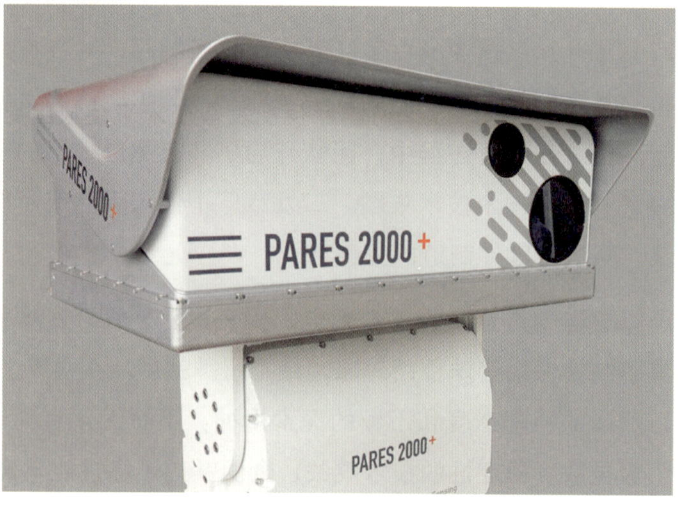

兵器工业集团夜视院集团研制的红外气体探测设备广泛应用于石油化工领域，远销中东地区

兵器工业集团夜视院集团研制的环形微通道板组件应用于北斗三号系列卫星，实现对地球同步轨道空间等离子体环境的探测，为后续卫星的设计提供数据支撑以避免由充放电对卫星表面造成的损伤

如今的夜视装备已不仅仅局限于军事领域，它们的身影也活跃在公安边防、森林防火、油田监控、工业检测、医疗 CT 等广阔民用领域，我国的夜视技术实现了从跟跑、并跑到部分领域领跑的华丽蜕变。这一跨越不仅是科技进步的见证，更是中华民族智慧与坚韧不拔精神的结晶。

回望过去，我们感慨万分；展望未来，我们信心满满。新时代的兵工夜视人，将继续站在科技兴军的前沿，用智慧和汗水，推动我国夜视技术向更高水平迈进。朋友们，让我们一起期待国产夜视装备在未来绽放出更加璀璨的光芒！

（本篇图片由兵器工业集团提供）

扫码听书

延伸阅读 国家工业密码

红外技术开创人类新视界

能够穿云透雾、被称为“火眼金睛”的红外技术，如今正以惊人的速度蓬勃发展。作为战略性新兴产业中的一颗璀璨的明珠，未来，红外技术将如何拓展人类的视野、创造新视界？我们可以一起拭目以待。

当前红外技术已经不仅仅满足于看得见，而是要向看得更清、看得更远、探测得更准跃升。兵器工业集团夜视院集团的技术专家们正在探索如何通过新材料、新工艺、新器件提升设备图像分辨率、减小设备体积、增加探测距离、提高探测器组件的工作温度。同时，随着多学科融合的不断深化，红外技术与量子技术等的结合，将掀起技术变革的巨浪。

近年来，随着红外技术的发展和成熟，该技术的应用已经大大突破了人类的观察领域。在广泛应用于航空航天等军事领域的同时，在民用领域，红外设备已深度参与工业、能源、医疗、消防、安防、石油等多个领域，以新技术、新产品为人类生命健康守护提供新的解决方案。在广袤的沙漠油田中，一台台红外气体探测设备为油田装上了“透视眼”，时刻监测着气体泄漏情况，有力保障安全生产。红外成像技术与量子技术也正在进行深度融合，将在单光子测距、成像等量子精密测量领域实现广泛应用。

2024 年，由兵器工业集团夜视院集团研制的铟镓砷短波红外探测器搭载卫星载荷成功入轨。它具有探测灵敏度高、响应速度快、制造成本较低、可常温工作等优良特点，将在卫星通信等方面发挥重要作用。

在未来，红外技术多学科融合的趋势将进一步深化，继续在消费电子、汽车、航空航天、智慧安防等领域发挥重要作用，引领我们迈向一个更加透明、更加智能的未来世界。

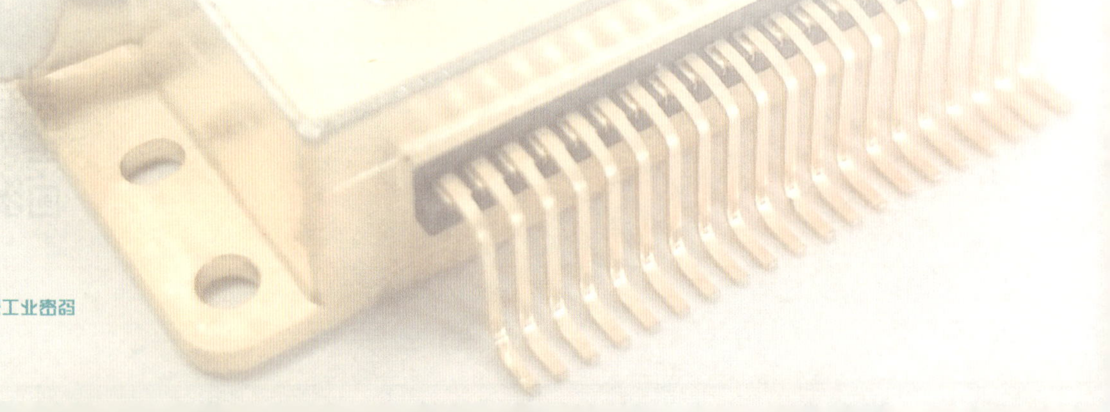

33

美味，为自己“带盐”

民以食为天，在中国人的餐桌上，盐是老百姓口中不可替代的百味之源。

量大：吃不完，根本吃不完！

在中国近现代史上，盐的生产流通是比较困难的。

以1953年以前的内蒙古吉兰泰盐场为例，当时的生产方式落后，全凭人工采盐。老一代盐工在这里住草棚、吃窝头、喝咸水，他们采盐靠的是手推小板车，一锹又一锹，一车又一车，一趟又一趟，非常辛苦。

20世纪50年代，国营吉兰泰盐场刚成立时，来自河北、山东、江苏、天津等国内海盐大省区的盐业工人组成会战大军在盐场劳动的场景

土地革命战争时期，为了将红军困死在井冈山上，敌人在各个要道拦路设卡，企图阻断井冈山与外界的物资交换，尤其是食盐和药品。为了解决红军缺乏食盐的问题，当地群众千方百计把食盐送上山去——把盐藏在竹筒内、篮子底下、双层水桶底内……电影《闪闪的红星》里，潘东子用棉衣浸湿盐水来送盐的故事就取材于这段时期的真实故事。

新中国成立后，我国的制盐业迅速发展起来，高效的机械化采盐代替了落后的人工采盐，食盐供给非常丰富。

1965年开始，国家用了十年的时间，完成了吉兰泰盐场的机械化扩建，年产量从最开始的不到1万吨增加到1990年的150万吨。从此，先进的挖盐机代替了落后的手工生产，轰鸣的火车结束了骆驼运盐的历史。

现如今，我国食用盐的产品结构是：井矿盐占87%，海盐占10%，湖盐占3%。我国的井矿盐储量非常丰富，可以实现稳定的生产供应。

我国是世界上原盐产能和产量最大的国家，哪怕是产量占比最少的湖盐，用网友的话说，够全国吃 1000 年。其实这个说法不太对，因为绝对不止 1000 年。

以新疆玛纳斯盐湖为例，该盐湖面积超过 550 平方千米，可开采资源储量预计达 10 亿吨左右。湖盐裸露于地表，开采简单，这里采出来的盐纯天然、绿色、无添加，尤其是在微量元素检测过程中首次发现了硒元素。如果按照每人每天的推荐摄入量，也就是 5 克来计算，仅玛纳斯盐湖的盐，我国 14 亿人吃 600 余年都吃不完。

新疆玛纳斯盐湖

质优：源头可溯，减盐不减咸

不仅产量遥遥领先，我国盐的质量也在不断提升。食用盐有完备的产品质量管理和风险评估体系，源头可溯，可谓“buff”叠满，为健康保驾护航。

中盐集团食盐仓库

中盐集团恒温恒湿成品库房

中盐集团机械手入库码垛系统

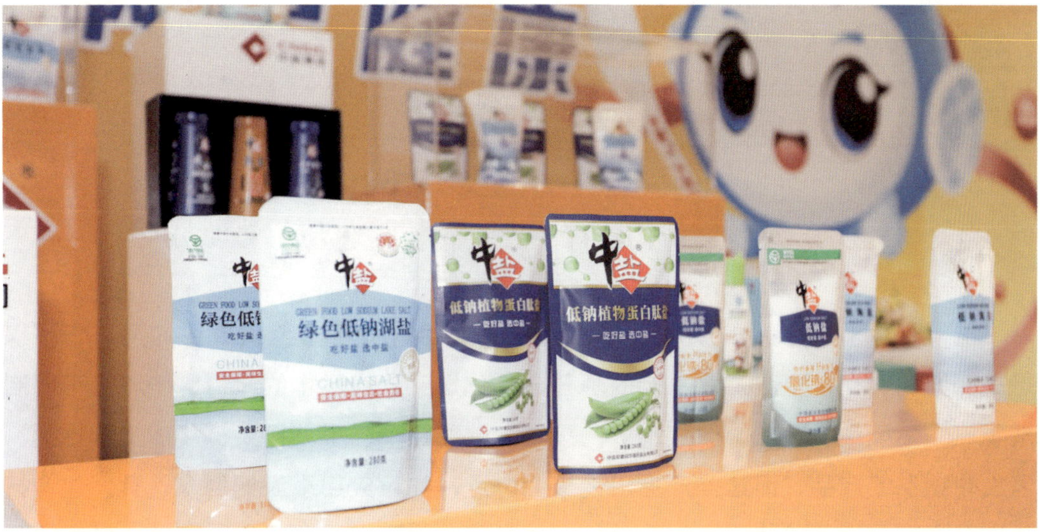

中盐集团低钠盐

在 20 世纪，碘缺乏病流行较广泛且严重。1995 年，我国实施食盐加碘措施，作为我国盐行业的唯一央企，中盐集团扛起了改进食盐加碘技术与普及碘盐的领军大旗。其实，食盐加碘分为用碘化钾与用碘酸钾两种技术，别看这只有一字之差，实际功效可大不相同。碘化钾比较“娇气”，一遇上高温高湿环境就扛不住，而我国曾经用的就是“娇气”的碘化钾。这样一来，即便是碘盐覆盖的地区，也难以摆脱碘缺乏病，比如甲状腺肿大等疾病。

后来，科研人员将目光投向碘酸钾。通过无数个日夜的不懈努力，他们逐渐掌握了碘酸钾的生产工艺。此后，我国仅用 5 年就基本在全国范围内实现了消除碘缺乏的目标，大大提高了我国国民的身体素质。

小盐粒关乎大民生。盐虽好，但也不能过量。过量食用会增加患高血压等心脑血管疾病的风险。中盐集团成功研发了“减盐不减咸”的低钠盐，既显著降低了钠含量，促进钠钾平衡，又维持了食盐口感，兼顾了大众口味需求。也就是说，盐虽减，但风味不减！让国人在吃饭的时候，不知不觉间，身体就更加轻盈健康了。

（本篇图片由中盐集团提供）

扫码听书

延伸阅读 国家工业密码

从“百味之首”到“化工之母”

盐，这个看似平凡的物质，却在我们的生活中扮演着至关重要的角。它不仅是美味的调味品，更是工业生产的基石，是化学工业最基本的原料之一。盐可以制成氯气、金属钠、纯碱（碳酸钠）、重碱（碳酸氢钠、小苏打）、烧碱（苛性钠、氢氧化钠）等产品，而这些产品用途极为广泛，如可应用于人们的衣、食、住、行等诸多方面。由盐转化而来的纯碱是制作光伏玻璃不可或缺的原料；通过电解饱和食盐水制造的烧碱可以在造纸、印染和石油提炼中去除杂质；常见的塑料聚氯乙烯（PVC）也是通过电解食盐水产生的氯气制造而成的……因此，人们把盐称为“化学工业之母”，其在国民经济中的地位举足轻重，应用终端涉及基建、地产、交通运输、电力、冶金、食品、纺织、国防、医药等众多国民经济领域。

中国的年盐产量约1亿吨，约占世界盐产量的30%，但仅有资源的厚度，没有产业链的长度，资源优势难以充分发挥。20世纪90年代初，国家放开了工业盐价格，受海盐产能大幅增加的影响，工业盐市场竞争十分激烈，产品单一的经营风险威胁着企业的生存与发展。为了改变这一局面，中盐内蒙古化工经过多年建设，由单一的制盐向盐化工发展，以盐为基础建成集制盐、盐化工、精细化工、高分子材料、建筑材料、生物制药于一体的循环经济产业链，让资源变原料、原料变材料、材料变产品。

如今，小小一粒盐乘上产业链“快车”，升华成一个个化工产品，从我们的舌尖走向生活的方方面面。

34

最有味道的
“太空传奇”

1980 年 5 月 18 日 10 时整，西北边陲的大漠深处，大地震动、黄沙飞扬，响声震耳欲聋……29 分 57 秒之后，我国第一枚远程运载火箭成功发射，分毫不差地落到了南太平洋预定海域。举国沸腾！

远程运载火箭发射升空

人民日报 号外

我国向太平洋预定海域发射的
第一枚运载火箭获得圆满成功

新华社北京五月十八日急电 一九八〇年五月十八日上午，我国向太平洋预定海域发射的第一枚运载火箭获得圆满成功。

我国发射的第一枚运载火箭命中海域示意图

1980 年 5 月 18 日《人民日报》号外：中国第一枚远程运载火箭发射成功

我们为什么这么兴奋？因为这可是跨越了 9000 多千米的精准发射！至于为什么如此精准，就不得不提一个重要的装置——姿控发动机，它是用来调整火箭飞行姿态、控制火箭落点的。少了它，这枚远程运载火箭就像无头苍蝇，随时可能偏离轨道，甚至可能在空中横飞折断。让人想象不到的是，姿控发动机如此重要的装置，竟然有一段“厕所奇缘”。

怎么回事儿？故事还得从 1969 年底说起……

厕所化身试验室

秦岭深处，这里是红光沟航天六院旧址，也叫 067 基地。当年，我国第一枚远程火箭发动机就在这里紧锣密鼓地研发着……

航天界的“拼命三郎”傅永贵被一道命令送到了红光沟，任务就是攻克姿控发动机的难题。理想很丰满，现实很骨感，姿控发动机试验室还没有建成，临时搭建的草棚试验室又太远，每天耗在路上的时间足足有三四个小时，这可把傅永贵急得团团转。

正在一筹莫展之际，傅永贵踱步到窗边，一抬眼就看到河沟旁一座孤零零的厕所。“啊呀，那里也可以用嘛！这厕所就用过几次，打扫打扫不就是现成的试验室吗？”男厕所当测控间和装配间，女厕所当试验间。

科研人员自己动手搭建草棚

听到地点有着落后，同事们都兴奋地行动了起来。掏粪坑、装玻璃、接水电……一场轰轰烈烈的“厕所大改造”，硬是把这“小小茅房”改成了“科技摇篮”。

催化剂“不听话”、发动机“闹脾气”，在经历了不计其数的大小爆炸后，试验室同事们之间的鼓励依旧暖心：“别灰心，等咱们研制成功了，总有一天，咱们国家的年轻一代，甚至美国、苏联都会惊叹，中国人竟是在如此简陋的‘厕所试验室’里研制出了先进的远程火箭姿控发动机！”

科研事业背后的力量

用厕所改造的试验室空间狭小，密封性不好，试验用的原料含毒性高，不断分解出有刺鼻气味的有毒气体，熏得人头晕、想吐。

上班有种种难题等着傅永贵解决，下班也遇到了小问题。

“你出去！”妻子实在忍不住了。傅永贵一回到家，家里人个个被熏得皱起了眉头。“咋的，还不让吃饭了？”试验又失败了，本就有些郁闷的傅永贵，一回家就吃了个闭门羹，心里更是憋屈。

“你出来，把身上的衣服换换，擦洗一下再进去。我倒没啥，家里孩子们都小，别对他们的健康造成啥影响！”

妻子又好气又好笑，把傅永贵拉到门外，心疼地说：“哪里是不让你吃饭了？你洗干净了再吃，你试验辛苦，我给你做了好吃的！”

从首都北京到秦岭深山，要说当时的条件，能有什么好吃的呢？不过是白菜、豆腐之类的家常菜，可妻子的一片心让傅永贵受挫的心又温暖了起来。

十年磨剑终成锋

就这样，在这个临时的“厕所试验室”里，一试就是 10 年，傅永贵、王文秀等人考证了新的催化剂材料，设计出了推力室隔热方案，圆满解决了发动机多次启动的难题，使启动、关机时间实现了精准控制。姿控发动机终于在这间“厕所试验室”里研制成功了！

1980 年 5 月 18 日，中国第一枚远程运载火箭发射成功，厕所里诞生的姿控发动机，显示出了良好性能：火箭落点误差远低于此前要求的误差指标。一位外国专家听后感慨地说：“厕所里搞试验，这恐怕在世界航天史上也是奇迹！”

长征二号 F 运载火箭执行“神舟十九号”发射任务

长征七号发射“天舟二号”货运飞船

长征十二号火箭转运

时至今日，那个被岁月镌刻成为传奇的“厕所试验室”早已成为特别的精神符号。简陋与困境从来不能阻挡住一心向上的航天人。如今，那些由远程运载火箭发动机衍生出的长征系列火箭，都是对这段传奇的致敬与延续，它们无一不讲述着中国航天人的智慧与汗水，书写着属于中国的“太空传奇”。

（本篇图片由航天科技提供）

扫码听书

延伸阅读 国家工业密码

秦岭深处的航天精神发源地

在秦岭深处，有一个名为红光沟的地方，这里不仅是“中国航天液体动力之乡”、航天精神的重要发源地、航天液体动力文化的孕育地，更是航天科技六院院魂“一定要赶上和超过世界先进水平”的诞生地。在这里诞生了我国航天史上无数个第一：第一台远程火箭发动机、第一台姿态控制发动机、第一台高空二次启动发动机、第一台大推力无毒无污染绿色环保发动机……这里研制的各型号发动机圆满完成了我国重大航天发射任务，为中国航天事业的发展做出了突出贡献。

2024 年 5 月，长征五号遥八运载火箭携带着“嫦娥六号”冲破天际，开启了奔月的征程。“嫦娥六号”是迄今为止我国研制的最为复杂的航天器系统之一，航天科技六院研制的推进分系统为其提供了轨道器推进子系统、着陆器推进子系统和上升器推进子系统，它们由 3 台轨控发动机、74 台姿控发动机以及 200 余台配套单机组成。其中，1 台 7500 牛变推力发动机负责月面软着陆，2 台 3000 牛发动机则分别用于“在轨刹车”和月面起飞。这些发动机如同“嫦娥六号”的“肌肉”和“神经”，帮助它在太空中完成一系列高难度动作，最终成功抵达“月宫”，并带着“土特产”返回地球。

在如诗如画的嘉陵江源、秦岭南麓的大山深处，老一辈航天科技六院人用青春、热血甚至生命，讲述着自力更生、勇攀科技高峰、为国铸剑的故事。红光沟不仅是技术的发源地，更是航天精神的象征。如今，依托这片旧址，航天科技建设了国家级红光沟航天精神文化区。虽然当年的科研场所已经搬迁，但航天精神依然在这片热土上延续。从“嫦娥一号”的首次踏梦而行，到“嫦娥六号”的月背而归，中国的登月步伐不断加速，飞天梦从神话照进了现实。

红光沟的故事不仅是中国航天液体动力的传奇，更是无数航天人默默奉献、勇攀科技高峰的缩影。每一次火箭的升空、每一次探测器的成功着陆，都是对这片土地和这群人最好的致敬。红光沟，这个隐藏在秦岭深处的“中国航天液体动力之乡”，将继续为中国航天事业注入源源不断的动力，推动我们的航天梦飞得更高、更远。

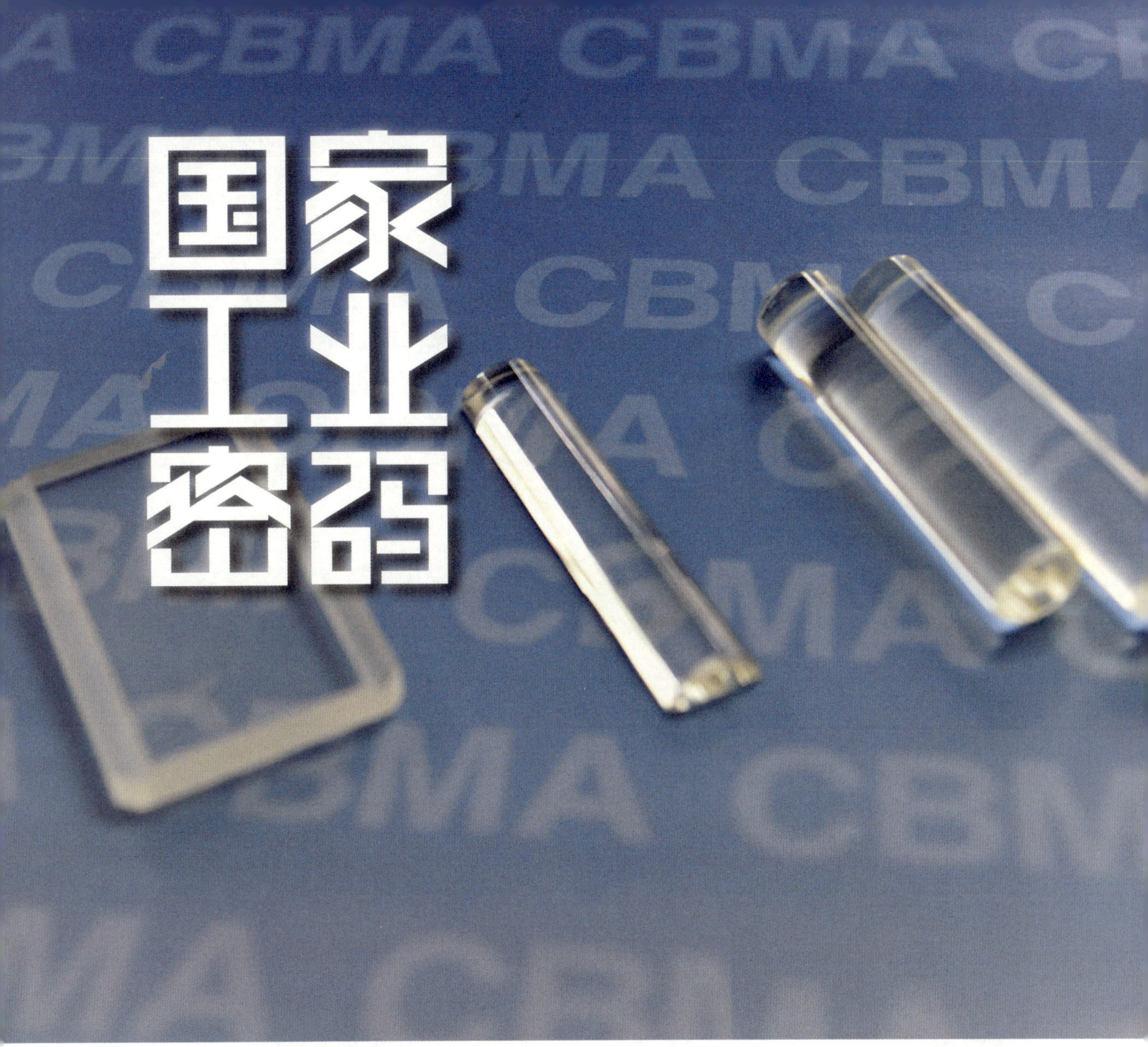

35 送你一颗最坚硬的“玻璃心”

提到石英石，大家可能会想到家里厨房的灶台台面，这好像也没什么稀奇的。

石英玻璃这一名字听起来虽和石英石差不多，却大有来头。你对它了解多少？它又是如何诞生的呢？

在北京市朝阳区东五环，有一座平实质朴的院落静静隐匿于闹市之中。这里是新中国第一家建材科研机构，中国建材所属中国建筑材料科学研究总院（以下简称“中国建材总院”）。推开总院展室的木门，映入眼帘的是一系列令人瞩目的创新成果，诉说着这个平凡院落的厚重与积淀。在众多展品中，一款泛着蓝色的石英玻璃尤为引人注目，它就是新中国第一块零膨胀石英玻璃激光管。也正是因为它的出现，才有了现在的“玻璃之王”石英玻璃。

中国建材总院

中国石英玻璃从无到有

石英玻璃由二氧化硅单一组分构成，其微观结构由二氧化硅四面结构体结构单元组成的单纯网络构成。石英玻璃具有耐高温、低膨胀系数、透光性高、电绝缘性好、机械性能强等独特性能，被称为“玻璃之王”。

听起来是不是特别高大上？但这么高级的材料从无到有，从刚刚萌芽到长成参天大树，至今还不到 80 年的时间。

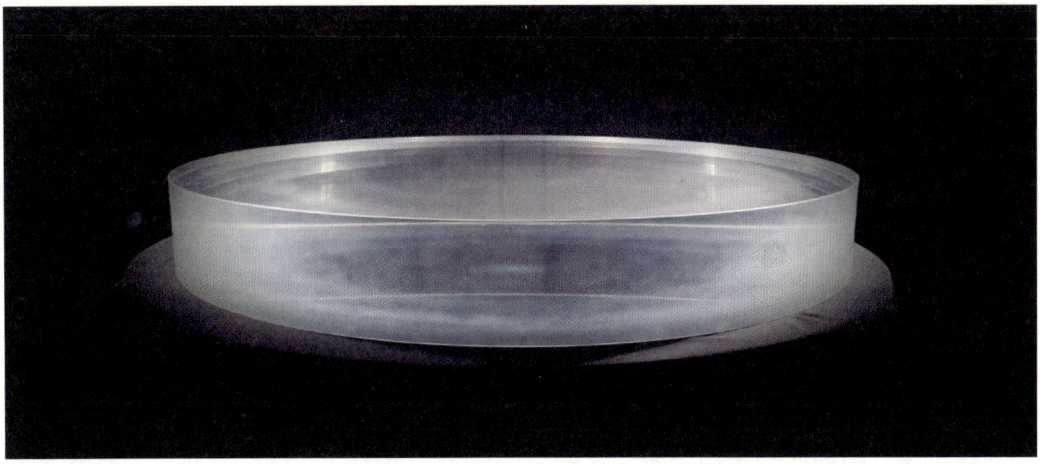

大尺寸石英玻璃

20 世纪 70 年代初，为满足我国高精度稳频激光器对低膨胀石英玻璃的急需，中国建材总院石英人利用上海吴泾砖瓦厂的化工废弃物四氯化硅和氢气资源，采用化学气相沉积掺杂技术，成功研制出掺钛的合成石英玻璃。在 20 ~ 100℃时膨胀系数仅为 0.2×10^{-7}/℃，因此石英玻璃是无机非金属材料中膨胀系数最低的材料。

在这场充满挑战的科研旅程中，团队成员们相互激励，将枯燥的数据分析变成了寻找宝藏的珍贵线索，将无数次的失败看作找到宝藏前的曲折小径。

终于，在无数次的尝试与突破后，1974 年的一天，中国建材总院石英玻璃研究室成功研制出了属于中国的零膨胀石英玻璃。这就像在浩瀚的科技海洋中发现了一座全新的岛屿，闪烁着耀眼的光芒。

激光用石英玻璃荣获“六五”国家科技攻关表彰（左一为中国工程院院士顾真安）

耐辐照石英玻璃诞生

时间很快来到了 1987 年，随着我国各领域技术的突飞猛进，相关行业对石英玻璃的需求也越来越高。当航空航天的呼唤穿越浩瀚星辰落在中国建材总院的肩头，又一场挑战悄然降临。研发一款能经受住宇宙射线考验而不变黑，同时又能精准过滤紫外线的特殊石英玻璃，这不仅是一块玻璃的使命，更是中国科技、中国航天自立自强的宣言。顾真安院士再次挺身而出，接过了这块难啃的“硬骨头”。

在他身边的陈文彩作为得力助手，见证了这段不平凡的历程。回忆起那段日子，陈文彩的眼中闪烁着光芒。他深知，耐辐照与滤紫外线，这两个看似矛盾的需求，如同科学迷宫中的两把长剑，考验着团队的智慧与毅力。“探险队长”顾真安深入研究元素周期表，逐一剖析，最终找到了那把解锁矛盾的钥匙：一种既能过滤紫外线又能保持高纯度的关键元素及其完美配比。

终于，在 1993 年，耐辐照石英玻璃诞生了。它不仅填补了国内空白，更相继伴随“北斗”“神舟”“嫦娥”系列航天器遨游太空，见证了中国航天事业的辉煌成就。

石英玻璃

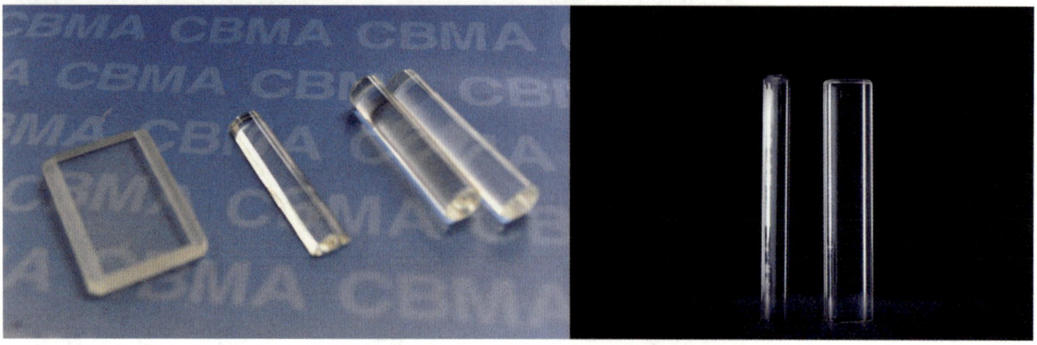

耐辐照石英玻璃

如今，中国建材总院石英人肩负着传承与创新的双重使命，在国家的大力支持下，他们不仅继承了老一辈的光荣传统，更在工艺设备、生产效率、产品质量等方面实现了质的飞跃。回望过去，石英石在一代代石英人的手中完成了从“自然之石”到“科技之光”的崭新蜕变。

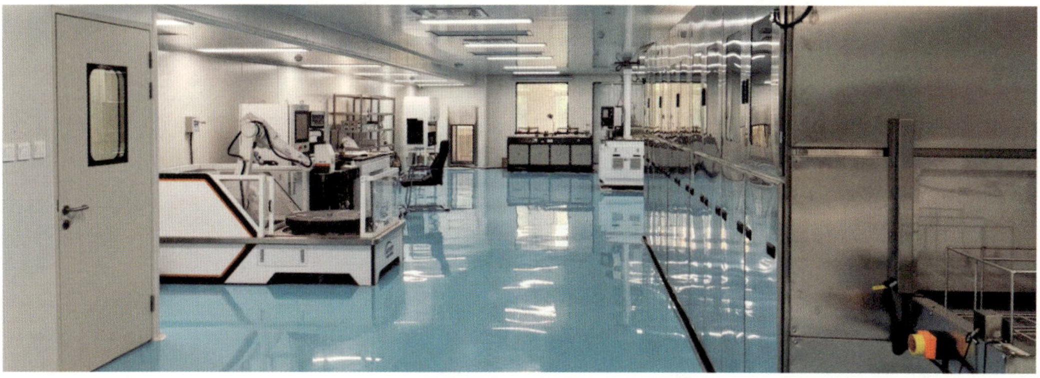

中国建材高纯石英玻璃加工车间

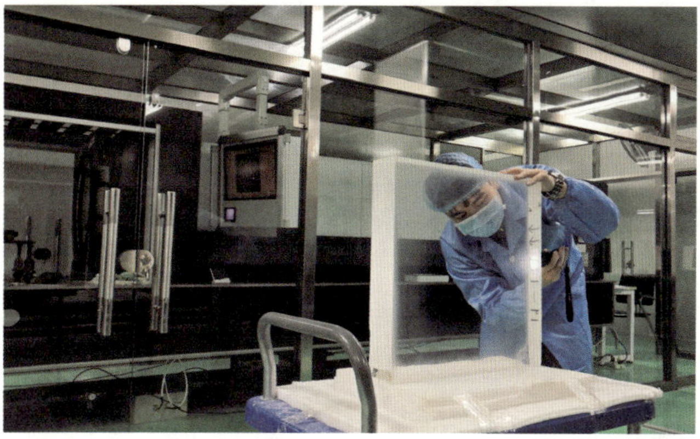

中国建材大尺寸石英玻璃下线

展望未来，石英玻璃也将不断迎接新的机遇和挑战。让我们共同期待，中国石英玻璃将以独特的魅力和卓越的性能成为连接现实与未来的桥梁，为世界科技进步贡献璀璨夺目的中国色彩！

（本篇图片由中国建材提供）

扫码听书

不可或缺的“玻璃之王”

石英玻璃的成分是单一组分的二氧化硅，凭借其独特的耐高温、低膨胀系数、高透光性、优良电绝缘性和机械性能，在航天、半导体、精密光学等众多领域中大放异彩，被誉为“玻璃之王”。

航天器上天用作轨道和姿态控制的太阳敏感器，前端的光学“窗口”要保证在宇宙射线照射下也不变黑，普通玻璃根本做不到。中国建材的明星产品耐辐照石英玻璃就具有登上航天器的好本领，比如“嫦娥六号”上的高纯辐照石英玻璃，神舟飞船上的截紫外耐辐照石英玻璃等，有效保障了航天器在天空中的稳定运行。

在半导体制造过程中，石英玻璃也以其卓越的化学稳定性和热稳定性，成为制作各种精密部件的理想材料。从晶圆加工的扩散炉、刻蚀机，到集成电路封装中的封装管壳，石英玻璃的身影无处不在。它不仅能有效抵御高温下的化学反应，保持部件的精度和稳定性，还能在极端条件下保持材料的纯净度，为半导体器件的性能提供坚实的保障。

在半导体生产线的关键环节——光刻工艺中，石英玻璃也发挥着至关重要的作用。高透光性石英玻璃能够确保激光束在传输过程中不发生畸变，精确地将图案投射到硅片上，从而确保芯片制造的高精度和高良率。

随着5G、物联网、人工智能等前沿技术的兴起，对半导体器件的需求预计将不断增长。作为关键材料之一的石英玻璃，也将面临更多的机遇与挑战。中国建材正围绕半导体石英产业链进行布局，从石英矿、石英砂、石英玻璃到石英玻璃制品，形成了一条完整的产业链。新一代石英玻璃研发者正专注于提升材料性能和加工精度，以适应更高级别的技术需求。同时，他们也在积极探寻石英玻璃在未来产业、新能源、数据存储等新兴领域的应用潜力，不断拓展这一神奇材料的应用边界。

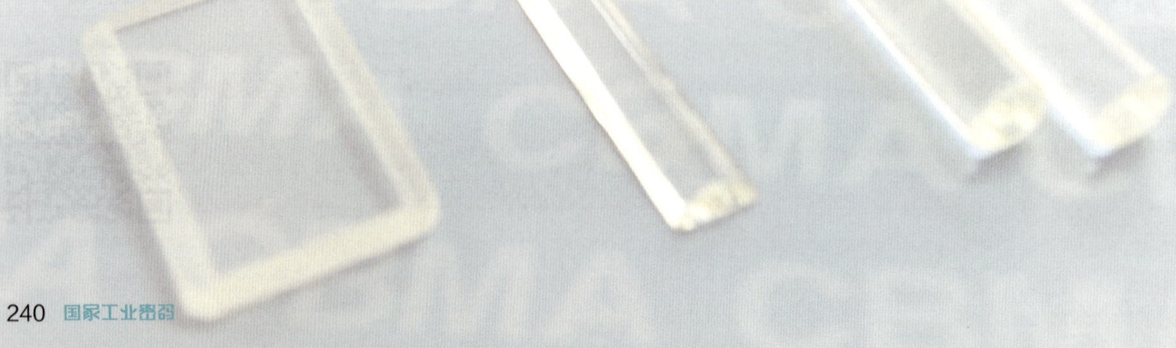

36

战场“二踢脚”，一夫当关，万夫莫开

2019年10月1日，年近八旬的国营第五一三七厂退休职工赵芳，守在电视机旁，聚精会神地收看庆祝新中国成立70周年阅兵直播。当远程箱式火箭炮方阵作为我国第四代火箭炮的代表首次亮相，徐徐驶过天安门广场时，他眼中饱含热泪，一字一句哼唱起曾经流传的歌谣。

兵器工业集团研制生产的远程箱式火箭炮亮相庆祝新中国成立70周年阅兵

第二次世界大战中，“喀秋莎”火箭炮一战成名。自此，火箭炮成为世界各国竞相发展的一种重要武器装备。

时针拨转至1969年，在一片山沟河滩上，在国营第五一三七厂302工房里，赵芳和战友们共同见证了新中国历史上第一门107毫米火箭炮的诞生……

不畏艰苦，工厂崛地而起

当年，国营第五一三七厂在湖北省光化县选址定点，也就是现在的老河口市，一批赤胆忠心的先驱者从五湖四海赶来。

建设者进行技术攻关

生产作业场景

作业人员进行表面处理

刚到苏家河，第一件事就是打水井、挖地基。当地晴雨常交替，崎岖无平地。大家住的是帐篷，睡的是草席，吃的是苞谷、洋芋。条件再苦，也没有人打退堂鼓。

在工厂建设初期，面对自然条件复杂等难题，地勘工作者灵活采用“边设计、边施工、边安装、边生产”的方式，仅用一周时间便建起了铸造和锻造工房。400多平方米的带锯房从设计到调试生产，也只花费了一个月的时间……

争分夺秒，创造“军工奇迹”

“基建要搞好，生产也抓紧，今年必须投产！”工厂指挥部的一纸军令状，拉开了新中国第一门火箭炮的生产大幕。

为了尽快拿出产品，生产准备组调集精兵强将，分工协作、分秒必争。缺少图纸，技术组想办法从西安调来设计工艺资料和全体零部件图，到手后立即消化学习。缺少设备，现场组找渠道借用原光化县工厂里的老旧设备，合力搬进车间组装调试。缺少工具，工人群众自己动手焊制工具箱、工作台，制作简易的工装量具，生产现场成了劳动人民发明创造的舞台。

设计图纸对生产要求很高，上装的炮管可手动拆卸，必须保证装配的精度，任何一道工序达不到技术要求，都无法实现核心功能。

1969 年 12 月的苏家河正值隆冬时节，在江山 302 工房里，却是一片热火朝天的景象。

研发人员不眠不休，在现场扎了根，大家千方百计克服困难，重新校正每个环节，反复优化各种参数，最终在结构尺寸上实现了上不过颈、下不过臀、宽不过肩、重心贴身，让产品更加人性化、更满足实战需求。

第一门火箭炮进入最终装配阶段。拧螺丝、焊框架、搬炮管……大家不分昼夜坚守岗位，渴了喝几口凉水，饿了啃几口馒头，困了靠在墙边打个盹儿，足足熬了七八个日夜。谁能想到在这设备老旧、条件艰苦的红砖厂房里，江山机械厂的研发人员们创造了“当年定点、当年产出”的军工奇迹，成为三线建设时期的典范。

从“横空出世”到“迭代升级”

“成了！”一声呐喊响彻山沟河滩。所有人的疲惫与饥寒一扫而光，大家马不停蹄赶到汉江边的沙滩上，冒着凛冽寒风进行实弹试验。当炽热的光芒从眼前划过时，所有人激动地紧紧拥抱在一起，喜悦的泪水夺眶而出：第一门 107 火箭炮在我们手中诞生了！

作为我国第一代火箭炮的代表，快速、灵活、机动是它的制胜法宝，进入山地、水网等复杂地形时，拆解后单部件不超过 30 千克。同时，107 火箭炮火力猛烈、覆盖面大，给敌人以巨大精神震慑，被誉为“游击战三大神器”之一。

新中国第一门 107 火箭炮

从第一代火箭炮开始，五一三七厂人瞄准世界一流，自主研制了 03 式 300 毫米远程多管火箭炮、11 式 122 毫米轮式和履带式火箭炮、远程箱式火箭炮等装备，实现了从仿制到自研、从无控到有控、从近程到远程的迭代升级。

兵器工业集团研制生产的 03 式远程火箭炮

“我们把最美的年华都献给了国防事业，但我们无悔。如果祖国再有号召，我们依然会义无反顾作出这样的决定！”2021 年，赵芳老人入选全国革命文物讲述人。

如今的他作为特约讲解员，为一批批来自全国各地的新入职国防科技青年深情讲述着第一门 107 火箭炮背后的故事。年轻人也将接过前辈手中的接力棒，奋力绘就新一代先进武器装备的宏伟蓝图。

（本篇图片由兵器工业集团提供）

扫码听书

延伸阅读 国家工业密码

从“火力不足”到“量大管饱”

“敌机轰炸，一发炮弹一条命，63 军只能死扛……”

电影《志愿军：存亡之战》里的台词慷慨悲壮。

中国人深知战争的残酷和胜利的不易，也明白在战争年代，如果武器装备跟得上，我们无疑会更快取得胜利、更少付出代价。

“没有枪，没有炮，我们自己造。”正是这种信念激励着一代又一代兵工人踔厉奋发、艰苦创业。新中国成立以来，兵器工业集团在国防科技工业领域中率先建成了门类齐全、专业配套、独立完整的装备研制生产体系，以 63 式 107 火箭炮、63 式 130 火箭炮为代表的陆军火力打击武器扬威沙场，为边境作战等一系列胜利提供了有力保障。

如果说以往对火箭炮的机动性及毁伤范围强调较多，如今需要它跑得更快、火力更猛、打得更远也更精准。如今的火箭炮“武功”不断精进，其本领早已今非昔比。

2024 年 11 月，在第十五届中国国际航空航天博览会上，以 AR3 远程火箭炮武器系统为代表的明星装备，不仅展现出我国外贸武器装备的最高水准，同时带来了一系列有人 / 无人协同作战的新能力以及体系化、信息化、智能化、无人化方面的新成果，让火箭炮在未来战场持续“翻云覆雨”成为可能。

“长缨在手、量大管饱。”这是东部战区于 2024 年 5 月在台海地区开展联合演习时打出的震慑口号，也传达出一个信息——我国国防工业的科技创新、自主研发和先进制造能力，已经达到一个前所未有的水平。军迷朋友圈调侃的“火力不足恐惧症”已然彻底成为历史，新一代的国之重器们，必将筑起千家万户幸福生活的钢铁长城。

37

长安，何以少年？

长安汽车，这个品牌很多人都非常熟悉。它的前身是1862年成立的上海洋炮局。为什么一个163岁的车企走到今天越来越年轻？

接下来给您讲三个故事。

苦难中，挺起脊梁

第一个故事，是苦难。

1937年的深秋，硝烟弥漫，战火连绵。兵器装备集团长安汽车的前身——金陵兵工厂正在经历一场生死搬迁。

1937年金陵兵工厂（兵器装备集团长安汽车前身）从南京西迁重庆

日本打进来了，运送机器设备的任务落在金陵兵工厂全体员工的肩上，大家要赶紧把物资运到重庆去。

从南京出发，逆江而上，水路2500公里，水下激流险滩，天上敌机轰炸，背后军舰追击。

最惊心动魄的一幕发生在宜昌。设备被炸得沉到了江底，很多工人身上绑着绳子，跳到河里去，把绳子套在设备上，再由岸上的工人把设备从江里拉起来，日本人的飞机死盯着岸上的员工轰炸，很多员工牺牲在这场战役中。

金陵兵工厂（兵器装备集团长安汽车前身）员工运送机器设备

全厂职工有一个共同的信念：人在，机器设备要在；人不在，机器设备还得在。

仅仅 3 个月，金陵兵工厂的 4300 吨器材就运抵重庆，这是一次伟大的壮举。

彼时，厂子更名为“兵工署第二十一兵工厂”。在烽火连天的战争年代，它先后遭到 14 次轰炸，7 名职工为国捐躯，即使是在这样的绝境中，第二十一兵工厂并未因为搬迁、被轰炸而减产，反而为抗日前线生产了 60% 的枪炮弹药，成为当时中国最大的兵工厂之一。

挑战中，彰显担当

第二个故事，是勇敢。

1957 年，长安厂临危受命，制造新中国第一辆自产吉普车，这台车将在庆祝新中国成立 10 周年典礼上亮相。

然而，摆在长安人面前的情况是，技术一穷二白，设备一无所有。

事实证明，百战铁军，打得赢战争，又何惧造车。

1958 年，长安人开吉普车在张家口做路试（长安汽车《致敬造车四十年》系列短剧剧照）

1958 年，长安人制造吉普车的场景（长安汽车《致敬造车四十年》系列短剧剧照）

没有图纸，那就手工测量；缺少模具，那就用锤子，从第一次到第一百万次去塑形；条件艰苦，也要精雕细琢，新中国的第一辆吉普车，必须闪亮登场。

这台车是老工人们一锤子、一锤子敲出来的。从零部件到车外壳，全是手工制作。

1958 年 5 月，第一辆样车完工。因为诞生在长江边，长安人就给它取名为“长江牌”。

庆祝新中国成立 10 周年阅兵式上，20 辆“长江牌”46 型吉普车领衔开道

1959 年 10 月 1 日，在庆祝新中国成立 10 周年阅兵仪式上，20 辆“长江牌”46 型吉普车如约而至，整齐划一地驶过天安门广场，接受祖国和人民检阅，气势非凡。

变局中，初心不改

第三个故事，是年轻。

2006 年，“文艺之都”意大利都灵的街头出现了几个中国年轻人，他们走进了一个安静的工业区，映入眼帘的“长安汽车”四个汉字尤其显眼。这一年，长安汽车都灵设计中心正式成立。

这里集结了 199 位来自世界各地的优秀设计师，主要负责长安汽车车辆的外观造型和整车开发。在艺术底蕴深厚的亚平宁半岛，都灵用时尚的灵魂与长安汽车进行融合，国产品牌长安的自主创新、自主研发之路越走越远。

如今，除了都灵研发中心，长安汽车在横滨、底特律、伯明翰等海外城市也设立了研发中心，已形成“六国十地”研发格局，全球 24 小时不间断协同研发，用一辆辆兼具现代感和实用性的车型，壮大了长安汽车的产品矩阵。

兵器装备集团长安汽车全球造型设计团队

中国汽车制造业的历史上不只有长安。进入 21 世纪，中国汽车快速发展，产销量逐年递增。

2010 年，我国成为世界最大的汽车产销国。近年来，中国新能源汽车更是强势崛起，领跑全球。

2023 年，我国汽车产销量首次均迈上 3000 万辆台阶，跃升为全球最大的汽车出口国，其中，新能源汽车产销量占全球的比重超过 60%，连续 9 年位居世界第一。新能源汽车企业正加快“走出去”的步伐，在世界的舞台上展现中国智造的魅力。

兵器装备集团长安汽车进军飞行汽车领域

兵器装备集团长安汽车数智工厂

讲完上述三个故事，我们已经跨越了 163 年的时光。都说一汽、长安、东风、北汽、广汽等车企是“老字号”，什么是“老字号”？是薪火相传，是与时俱进，是历经年岁依然鲜衣怒马的少年郎。长安的故事也是中国汽车工业发展的辗转车辙，困难不足惧，没有什么力量可以阻挡我们前进的步伐。

（本篇图片由兵器装备集团提供）

扫码听书

延伸阅读 国家工业密码

智能制造引领汽车产业新未来

智能制造能够有效促进产业和资源要素的融合，推动形成以科技为引领的生产力，为制造业的高端化、智能化、绿色化发展提供支撑。如今，中国已经有部分的汽车企业通过大数据、5G、AI 等新科技，逐步实现绿色化、数智化发展，长安汽车就是典型代表之一。

走进 2024 年 11 月 24 日正式投用的长安汽车数智工厂，这里几乎看不到工人的身影，取而代之的是一系列高精度、智能化的机器人和自动化设备。在数字系统的指挥下，机器人不仅能够高效地完成焊接、冲压、涂装等工艺流程，还能通过传感器和控制系统实现精准的定位与协同作业。

这一切是如何实现的？秘诀就在于产业链上下游的开放合作。华为为工厂构建了云底座、生产网络设备及生产数字平台，中国联通了提供创新的 IoT 平台，实现 5G+Wi-Fi6 全工厂覆盖，使整个工厂得以联网联云，并与各生产系统软件数据实现了深度融合。

这些不同源头、不同格式的软硬件数据，在大数据技术的处理下被统一标准化，从而彻底打通了工厂内部的软硬件数据流动渠道。大数据分析以及人工智能对海量数据、知识的学习，让工厂变得越来越“聪明”，不仅能实时感知生产状态，预测生产趋势，还能根据历史数据和用户反馈，不断优化生产方案，提升产品质量和效率。

这座“聪明”的工厂也是一座绿色工厂，目前已建成装机容量 36 兆瓦、26 万平方米的分布式光伏发电系统，预计年发电量达到 2600 万千瓦・时，相当于工厂总用电量的 19%，可年减少碳排放当量约 2.4 万吨。

长安汽车数智工厂不仅展示了中国汽车制造业的先进水平和创新能力，也描绘了一个更加美好的未来出行图景。

国家工业密码

38

2000车皮大豆，能换来什么？

国家工业密码

2000车皮大豆能换来什么？

九米立车如岁月之笔 绘就中国工业的宏伟蓝图

2000 车皮大豆是个什么概念?

1957 年，2000 车皮大豆是中国两个农业县一年的生产总值。

然而就在当年，我们用 2000 车皮大豆换回来一个“宝贝”——一辆 9 米立车。

2000 车皮大豆换来一个“宝贝”

2000 车皮大豆换来了一辆 9 米立车，这是一辆立式的车床。车床是什么呢？简单来说，车床是给零件做“整形”手术的，抛光、钻孔、螺旋纹、滚花等交给车床，保证完成任务。

哈电集团电机公司 9 米立车

新中国成立初期，国家正大力发展水电工业。然而，水电机组的零件都非常大，普通车床根本放不下。为了匹配当时的建设需求，就在这样的背景下，国家与苏联以“易货”的方式，分期分批用 2000 列火车皮大豆，换来了这台当时技术性能世界最高、加工直径亚洲最大的重型车床。

这台庞然大物落户于哈电集团电机公司，由 54 台电动机、28 块仪表组成，安置在 36 米宽、近 200 米长的巨大厂房内。

放在今天来看，它已经快 70 岁了。这台“超长待机”的 9 米立车，见证了我国水力发电设备实现从第一台单机容量 800 千瓦水电机组，到目前世界单机容量最大百万千瓦白鹤滩水电机组的飞跃，更见证了东北老工业基地的稳扎稳打。

功不可没的 9 米立车

时间回到 20 世纪 60 年代，该 9 米立车为我国生产了大型机组的顶盖、球阀、机座等重要零件，支撑起了机械设备的筋骨。

然而，1960 年，苏联专家连同宝贵的技术资料突然被撤走，工厂在一段时间内处于技术真空期。认识俄文字母的职工寥寥无几，初中文化水平的操作者要重新学习技术，设备要连续运转，产品要及时交货，工厂面临种种难题……

没有原始的设备施工图，一旦设备“感冒”，操作者就用笨方法“治疗”。在不影响使用的前提下，工人们干脆拿起钳子剪断坏掉的线路，让设备恢复正常运转。就是在这样缺图纸、缺技术、缺经验的情况下，1959 年，工人们自主研发了新安江 72.5 兆瓦大型混流式水轮发电机组。周恩来总理为其亲笔题词：“为我国第一座自己设计和自制设备的大型水力发电站的胜利建设而欢呼！”

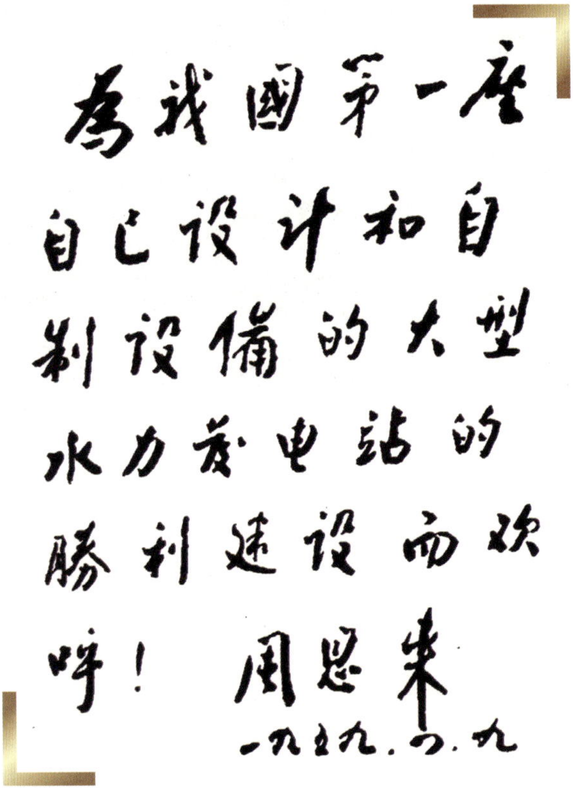

1959 年，周恩来总理视察新安江水电站时亲笔题词

就这样，老一辈哈电人和 9 米立车一起跨过了这道坎。

这之后，刘家峡、葛洲坝以及水口、隔河岩、五强溪、二滩等电站机组相继问世，在新中国水力发电发展史的一个个里程碑上，9 米立车都参与其中，功不可没。

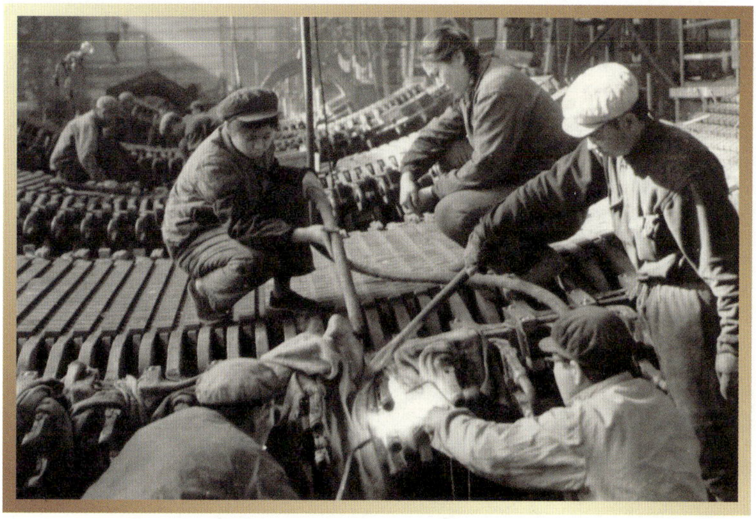

20 世纪 60 年代，哈电集团生产的刘家峡水电站 225 兆瓦机组定子下线场景

时光飞逝，2016 年，世界单机容量最大的白鹤滩项目投产在即。白鹤滩项目部件加工尺寸大、精度要求高，为满足需求，操作人员使用 9 米立车，通过在设备上安装雾化泵等方法，反复尝试，终于将工件平面度控制在了 0.2 毫米以内，得到了白鹤滩项目监理人员的高度赞誉。此后，其余待加工的环板陆续运到 9 米立车生产，全部达到精品标准。

哈电集团电机公司数控 16 米立车加工白鹤滩 8 号机转子支架

2021 年 12 月 30 日，哈电集团研制的世界总装机容量最大的丰宁抽水蓄能电站 1 号机组正式投产发电，并在北京冬奥会、冬残奥会期间持续提供清洁能源电力

“功勋设备”装上“新大脑”

随着我国水电工业的快速发展，设备越来越复杂，产品加工难度也日益提升。9 米立车这个曾经厂房里的第一“巨人”仿佛快要淹没在众多现代化的数控设备中了……

然而，属于它的故事有了新的转折。2024 年上半年，9 米立车装上了时下工业生产中非常“流行”的制造执行系统——MES 系统，为这台“功勋设备”装上了“新大脑”，焕发出了新的制造能力。

以前，它的加工精度在毫米级。现在装上了“新大脑”的 9 米立车，加工精度可以精确到 0.1 毫米。0.1 毫米有多细？这么说吧，一根头发丝的直径是 0.07 毫米，0.1 毫米就比一根头发丝稍微粗一点。

哈电集团电机公司成功研制丰宁、周宁、荒沟三个抽水蓄能项目球阀

哈电集团电机公司研制的衡江 300 兆瓦抽水蓄能机组球阀

一台台“精品”的成功出产，刻录着 9 米立车的赫赫功勋。60 多年来，我国的车床设备也进行着一次次更迭。如今，跟 9 米立车一起并肩作战的还有最大承重 550 吨的 16 米立车。它为三峡左岸、右岸电站机组部件，以及缙云、潍坊、句容等重点抽水蓄能项目，都贡献了高质量的部件加工。

遥想当年，中国要发展水电，庞大的机械制造成了摆在我们面前的难题。“买得起马，就配得起鞍”，2000 车皮大豆为中国换来了大型机床的“头等兵”。从引进机床到模仿制造，从手工操作到数控系统，我们一路高歌猛进，稳扎稳打，用殷实的成果打造了一张张傲视全球的国家名片。

（本篇图片由哈电集团提供）

扫码听书

延伸阅读 国家工业密码

一场关于抽水蓄能“充电宝”的硬核逆袭

抽水蓄能电站是电网系统中的“超级充电宝”，它不仅能帮助电网更安全、更稳定地运行，还能提升供电质量。由于国外公司对研发技术严格保密，我国抽水蓄能机组在很长一段时间处于自我摸索阶段。

2000 年后，我国开始大力推动抽水蓄能机组的国产化。哈电集团等国内电力装备制造企业一路披荆斩棘，自主创新，让我国抽水蓄能机组的研发能力实现了质的飞跃。

以哈电集团电机公司新引进的 6.5 米车铣复合加工中心为例，以前，用老设备加工一个部件，得用两三台机器换来换去，耗时半个月不止。可现在，这台先进的设备十分厉害，工件不用挪动就能一次性完成所有加工工序，工期直接缩短到 7 ~ 10 天。

除了新设备，哈电集团在智能优化改造上也下了大功夫。比如，双机器人工作站实现了全自动化焊接，而且“零返修”。这意味着在抽水蓄能机组的球阀、顶盖等大型结构件焊接上，我们已经迈出了关键的一大步。

还有百万千瓦的发电机定子铁心，它由 30 多万片极薄的冲片组成。过去，人工操作只能一张一张地入料，每班次最多处理 6000 片。现在，有了 4 台高速机械手臂，效率直接翻倍，每班次能处理 12000 片。这可都是实打实的效率提升。

截至 2023 年底，我国抽水蓄能累计投运规模达到了 5094 万千瓦，占全球抽水蓄能装机的 28.1%，稳居全球第一。如今，抽水蓄能行业正迎来大发展的黄金时期，哈电集团瞄准了抽水蓄能的“高、低、宽、大、变”五个创新方向，全力研发世界水头最高的 724 米、国内单机容量最大的 425 兆瓦天台抽水蓄能机组，以及技术难度最高的中洞、泰安可变速抽水蓄能机组。他们不断突破，填补了一个又一个技术空白，引领着我国抽水蓄能核心技术持续跨越。

39

100万座中国桥，这很city啊！

国家工业密码

100 万座中国桥，
这很 city 啊！

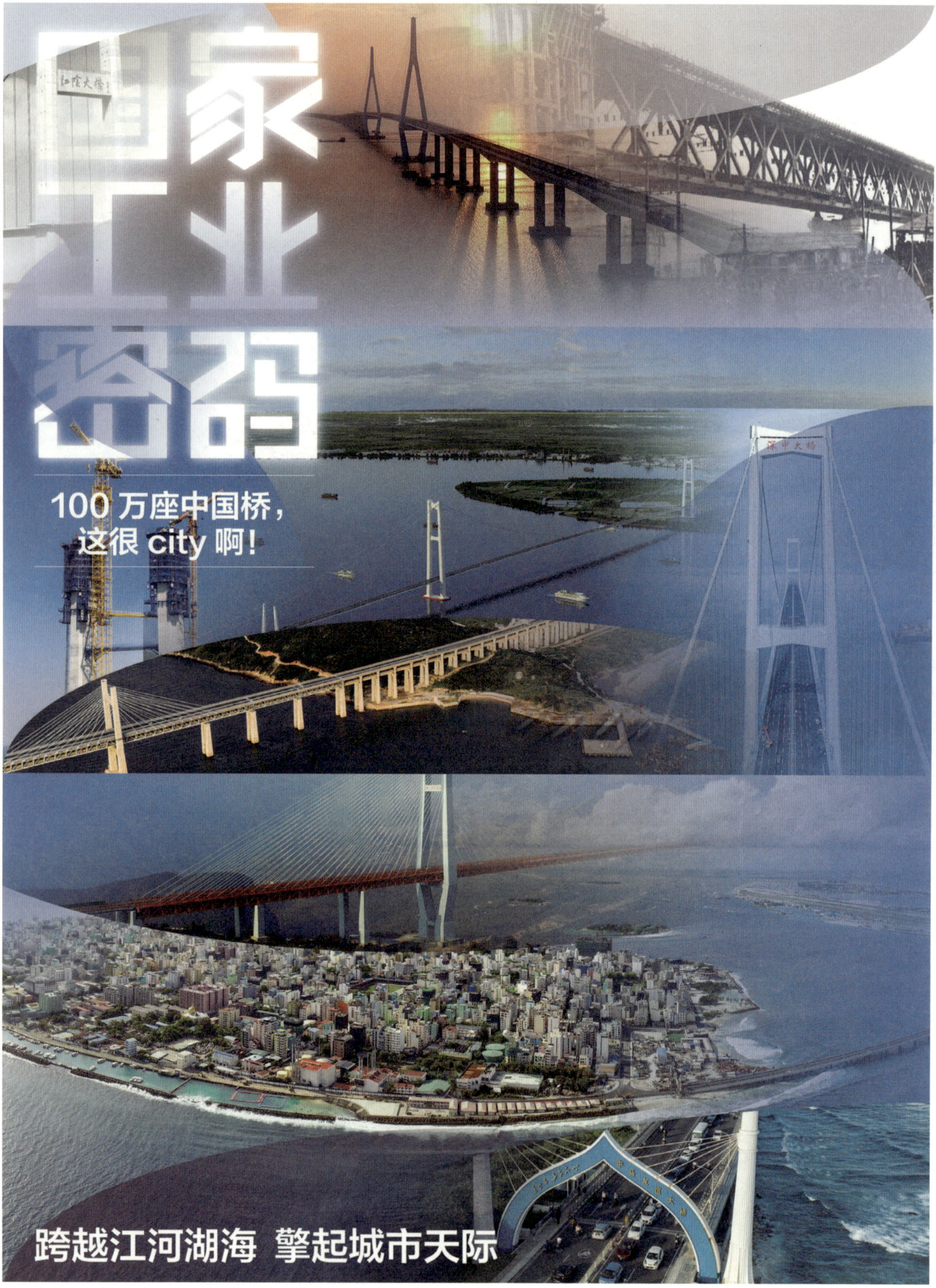

跨越江河湖海 擎起城市天际

“city 不 city”是外国博主“宝宝熊”在中国旅游时自创的网络流行语，“city”用来形容一个地方具有城市化、洋气甚至是刺激的感觉。

中国的144小时过境免签政策吸引了很多像“宝宝熊”一样的外国朋友来到中国，在世界第一的桥梁大国旅游，刷新他们认知的，一定有那些高耸入云、气势恢宏的“中国桥”。

建桥的震撼场面堪比科幻大片

穿过云层，一座近 90 层楼高的桥梁正横跨在海平面之上。这不是普通的桥梁，而是“天空工厂”的杰作。在它的建造现场，中交集团的工程师正站在操控室轻触屏幕发出指令，远处的筑塔机便开始了它的表演。

2021 年，一体化智能筑塔机在中交集团二航局参建的深中大桥东索塔首次投用

这台筑塔机高20多米，重达400吨，拥有7层不同作用的操作层，是一个巨大的、模块化的、智能化的造桥神器。随着指令的下达，筑塔机的液压油缸缓缓伸展，像16只机械手臂稳稳托起整个结构，开始向上爬升，传感器和智能控制系统确保了爬升过程的平稳。

随后，桥面吊机开始它的“空中拼图”。这些吊机如同巨型的机械蜘蛛，在已经完成的桥面上灵活移动。它们将重达千吨的钢梁精准地提升到预定位置，每一节梁的对接精度都控制在毫米级别。

国家工业密码 知识拓展

国内首台一体化智能筑塔机介绍

一体化智能筑塔机主要由爬升系统、架体结构、布料系统、养护系统、模板系统、抗风装置、液压控制系统等 8 部分组成

该筑塔机主要由爬升系统、架体结构、布料系统、养护系统、模板系统、抗风装置、液压控制系统等 8 部分组成。筑塔机整体由 4 组架体组成，高 21 ～ 27 米，沿架体高度方向分别设置预埋件作业层、养护层、模板层、钢筋作业层、混凝土布料层等共 8 层，架体间通过收分装置适应塔柱复杂截面的变化。一体化智能筑塔机的应用使塔柱达到 1.2 米 / 天的爬升速度，相较于传统工艺提高了 1.5 倍。一体化智能筑塔设备及成套建造技术的创新研发将超高混凝土桥塔的传统建造技术升级为工业化建造技术，为超高索塔建造带来革命性升级。

这种好似在科幻大片中出现的场景已经成为现实。这座大桥就是深中大桥，就在 2024 年 6 月 30 日下午 3 时，创 10 项“世界之最”的深中大桥正式开通运行，全长 24 千米，是集桥、岛、隧、地下互通于一体的超级跨海集群工程。其建设难度甚至超过被称为“世界第八大奇迹”的港珠澳大桥。

建设这座大桥正是使用了中交集团研制的“竖向移动工厂”，也就是一体化智能筑塔机。

如何成为世界第一桥梁大国？

截至目前，我国公路桥和铁路桥总量超过 100 万座，是世界第一桥梁大国。桥梁总长度世界第一，仅长江上就有 100 多座桥。

中交集团承建的中国首座跨径超过千米的大桥——江阴长江大桥

就在60多年前，万里长江上还一座桥都没有。历史上，1913年、1929年、1935年、1946年，相关部门曾先后4次计划在长江上建桥，最终都不了了之。民谣“黄河水，长江桥；治不好，修不了”，表达了当时人们的无奈。

1955年9月1日，第一座长江大桥——武汉长江大桥，动工修建。1957年10月15日通车，仅用两年，中国就建成了亚洲最大的现代化大桥。

紧接着，我国又建成南京长江大桥，一举打破外国专家对长江南京段无法建桥的预言。

1999年4月21日，江阴长江大桥全线贯通，这是中国首座跨径超千米的桥梁。

虽然有了这些非凡成就，但是在跨越大江、大河、大海等特大型桥梁建造方面，我国还落后于发达国家。

2000年10月，江苏润扬长江大桥开工。桥塔是桥梁的核心承力构件，跨度越大，要求桥塔越高，但当时我国还未研发出主塔施工所需的自动化液压爬升模板设备，要从国外引进。

当年外国专家来到工地，严禁中方擅自动设备。如果不出意外的话，马上就出意外了。当时工期非常紧急，设备突然出现故障，恰好专家回国过圣诞节了。这时，中交集团的工程师李洪军直接闯进了外国专家划定的“禁区”。经过他的认真调试，迅速排除了故障。等到外国专家回到工地，一眼就看出其中变化，毫不掩饰地勃然大怒。等他逐一检测设备后，紧绷的面孔却逐渐放松，惊讶地发现他们的设备不仅修好了，还被优化了。

如今，中国的桥梁工程师整合了全球最好的资源，创造出了更高效、更优质的造桥技术。

在贵州，建造世界第一高桥——北盘江第一桥。

在江苏，建造世界最大跨度桥梁——张靖皋长江大桥。

中交集团二航局承建的江苏张靖皋长江大桥

中交集团中交路建承建的平潭海峡公铁两用大桥

在福建，建造世界最长跨海公铁两用大桥——平潭海峡公铁大桥。

在浙江，建造世界最大陆岛联络工程——舟山跨海大桥。

在广东，建造世界最大跨径双层悬索桥——狮子洋大桥。

中交集团二公局承建的跨径双层悬索桥——狮子洋大桥

“桥”见世界，真的很 city

中国桥的 city 风，就像一股不可阻挡的潮流，席卷全球。

孟加拉国最长的大桥——帕德玛大桥，就是中国修建的，全长 6.15 千米。这座桥在中国可能很普通，但对孟加拉国来说绝对称得上梦想大桥。过去他们想到河对岸需要 1 ~ 3 个小时，雨季需要 8 小时。这座桥竣工后，直接把过河时间缩短到了 10 分钟。帕德玛大桥一开通，那场面，真是壮观。孟加拉国人民像过节一样涌向大桥，庆祝这个历史性的时刻。这座桥不仅是一座连接两岸的通道，更是中国与孟加拉国友谊的见证。

另一座镶刻在“印度洋珍珠”上的大桥——马尔代夫中马友谊大桥，更是被誉为中国方案、中国智慧在国外桥梁建设中的典范。

60 多年前，1956 年 5 月 31 日，毛主席畅游长江，在水上近距离视察了正在建设中的武汉长江大桥，回到东湖宾馆后写下了“一桥飞架南北，天堑变通途”的恢宏诗句。

而如今，像李洪军这样的中国桥梁建设者，正在建造一座又一座堪称世界奇迹的中国桥。未来，将有更多、更大、更壮观的“天空工厂”在全球“施展魔法”，相信也会有越来越多的外国友人发出这样的赞叹：中国桥，这很 city 啊！

（本篇图片由中交集团提供）

扫码听书

延伸阅读 国家工业密码

解码建桥“黑科技”

一座座世界级大桥不断延伸、跨越天堑的背后，与中国建设者积极采用智能建造关键技术和装备密不可分。如今，桥梁建设领域还有哪些宝藏有待发掘？让我们一起来解码建桥“黑科技”。

中交集团的桥梁技术研究团队正瞄准世界科技前沿，聚焦长大桥梁施工技术、智能装备、工业化智能建造等方向，形成了一大批全球领先的关键核心技术，铸造了一张张闪亮的桥梁国家名片。

他们用 BIM 技术贯穿建桥全过程，在电脑上三维呈现，实现数字化设计与云工厂、云车间的工程数据传递与共享。在深中大桥，他们研制了基于光纤光栅传感的“智慧索股”，成功获取主缆从架设阶段至运维阶段全过程的温度、湿度数据；研制了世界首条超大直径钢筋网片柔性制造生产线，实现钢筋布料、牵引、焊接等全过程自动化和生产过程的智能化。

不仅有新技术，还有神奇的新材料。在狮子洋大桥，他们在国内首次将 C80 高性能海工混凝土大规模应用于桥塔浇筑，让主塔筋骨既强壮又具有柔韧性，还大幅减少了水泥用量。

除了运用新技术、新材料，大型智能装备也大显神通。“定海神器”——世界最大打桩船，可实现重 700 吨、直径 7 米的桩基在海中“扎根”；“建桥巨匠”——5500 吨国内最大双臂架变幅式起重船，让水中“积木搭桥”不在话下；“擎天巨臂”——全球最大塔式起重机，最大额定起重量达 720 吨，助力桥塔节节高攀……

从技术革新、材料研发到硬核装备，桥梁工业化智能建造正以其独特的优势逐步改变传统的建筑施工模式，为桥梁产业发展带来前所未有的战略机遇。

深蓝之下

40

深蓝之下，梦幻、神秘又危险。如果一直向海底下潜，绚丽夺目的海洋会变得黑暗寂静。中国海油有一群特殊的潜水员，每年有 200 多天面对着黑暗海域的挑战和考验。他们就是“蛙人”。

进军海洋，“蛙人”为“油”集结

去过深海的人类，比上过太空的要少得多。

为什么？因为湛蓝的海平面以下，有着无尽的黑暗和危险。

玩过潜水的朋友可能会说，海面以下的世界很梦幻，阳光穿透水面，映照出斑斓的珊瑚和游动的热带鱼群，多么有趣！

然而，如果我们从这个位置继续下潜，梦幻的体验就会消失——光线变暗，水温骤降，周围的世界开始变得寂静而神秘，让人感觉仿佛陷入深渊。

就在这片深海，有一群特殊的潜水员，每年有 200 多天面对着黑暗海域的挑战和考验。他们为什么要潜水？因为海底的油田需要他们。

2000 年，空气潜水首次走出国门，中国海油承揽韩国东海项目，潜水员正在协助实施导管架安装

2008 年，中国海油首次利用氦氧潜水技术完成惠州油田 64 米立管及卡子安装项目

你也许见过这样的场景：一片空旷的土地上，竖立着高大的井架、整齐的采油树，还有粗壮的管道蜿蜒交织——这就是陆地上的油田。

然而，我国的海域也蕴藏着丰富的油气资源。为了满足能源需求，我们必须向海洋进军，建设海洋油田。这意味着要将陆地上所有高速运转的精密设备转移到几百米深的海水中。黑暗、寒冷、未知的海底环境使这一任务变得非常艰巨。

于是，一支由潜水员组成的“蛙人”队伍迅速集结。

精准冷静，守护国家能源安全

楚金勇是一个湖北汉子，18 岁成为海军特种兵的他，第一次见到大海。后来，他成为中国海洋石油集团公司“蛙人”团队中的一员。

这支“蛙人”团队的历史可以追溯到 1972 年，彼时，我国正在开发渤海油田。

1972 年，中国海油潜水队成立，在无技术积累和无装备的情况下，开启“白手起家”之路

1985 年，中国海油潜水队首次完成埕北油田平台立管安装

冬季的渤海湾寒冷刺骨，海水温度常常在 0℃以下，泥沙搅动，能见度几乎为零。这些潜水员们在这种环境下依然必须保持高度的精确。

比如，“蛙人”团队的于春涛，就曾经潜入海面以下 61 米的位置，在水下待了 4 小时，在湍急的暗流中沉稳地拧紧螺栓。可别小看“海底拧螺栓”，这个动作的精度要求在 1 毫米以内，任何细微的偏差都可能引发严重的后果。

2019 年 9 月，中国海油于春涛参与海管抢修作业

除了精准，“蛙人”们的另一项技能，是冷静。

2011 年的冬天，珠海横琴岛海域的平静被一个突如其来的意外打破了。一条海底天然气管道被船锚损坏，导致天然气泄漏，霎时，海面上翻滚起巨大的气浪，随之而来的火焰将海面燃烧成一片火海。

这是一个几乎无解的困境：寒冷的海水、巨大的火焰、高温与湍流，抢修船根本无法靠近。

此时已临近春节，这条天然气管道关系着珠海、中山、澳门 3 座城市居民的生活用气。险情迫在眉睫，楚金勇没有多想，临危请命，潜入海平面下 10 米的地方抢修。

楚金勇，全国技术能手，全国十大海洋人物，中央企业五四青年奖章获得者，中国海油“海油蛙人”工作室领衔人

楚金勇回忆，当时他在水中就像一个脆弱的气球，随汹涌的浪潮起起伏伏，气泡破裂产生的波浪瞬间就可以把他推出好几米远，根本无法接近泄漏点。为了保证顺利下潜，他只能脱掉脚蹼，穿上一双更重的黄胶鞋，让自己尽量摆脱浮力，最后他只能将双脚深深插入淤泥来稳住身体。

与汹涌的海水抗争了两个小时后，险情终于化解。楚金勇事后坦言，自己非常清楚当时的处境，也明白一旦发生什么意外，后果可能不堪设想。“可是我心里总是有那股劲儿在。遇到险情，逃避不是办法，征服它才是自己的使命。”

这些年，我国海底打下了一口又一口油井，每一口井都有潜水员的参与，他们在大家看不到的深蓝之下，维护着海底设备，守护着国家能源安全。

2021 年，中国海油潜水队首次掌握渤海海域水下井口采油树安装潜水作业能力，完成锦州 31–1 气田开发项目

2022 年，中国海油首套 300 米饱和潜水系统投用

技术突破，领航员与 ROV 成“黄金组合”

随着我国海洋石油开发从近海逐步向深远海迈进，光靠潜水员已经不足以应对深海中的极端环境。中国海油打过最深的一口井，是在我国南海区域的陵水 17-2 气田，这口井需要在海面以下 1500 米的海床开始钻探。

海面以下 1500 米，水压接近 150 个大气压，这个压力可以理解为上百头非洲大象踩在你的背上。这么高的压力和危险的环境，靠人根本无法下潜，不过这个时候，我们已经有水下机器人（ROV）来进行潜水作业了。

中国海油水下机器人在领航员的指挥下准备下水作业

ROV 可以在极端的深水环境中长时间作业，能够独立完成深水钻井、海底管道铺设、复杂海况下的抢修等高难度作业。

韩超是我国第一代也是全球最年轻的 ROV 领航员，带领团队成功突破了国际水下作业的多个技术难题。岸上领航员 + 海底机器人的“黄金组合”，见证了我国海洋石油开发从水下 300 米级到 1500 米级，一步步迈向更深的海域。

中国海油水下机器人控制间

中国海油专业人员对水下机器人进行检修

从潜水员在冰冷的海水中冒险，到 ROV 在“深海一号”中的精密操作，这些人和事如同一条时间的长线，串联起了我国海洋石油工业的发展历程。每个人的努力都像一颗星，照亮了保障国家能源安全的深海航程。正是这无数星光的汇聚，推动着我国海洋石油工业向着更深、更远的未来前行。

（本篇图片由中国海油提供）

扫码听书

延伸阅读 国家工业密码

深海探索还有多少可能性？

深海能源开发被誉为能源工业的“珠峰挑战”。我国海洋石油开发的潜水作业起步于20世纪70年代，以人工潜水为主，适应300米以内的近海作业，主要从事水下结构物安装、船舶及水下结构物检测维修、海管海缆检测及应急维抢修、油田设施弃置潜水服务等急、难、险、重任务。

然而，人工潜水的深度和时间受到诸多因素限制，因此，随着深水开发的推进，潜水作业团队与水下机器人（ROV）技术逐步成为深水作业的核心力量。他们攻克深海恶劣环境中的技术瓶颈，推动了深水油气开发从300米级迈向1500米级的超深水时代。

ROV能够在海底执行长时间复杂任务，完成管道铺设、设备安装、泄漏修复等高精度作业。在“深海一号”超深水大气田的建设中，ROV团队实现了从设计到安装调试的全流程参与，设备安装精确度达到毫米级，确保了这一全球领先项目的顺利投产。

如今，水下作业技术的应用范围正从单一的油气开发向多领域拓展。ROV除服务于深海油气田外，还参与了海洋环境监测、海底通信设施维护以及深海科研等项目。不过，深水作业依然面临诸多技术难题。深海超高压、低温和强腐蚀环境对设备性能提出极高要求。未来，ROV技术将朝着更高耐压、更强操控精度和更长续航能力的方向发展。同时，人工智能和自动化技术的引入将进一步提升深海作业的效率和安全性。

随着深海开发技术的不断突破，人类对海洋的探索也迈向更深、更远的海域。从人工到智能，从单一用途到多领域协同，水下作业技术的发展串联起深海能源开发与海洋科技进步的历程，也为未来的深海探索注入更多可能性。

41

一根“脐带”入深海

1988 年 4 月 26 日，海南建省，成为中国最大的经济特区，10 万人才下海南，海南岛的历史从此翻开了新的一页。

10 万人搞建设，都需要用电啊！但是，此时的海南电网如一叶孤舟，与大陆电网隔海相望，承受着“百年孤独”。

2009 年 6 月 30 日，随着一项工程的全线竣工，海南结束了电力孤岛的历史，与坚强的南方电网紧密相连。

海南电网的“百年孤独”

为什么孤独？

因为孤网运行，电网结构脆弱，时不时就会停电。那时候，“家底薄、力量弱”的海南电网，供电安全可靠性也单薄孱弱。

郭强是南方电网海缆专家，曾经参与海南联网工程建设，他回忆说：“正忙着写材料，还没来得及存盘，忽然就停电了！然后数据就全丢了，白忙活半天，气得‘鼻子冒烟’，这是常有的事儿。”

2005 年，在海南电网遭受强台风“达维”期间，南方电网海南电网人为海南省灾后重建赢取了宝贵时间

在海口市从事餐饮行业的李女士也说：“夏天海南天气比较热，用电量就很大。我们做餐饮的店，空调基本 24 小时工作，但以前时不时就停电，停电的时候就开不了空调，基本这一天就没多少客人进店，没生意可做。”

跨越琼州海峡，有多难？

总不能一直这样！就没有办法了吗？一个大胆的梦想在南方电网的电力人心中萌发：跨过海去！把电网联起来！

怎么联起来呢？靠电缆！

能不能有一条电缆，从海南通到大陆，稳住电力供应，就像母亲和胎儿之间的脐带？

能，但是非常难。

琼州海峡横在海南岛与大陆之间，是一道天堑。琼州海峡是国内海洋环境最复杂的水域，冬季季风、夏天台风，晴天都有三尺浪，海流速度非常快。摆在电力工作者面前的难题就是，不仅要驾驭浪潮，还要在这翻腾的海面之下铺设电缆。“水＋电”，这听起来就是一个危险的组合。

当时，国内根本没有在这种深水复杂环境下开展海缆施工的经验，所有人都是摸着石头过河。

120 米长、7 层楼高的施工船在风浪里如同一片树叶上下漂浮，如何保持船舶在不抛锚的情况下沿预设路径行驶，偏差不能超过 1 米进行敷缆？如何保持深水环境下数百米悬空海缆能够乖乖听话？如何实现敷设到海床的海缆能够安全地紧贴海床？如何在高海流环境下，牵引 1 千米长的海缆安全登上陆地？技术问题一个接一个，南方电网的电力工作者逐个击破。

南方电网 500 千伏海南联网工程海缆牵引船开展海缆敷设作业

南方电网海南联网二回工程海上施工船作业

他们在驾驶台、水下施工控制室、船尾导缆通道各个位置紧张地监督着各项数据。

看似粗壮的海缆却十分的“娇气”，海缆的内部核心由百余层的绝缘纸构成，24 小时连续施工，每秒都不能停止，对受力、弯曲度都有极其严格的控制要求，如果有一张发生破损或褶皱都要切除重新接续。

南方电网海南联网工程海底电缆敷设

在现场，风速、流速、浪高、张力、海缆水下坐标等各项参数不断刷新着。当环境参数变化后，须立即调整当前的施工要求，下达指令指挥施工船舶、敷设系统进行调整，施工船看似一个海上的庞然大物，却如同绣花般灵巧。

海南电力供应有了“定海神针”

从2005年启动的海南联网一回工程，历经了1000多个日日夜夜的不懈奋斗，2009年6月30日，终于全线竣工并投入使用。至此，海南也结束了电力孤岛的历史，与坚强的南方电网紧密相连。

海南联网一回工程投运后，无论是承担博鳌亚洲论坛、文昌卫星发射等重大活动保供电，还是抵御台风袭击，特别是在抗击17级超强台风“威马逊”“摩羯”的过程中，海南联网工程就像深海中的“脐带”，串起了海南电网与主网，成为保障海南电力稳定的“定海神针”。

电力的稳定，助推了海南岛的经济建设；发展的提速，反过来又有了更高的电力需求。联网工程的2.0版本应运而生。

南方电网海南联网二回工程海底电缆敷设现场

历时 5 年多，2019 年 5 月 30 日，海南联网二回工程建成并投产运行，经历 15 年的发展，海缆运维建立了“3444”立体安全管控体系，形成了六大核心技术（海缆智能检测、海缆监控巡维、海缆抛石保护、绝缘介质回收、故障定位及微渗漏查找、海缆外损伤修复）。

南方电网海南联网系统林诗岛终端站

南方电网南岭终端站俯视图

从此，海南岛与大陆实现电力双回线路联网，也为“云电入琼”打通了通道。云南省的清洁水电通过 500 千伏联网工程，跨过 2000 多千米的高山和大海，送入海南省内。

南方电网海南联网二回工程海底电缆敷设施工

云边月，海之南。曾经的边陲孤岛，如今的经济发展窗口，海南省现在有欣欣向荣的农林牧渔、高速运转的化工基地，也有攀爬航天梦想之巅的文昌发射基地，更有成型起势的海南自贸港建设。电力，像血液一般滋养着这座岛的生长。

（本篇图片由南方电网提供）

扫码听书

海岛的电力“生命线”

海南电网曾如一叶孤舟，与大陆电网隔海相望。如何解决岛屿电力的“孤岛运行”？500千伏海南联网工程及二回联网工程，为岛屿的建设与发展打了一个“生命线”样板。

历经15年的发展，海南联网工程从建设到运维，形成了海底电缆立体的安全管控体系，掌握了海缆智能检测、海缆监控巡维、海缆抛石保护、绝缘介质回收、故障定位及微渗漏查找、海缆外损伤修复等六大核心技术。国内首台海缆带电智能检测水下机器人，可以下潜作业水深超过1000米，具备“声—光—电”一体化检测能力，检测精度达到世界领先的厘米级，具备深海自主巡航、海底高清数据零延迟实时传输等先进功能，破解复杂海况、强电磁场环境海缆带电检测的难题。

跨海联网，不仅让海南电网与南方电网主网实现了连接，还从根本上解决了海南电网“大机小网”的突出问题，有效提高了海南电网的供电可靠性和稳定性，进一步降低了台风等自然灾害对海南岛电力供应的影响，减少了大面积停电的风险。

跨海联网，让千里之外的云南、贵州清洁能源东送，推进海南绿色低碳转型发展。可接入，当然也可送出，目前，通过电力互济，海南核电、海上风电等清洁能源可跨海送至粤港澳大湾区。

以海南联网为载体的“西电东送”海上通道，让超高压海缆输电技术从无到有，从有到优，从优到强。未来，这根像生命线一样的海底“脐带”，依旧会不断寻求拓展与改变，让稳定可靠的电力供应滋养海岛的生长。

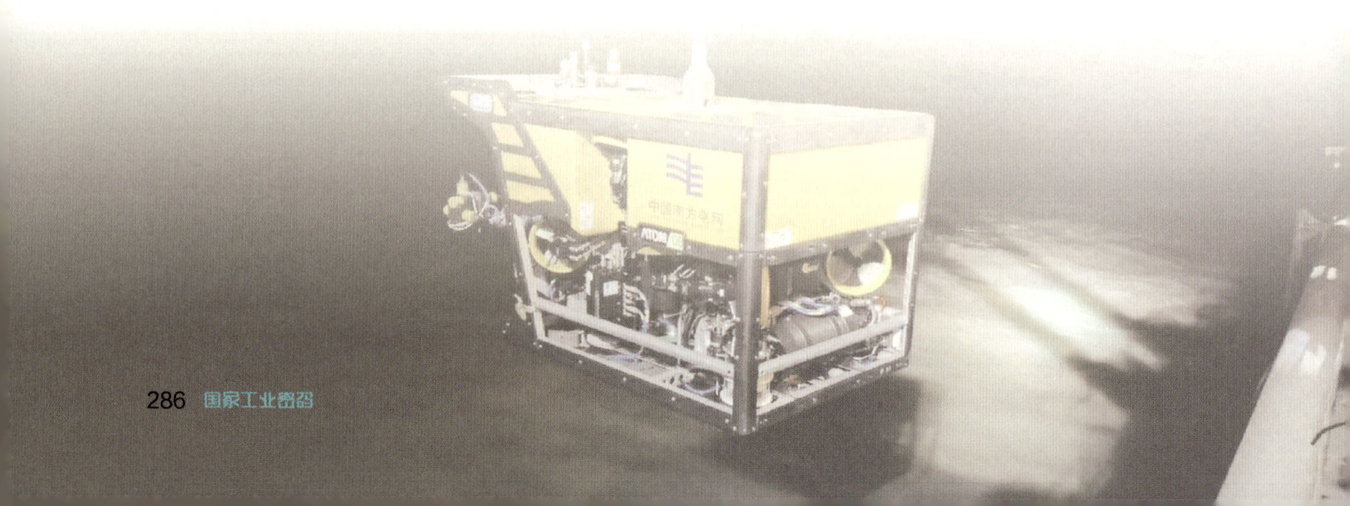

国家工业密码

42

一滴水发 6 次电的背后，有颗日益强大的“心脏”

“根本不可能！”“怎么不可能？这都是我们经过反复计算出的结果。”“这个在国外没有先例！”“保证不了安全运行！”“国外做不了，不代表咱们自己做不了！”“就算做了，也是丢在长江里的一堆废铁！”

激烈的争吵从会议室传来，为什么火药味这么足？争吵跟一座水电站有关。

“敢想”是成功的第一步

工业革命的技术带来了水轮发电机组，也让人们惊奇地发现，水，竟然能“变成”电！水轮机组就是水力发电站的“心脏”，它的动能直接决定了能提供多少电。

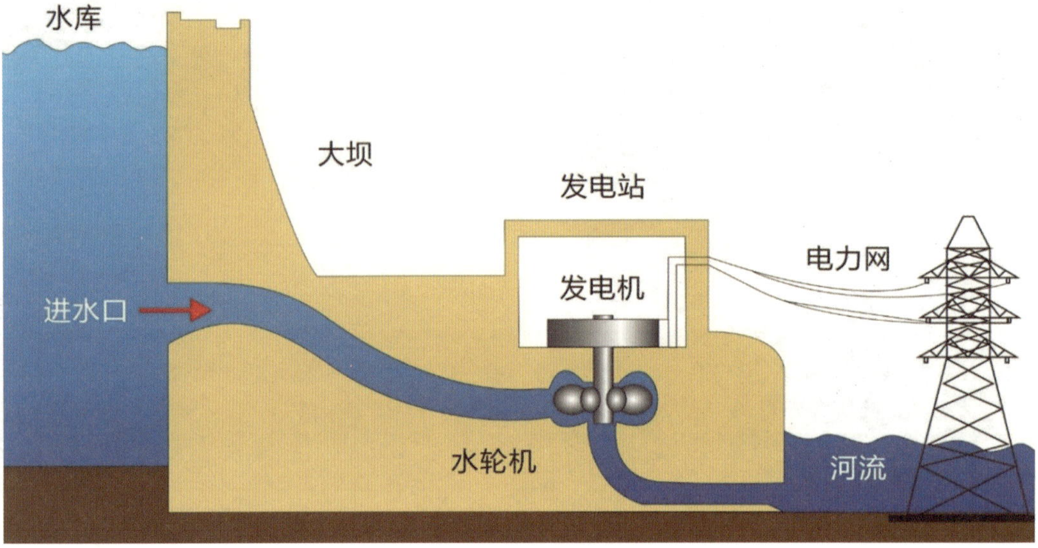

水轮机发电原理示意图

我国的长江三峡段是修建大型水利枢纽工程的理想地点。为尽快缓解当时华中地区工业用电紧缺的局面，1970 年，中央正式批复在长江三峡下游兴建葛洲坝水利枢纽工程。

1972 年 9 月，看似平静的一天，发生了开头那场激烈的讨论——葛洲坝的水轮机选型方案讨论会，就是在这次会上，东方电气集团的代表提出了建设 17 万千瓦水轮发电机组的方案。它的转轮设计直径达到 11.3 米，这个尺寸和同类型机组的单机容量，在当时的国际市场上前所未有，所以会上难免有质疑的声音。

眼看着讨论就要陷入僵局，东方电气集团的代表拿出了有力的试验数据和分析，认为不应低估我国水轮机的技术能力。讨论会最终决定试一试，研制两台 17 万千

葛洲坝 17 万千瓦水电机组转轮体正在加工

葛洲坝 17 万千瓦水电机组转轮总装尺寸测量

瓦的水轮发电机组作为试验性机组；其余 19 台采用 12.5 万千瓦的机组，由东方电气集团和哈电集团共同研制。

中国人的字典里没有“不可能”

按照设计，葛洲坝机组总高 48 米，大约有 16 层楼那么高。当年，像这样的特大型机组，国外最先进的发电设备制造厂商想都不敢想，更别说干了。自 1972 年以来，机组施工设计敲定之后，经历了数千个日夜、数千次试验，失败了就从头再来……

直到 1981 年 9 月 30 日晚 11 时 54 分，中央人民广播电台宣布：万里长江第一坝——由我国自主研制的葛洲坝水电站的两套单机容量为 170 兆瓦的水轮发电机组，试运行成功。它是世界上最大的低水头轴流转桨式水轮发电机组，转轮直径达到了 11.3 米。消息一出，立刻引起了国内外轰动。

葛洲坝机组转轮吊装

西方媒体直接对这条新闻提出了疑问，觉得葛洲坝两套水轮发电机组的数据太过惊人：作为当时全球单机容量和尺寸最大的轴流转桨式水轮发电机组，它的效率竟然能达到 91%！西方媒体直呼不可能，认为当时的中国不具备如此高的设计制造水平。

事实胜于雄辩，葛洲坝水电站机组平稳运行至今，40 多年过去了，中国人用实际行动证明了中国水电制造技术。直到今天，葛洲坝水电站 11.3 米直径的转轮仍然保持着全球最大直径转轮的纪录。

葛洲坝电站厂房

放在今天来看，葛洲坝水电站的整体发电量并不算大，总装机容量只有271.5万千瓦，与三峡水电站的2250万千瓦相比，就像站在巨人面前的“小不点”。但是，葛洲坝水轮发电机组在当时创造了行业奇迹，荣获首届国家科学技术进步奖特等奖。自此，中国的水电研制技术开始不断刷新纪录。

国产水轮发电机组白鹤滩再创纪录

2021年6月28日，白鹤滩水电站的首批机组投产发电，作为全球单机容量最大的百万千瓦水轮发电机组，其单台机组每小时可发电100万度，重达8000多吨，这个重量与法国的埃菲尔铁塔相差无几。

鸟瞰白鹤滩水电站

更重要的是，白鹤滩水电站所有机组都是具有完全自主知识产权的“中国制造”。首批两台机组由东方电气集团和哈电集团自主设计制造，破解了巨型机组效率与稳定的新密码，水轮机效率达到了 96.7%，至今仍保持着全世界最高纪录。

稳定性指标摆度只有 0.05 毫米，这个摆度有多小？投产当天，参观的嘉宾在机组的上方竟感觉不到振动。大家不禁发问：“这个机组在运行吗？”工作人员表示机组正在以每分钟 111 圈的转速高速运行。于是，现场有人拿出一枚硬币立在机组盖板上，当看到硬币仅微微抖动而立住不倒时，现场嘉宾不禁感慨：“是真稳啊！”

白鹤滩水电站左岸地下厂房 8 台百万千瓦水电机组

清洁能源走廊示意图

至此，中国在长江上全面建成世界最大清洁能源走廊——乌东德、白鹤滩、溪洛渡、向家坝、三峡、葛洲坝 6 座大型水电站，沿长江干流自上而下排列，跨越 1800 多千米，总计 110 台水轮发电机组接续运转。每一滴长江水顺流而下时，都可以发 6 次电。

中国是水电大国，目前已有超过 4 万座水电站，全国每 10 度电中，就有约 2 度电来自川流不息的江河。从葛洲坝到白鹤滩，一代代水电工程师传递着接力棒，这里发生过的一切，是由中国人亲手创造的神话。

（本篇图片由东方电气集团提供）

扫码听书

延伸阅读 国家工业密码

150 亿次冲击，这种水电机组有多牛？

新中国成立以来，我国水电事业实现了飞跃式的发展，装机容量从 1949 年的 36 万千瓦跃升至 2024 年的 4.27 亿千瓦。自 2014 年以来，中国水电装机容量和发电量稳居世界第一。在此过程中，中国不仅自主设计和建造了许多大型水电项目，在全球水电建设中也占据了显著的地位。中国水电装备实现了从跟随到超越，再到引领的华丽蜕变。

冲击式水电机组是服务国家战略的主力机型，适用于山区和高原地区的高水头水电站。受到应用市场缺乏、研发投入不足等因素影响，一直以来，我国冲击式水电机组研制关键核心技术和装备受制于人，“卡脖子”问题较为突出。为此，东方电气集团联合科研院所、上下游企业开展技术攻关，踏上了攀登冲击式水电装备技术新高峰的征程。

研制过程中，东方电气集团创新应用机器人电弧增材制造技术，实现了定制化设计和制造的“近净成形”，转轮表面粗糙度达到了镜面效果。2023 年 6 月 7 日，国产化首台 150 兆瓦级冲击式水电机组转轮实现工程应用，实现了我国高水头大容量冲击式水电机组关键核心技术国产化“从无到有”的历史性突破。在此基础上，东方电气集团全力推进全球单机容量最大功率 500 兆瓦冲击式水电机组研制工作，这种水电机组运行时水流速度约 120 米 / 秒，每一次水流冲击产生的能量就像 1.5 吨的小车以 450 千米 / 小时的速度撞击产生的能量，每个水斗要承受 150 亿次这样的撞击。

未来，面向世界科技前沿和国家重大需求，东方电气集团等中国能源装备企业将不断攀登中国水电装备技术新高峰，推动国家工业发展，为经济社会发展全面绿色转型和人民美好幸福生活助力赋能。

43

那年，我飞过长安街

国家工业密码

那年，我飞过长安街

每一次起飞
都是对历史的深情致敬

腾空而起、快速斜翻、空中横滚……在 2022 年的中国航展上，一架架国产战机列队登场、硬核炫技，展示着人民军队完整的飞机矩阵，飞出了航空强国的底气。

还记得吗？1949 年的开国大典上，我国参加阅兵的飞机不够，只有 17 架。周总理说：飞机不够，我们就飞两遍。这 17 架飞机都是从战争中缴获的敌机，因为当时的我国没有能力制造自己的飞机。

今天，我国的飞机足够多、足够强，再也不用飞两遍了！从步履蹒跚到一飞冲天，这是我国航空工业几十年来的蜕变。视角回到 1950 年，你会看到进度条从 0 开始的地方。

从修理走向制造

1950 年，由于我国空军的作战飞机数量落后，志愿军在朝鲜战场上吃了不少亏。这让我们警醒：必须自己造飞机！

1951 年，苏联派来了一批专家，帮助中国仿制雅克 –18 型教练机。飞机制造厂定在了南昌，代号 320 厂，也就是后来的航空工业集团洪都，这里诞生了新中国第一架飞机——初教 –5。

320 厂修理的都是来自朝鲜战场上损坏的苏制飞机，条件非常艰苦。“征用”的机棚只有 2500 平方米，要在弹丸之地完成飞机的修理、热处理、表面处理等多个任务，初教 –5 就是在这样一座不起眼的厂房里逐渐成型。1954 年 7 月 3 日，初教 –5 试飞圆满成功，它像燕子一样在空中轻盈飞翔，震惊中外。

初教 –5 飞机

歼 –5 飞机

虽然初教 –5 的结构相对简陋，但它的服役为我国空军训练了一大批优秀的飞行员。它的诞生是一颗火种，照亮了新中国航空工业前行的路，我们正式从修理走向了制造。

1956 年，初教 –5 试飞成功两年以后，在祖国的北方，沈阳国营 112 厂（现航空工业集团沈飞）试制成功我国第一种喷气式歼击机——歼 –5。随后几年里，歼 –6 和歼 –7 相继首飞，让中国空军进入超音速战斗机时代。在这样的背景下，我国航空工业信心大振，决定开始自行研制飞机，逐步摆脱仿制苏联飞机的套路。

艰难探索的自研之路

新事业的发展当然不会一帆风顺。1960 年中期，中苏关系恶化，苏联撤回了援助的专家。面对困境，新中国航空工业没有失去方向，毅然决然开始自主探索。

歼 –8，就是我国艰难探索途中一颗闪耀的星。它由我国自行设计研发，服役超过 40 年。主要设计者是两院院士顾诵芬。

20 世纪 60 年代，美国空军装备的 U–2 高空侦察机经常飞到中国领空侦察。这种飞机能飞到两万米高空，而且速度极快，歼 –6 和歼 –7 不能有效拦截频频挑衅的 U–2，所以中国迫切需要一架“飞得高、飞得快、飞得远、火力强、看得远”的新型战斗机！

1964 年，34 岁的顾诵芬作为副总设计师，参与设计歼 –8 飞机。歼 –8 的设计图纸达 5 万多张，要制作的零件达 11000 多个，另有 65 项新材料，有些新材料是我国过去从未生产过的。凭借着惊人的毅力，顾诵芬和年轻的团队把自主设计飞机的目标慢慢变成现实。

1969 年 7 月 5 日，歼 –8 完成首飞，试飞员安全降落在机场。虽然首飞成功，但歼 –8 在跨声速飞行试验中出现了因气流分离导致的抖振问题，飞行员在空中飞行的感觉，就好比一辆破公共汽车在颠簸的路上行进。

歼 –8 飞机

顾诵芬在试验现场工作

为了解决这个问题，从来没有接受过飞行训练的顾诵芬做出了一个大胆的决定：乘另一架飞机上天，跟在试验飞机后面观察气流情况。这话一出，所有人都倒吸了一口凉气！其中的风险不言而喻，两架飞机必须保持近距离等速飞行，稍有不慎，后果不堪设想。

顾诵芬还是上天了，在没有告诉家人的情况下，他连续进行了三次上天观察，最终找到了问题症结并成功改进。

1979 年底，歼 –8 飞机白天型正式定型，这是新中国自行设计研制、具有自主知识产权的第一种高空高速战斗机，堪称一个传奇。在庆功宴上，从不喝酒的顾诵芬喝得酩酊大醉，他说，歼 –8 是连滚带爬搞出来的。

虽然歼 –8 的成功为我国的航空工业带来了一剂“强心针”，但在世界战斗机序列中，它是第二代战斗机。在歼 –8 诞生的 20 世纪 80 年代，世界上的空军强国基本上已经实现了第三代战斗机的服役，我们要追赶的路还很长。

中国航空工业的划时代之作

1982 年 2 月，在中国新一代战机方案论证会上，来自航空工业集团成都所的宋文骢拿出了一套鸭式气动布局的设计方案，令在座所有人印象深刻。这套方案在日后成为歼 –10 的蓝图。会上，宋文骢的发言掷地有声：“我们要搞一架真正由中国人自行设计的先进战斗机，一架能在未来 10 年或 20 年都不落后于世界的飞机！”

1986 年，宋文骢被任命为歼 –10 的总设计师，那一年，中国缺技术、缺经费，却毅然踏上了艰难的远征。12 年后，1998 年 3 月 23 日，歼 –10 首飞。

宋文骢工作照

那天，68 岁的宋文骢平静地站在观礼台一侧，全场的人屏住呼吸，看着飞机发动、滑行、加速……“飞行一切正常！”从远方的空中传来试飞员兴奋的声音。试飞员雷强驾驶飞机绕着机场飞了 4 圈，飞行 18 分钟后安全着陆，这是中国飞机制造史上划时代的 18 分钟。宋老喜极而泣，上前紧紧抱住了雷强，他说：“从今天起，我的生日就是 3 月 23 日！”

空军八一飞行表演队的歼 –10 系列战斗机

歼 –15 一机三型首次亮相第 15 届中国航展

歼 -20 隐身战斗机

快步追赶世界进程

前面三代战斗机的研发堪称步履维艰，在这之后，中国的航空工业开始加速追赶世界进程。

2009 年 8 月 31 日，我国自主研制的首型舰载战斗机歼 -15 成功实现陆基首飞，完成了国产战机从陆地向海洋的跨越；2011 年 1 月 11 日，歼 -20 战斗机腾空而起，首飞成功，它是我国自主研制的新一代隐身战斗机，也是目前中国领空最强大的守护神；2012 年 10 月 31 日，“鹘鹰”飞机一飞冲天，惊艳世人，震撼世界。

如今，中国战斗机家族日益庞大，攻防兼备，航空强国，未来可期！

属于中国人自己的战斗机从“造出来”到“飞起来”，全靠先辈们与接力者一步一个脚印，传承至今。《共和国之恋》有一句歌词：“当世界向你微笑，我就在你的泪光里。”我想，这正是对新中国航空工业历史的隽永赞歌。

（本篇图片由航空工业集团提供）

扫码听书

延伸阅读 国家工业密码

“现代工业之花”惊艳绽放

航空工业被形容为“现代工业之花”，是一个国家技术、经济、国防实力和工业化水平的重要标志。

在过去的70多年中，中国航空工业从小到大、由弱向强，形成了专业门类齐全，科研、试验、生产相配套，具备研制生产当代先进航空装备能力的高科技工业体系，发展了各类型、各种用途的飞机、发动机、导弹，开发了数千种民用产品和外贸产品，极大地推进了国防现代化建设进程，为国民经济发展和科技进步做出了重要贡献。

第15届中国航展开幕式上，一架歼–35A呼啸而至，加力后出现漂亮的马赫环，惊艳全场。歼–35A是由航空工业集团自主研制的新一代中型隐身多用途战斗机，采用总体/气动/隐身一体化设计的单座、双发、翼身融合、双后掠外倾垂尾、全动平尾的正常式布局，是隐身与反隐身作战体系的规模组成力量。

作为一型多用途战斗机，歼–35A对空、对地、对海，性能俱佳。歼–35A瞄准世界航空装备先进水平，基于单机能力平衡和体系协同作战，是设计师在歼–8系列、歼–11系列、歼–16系列等研制的经验基础上，针对新的作战场景，快速研制、快速迭代，最终研制出的满足我们作战需求的战斗机。

像歼–35A这样的创新成果还有很多。近年来，我国航空工业改革和发展全面推进。歼–20隐身战斗机、运–20大型运输机、直–20中型多用途直升机、歼–15舰载机、空警–500预警机、第四代空空和空地导弹、直–10武装直升机、“翼龙”系列无人机……一系列航空装备产品捷报频传。

面向未来，中国的政府、企业、科研机构将进一步加强协作，共同迎接复杂多变的国际竞争局面，努力在这场新型工业化的浪潮中贡献航空力量。

44

翻山越岭，以“电”之名

“观众朋友们晚上好，今天是 2014 年 4 月 17 号星期四，农历三月十八，欢迎收看《新闻联播》。历时两年多的珠峰 10 千伏通电工程日前完工，标志着海拔 5200 米的珠峰大本营正式通电。”

从高原山巅到峡谷孤岛，电力的触角越伸越远。在辽阔的国土之上，我们要如何实现“一个都不能少”的电力承诺呢?

“世界屋脊”被点亮了

珠穆朗玛峰，世界第一高峰，它威武雄壮、昂首天外，地形极端险峻。1960 年，中国登山队员穿越了被国外登山者称为“鸟都飞不过”的“死亡路线”，实现了人类首次从珠峰北坡登顶，让五星红旗在世界之巅飘扬。

时隔 60 年，2020 年 5 月 27 日上午 11 时，珠峰高程测量登山队队员成功登顶，开展我国对珠峰第四次大规模测绘和科考任务。8848.86 米！珠峰新高度向世界揭晓！

在海拔 5200 米的珠峰大本营，晚上灯火通明，登山队队员们用上了电暖气，使上了电厨具，吃上了三菜一汤……而这些都是 2014 年大本营连了大电网的电以后才有的待遇。

国家电网西藏电力员工在珠峰大本营 10 千伏供电线路建设现场施工

许多外国电力同行说，往海拔 5200 米的地方送电是不可能的，但是中国人办到了。通过大电网延伸的方式，沿途 21 个乡村 1011 户居民及世界上海拔最高的寺庙——绒布寺，都用上了可靠电力，“世界屋脊”被点亮了。

然而，这仅仅是中国“户户通电”光明工程的一个缩影。我们承诺，哪怕只为 1 户人家，电也要通；哪怕地处高原险峰，冒着生命危险，线也要架。

“全民通电”成为现实

2015 年 12 月 23 日，青海省果洛藏族自治州班玛县果芒村和玉树藏族自治州曲麻莱县长江村合闸通电，全国最后 9614 户 3.98 万无电人口用电问题得到解决。至此，“全民通电”被记录到了中国电力工业发展的史册上。

1996 年，为了给山东省临沂市蒙山顶上的几户人家通电，30 多名电力工人奋战 50 天、架线 6 千米、立杆 100 多根，终于将电送上蒙山山顶。

2015 年 12 月 23 日，国家电网助力青海省玉树藏族自治州曲麻莱县长江村正式通电，牧民彻底告别了酥油点灯、牛粪取暖的历史

1996 年，山东省临沂市费县方城镇西红峪村国家电网“户户通电”工程施工现场

在陕西省西安市蓝田县焦岱镇樊家坡村，供电公司更是架设 500 米专线，只为一户低保户供电。

“有女不嫁戴场岛，一年到头水上漂。白天下湖去打鱼，夜晚油灯受煎熬。”为了打破“电力孤岛”的困境，1999 年，供电人员脚踩淤泥，拉起电缆，结束了江苏省最后一个“水上无电村”——戴场岛不通电的历史。

滇藏交界的深山峡谷中，独龙族幽居在此农耕百年。2020 年 3 月就开始建设的独龙江联网工程中，南方电网云南电网的工程师团队在没有任何道路的深山密林里，靠着人力找塔位、搬器材、架线路、连信号。

在很多“户户通电”施工现场，施工人员需要跋山涉水，靠马帮驮、靠人肩扛将一根根电杆、一捆捆导线背进地处深山的施工点。

普通人上班，坐车、坐地铁，他们上班，需要飞檐走壁；普通人上班，背着通勤包，他们上班，背着氧气瓶；普通人开车，在马路上行驶，他们开车，在悬崖边极速漂移，还要避开落石。这就是电网建设现场的真实写照。

山河有路，民生无价

除了施工之难，还有一本账很多人不太了解。“户户通电”工程投入巨大，通电成本是普通农村通电成本的 10 倍以上。青海、新疆、西藏、四川等省区的部分偏远地区，成本可能更高，仅供电部分的投资就与农村建房的成本相当。按照偏远地区农户每月用电量 50 千瓦・时计算，一两百年也收不回成本。

2015 年 6 月 26 日，国家电网助力四川省甘孜藏族自治州丹巴县丹东乡二道桥村通电，村民喜悦万分

即便如此，电力网络的“触角”还是义无反顾地伸到了祖国大地的各个角落。

如今在千山之巅、万水之源的西藏，电网已成为山河间新的血脉。古老高原生机勃勃，在嘉措拉山上，迄今为止世界海拔最高的输电铁塔屹立在这里。海拔5357米，比不远处的珠峰大本营还要高100米。

2020年4月28日，国家电网阿里与藏中电网联网工程包4段施工人员正在组立世界海拔最高的输电铁塔

2020年6月30日，国家电网经营区域内“三区三州”深度贫困地区电网建设任务全面完成。图为国家电网四川电力党员服务队队员巡视500千伏甘蜀Ⅰ、Ⅱ线

条条电力银线穿越“世界第三极”青藏高原、“世界屋脊的屋脊”西藏阿里、“死亡之海”塔克拉玛干沙漠、山势崔嵬的大凉山无人区，横跨长江和黄河天堑，点亮一座座陆路和海上“孤岛”。

世界电压等级最高、输电容量最大、输电距离最远的特高压工程——国家电网投资建设的±1100 千伏准东—皖南特高压直流输电工程

位于安徽省池州市境内的国家电网特高压和超高压输电工程

国家电网青藏电力联网工程穿越可可西里无人区

线，再长，也有终点，终点在有光的地方；山，再陡，也有高度，最高处有铁塔飞越的痕迹；路，再远，也有方向，迈向银线延伸的远方；家，再小，也有温暖，是灯光下有你陪伴的幸福。

现在，中国不仅有直达山野乡村的电力“毛细血管”，更有纵横大江南北的电网“大动脉”。在一次次刷新“世界之最”的科技创新中，我国已经成功打造了能源输送通道全国联网的世界级样板，拥有了全球规模最大的特高压交直流混合电网。

科技创新，接续奋斗，照亮中国，温暖人间。这是 14 亿多人“全民通电”、中国电力工业高质量发展背后的一份专属“密码”。

（本篇图片由国家电网提供）

扫码听书

延伸阅读 国家工业密码

特高压何以纵横神州?

有一条“高速路”，将白鹤滩的清洁水电直送江苏只需 7 毫秒；有一条“快车道”，能让青海的绿电顷刻输入中原只用 5 毫秒。这些“道路”有个电力专用名词——特高压输电线路。

特高压输电线路就是应用了 1000 千伏交流输电技术和 ±800 千伏及以上直流输电技术，具有远距离、跨区域、运力足、效率高、损耗低等特点的电力专用“高速路”。

2009 年，世界第一个商业化运营的、由我国自主研发并设计建设的特高压交流工程——1000 千伏晋东南—南阳—荆门特高压交流试验示范工程投运。中国进入特高压时代。

2019 年，世界电压等级最高、输电容量最大、输电距离最远的特高压工程——±1100 千伏准东—皖南特高压直流输电工程投运，成为连接西部边疆与华东地区的“电力丝绸之路”。

张北的风点亮雄安的灯，1000 千伏雄安—石家庄、1000 千伏张北—雄安特高压交流输变电工程分别于 2019 年、2020 年投运，在京津冀鲁地区构建了世界上首个特高压交流环网，为实现“未来之城”100% 清洁能源供电创造条件。

在一次次刷新“中国第一”“世界之最”的过程中，一条条电力“高速路”连接起能源基地与负荷中心，进一步打通了中国能源输送的“奇经八脉”，织成了一张前所未有的超级网络。截至 2024 年 12 月底，我国已投运的特高压“大家族”已经有了“22 交 20 直”共 42 个成员。

从中国制造到中国创造，再到中国引领的跨越发展，如今，以特高压技术为代表的中国电网技术，已然成为世界能源领域的一张亮丽名片，带动中国电工装备制造产业走出国门，走向更广阔的未来。

45 这个故事有点“水”

当你站在北京五棵松地铁站的站台上，眼前是呼啸而过的列车、熙熙攘攘的人群，而就在你的脚下不到 4 米的地方，来自千里之外的滔滔江水正在这里穿行而过，滋养着我们的首都。载水而过的管道，来自一个超级工程——南水北调。

超级工程泽润民生

中国多年平均水资源总量约为 2.8 万亿立方米，位居世界第六。但是，我国的水资源存在供需矛盾——北方坐拥全国 64% 的耕地、46% 的人口，水量却只占全国的 19%。好在南方的水资源丰富，为了解决南北地区水资源供需不匹配的问题，2002 年，我国的南水北调工程正式开工。

南水北调东中线一期工程从 2014 年 12 月全面建成通水以来，到底给中国带来了多大的变化?

南水北调东中线一期工程已经累计调水近 760 亿立方米，接近于一条半黄河一年的径流量，解决了沿线的 7 个省市 1.85 亿人的用水。其中，北京每 10 升饮用水就有 7 升是南水北调送来的。天津的饮用水更是几乎完全依赖这项伟大工程。

南水北调中线工程西黑山分水口，在这里一分为二，左侧为天津干线，右侧向北京供水

伟大的背后都是困难，南水北调工程也不例外。工程有东、中、西三条线路，各有各的“拦路虎”。东线工程需要“水往高处流”。中线工程输水渠道“上天入地”，时而从河流上面跨越，时而钻地而出，还要从地下穿越黄河，难度逆天！当时很多外国人冷嘲热讽，说我们的南水北调违背自然，注定会失败。然而，我们的答案是，有困难，那就逐个击破。

东线奇观“水往高处流”

2002 年开工的东线一期工程，是南水北调工程首批开工的项目，从江苏扬州一路北上，全长1467 千米，上跨淮河、下穿黄河，最终将长江之水送至鲁北和山东半岛。东线的难度主要是落差，中间要经过很多地势较高的地区，最高点山东东平湖比起点江苏扬州高了 40 多米，总不能让水“倒流”吧？

我们的办法是，在东线工程沿途设立了整整 13 级 160 台巨型水泵，组成了世界上最大的泵站群。长江中下游的水资源被一级一级抬高了 40 多米，每年能为江苏、安徽、山东等地调配来 600 多个西湖的水量，解决了华北平原缺水的问题，并造就了千里长河“水往高处流”的奇观。

南水北调东线工程
八里湾泵站

2500 年前，京杭大运河开始修凿，它乘风御水，建立了庞大而复杂的漕运体系，改变了一个又一个王朝的经济民生。历史上，京杭大运河受到过战火的侵袭，水上运输受到过铁路的冲击。如今，它销声匿迹了吗？并没有。今天的京杭大运河有了新的身份——南水北调东线工程的输水干线。

由于京杭大运河得天独厚的平缓水道，在东线工程的源头附近，输水通道与京杭大运河逐渐合二为一、一起北上。这是大江大河的交汇，也是历史与现实的交融，“青山绿水，不负人民”的誓言穿越千年，在这一刻是如此具象。

中线工程“上天入地”

南水北调中线工程号称“上天入地”，起点是汉江中上游的丹江口水库。所谓“上天”，就是把起点流过来的水通过架设渡槽来运输。渡槽，是“从天上穿过”的水道，从空中俯瞰，一泓泓碧波缓缓流淌，像一条条玉带穿城而过。

南水北调中线工程
沙河渡槽

沙河渡槽吊装槽身

沙河渡槽全长约 9 千米，单槽重量达 1200 吨，每次吊装都相当于一次性起吊约 1000 辆轿车。这样的“水上立交”，我国修建了 27 座，是世界上综合规模最大的渡槽工程。

南水北调中线工程穿黄工程三维效果图

施工难度这么大，为什么不让水直接从地面上走？因为中线工程沿途要穿越大小河流共 686 条，为了保证引水质量，引水途中不能掺杂任何其他水源，所以工程师才想到让水坐着高架飞跃地面。

说完“上天”，再说说“入地”。当水源抵达郑州荥阳后，会从黄河的河床之下穿越而过，真正做到了“江水不犯河水”。在黄河之下 23 ~ 32 米处，工程师采用先进的盾构技术，挖掘了两个直径约 7 米的隧洞，单条隧洞长为 4250 米。

盾构机的刀盘日夜不休地旋转，被粉碎的砂砾土石随泥浆不断排出，在河面之下穿行 700 多天，终于彻底完成了跨越黄河的隧道的修建，水源得以从黄河南岸成功到达北岸。

南水北调中线工程穿黄工程盾构施工后成型隧洞

这项工程并未就此结束，在穿过黄河后，水源还要继续沿着京广铁路西侧一路北上，途中经过河南新乡、河北石家庄等地，从而抵达北京和天津。至此，南来的水才算完成了它的使命。

除了奔腾不息的东线和中线，就在此刻，南水北调的西线工程也在规划中，计划将解决青海、甘肃、宁夏、内蒙古、陕西、山西等 6 省区的缺水问题。千年水运，万物通济；从南到北，奔流不息。南水北调这一伟大工程，搬运了源流，优化了水质，疏浚了航道，灌溉了农耕。它让长江里的朵朵浪花成为中原的涓涓细流，它让华夏大地的甘甜源泉浸润沿线亿万人民的美好生活。

（本篇图片由中国南水北调提供）

扫码听书

延伸阅读 国家工业密码

南水如何安全平稳调往北方？

南水北调工程是迄今为止世界上规模最大的调水工程，分东、中、西三条调水线路，连通长江、黄河、淮河、海河四大流域，是我国国家水网的主骨架、大动脉。

如今，南水北调东中线一期工程已连续调水 10 年，惠及沿线 45 座大中城市、1.85 亿人。中线工程利用丹江口水库与调水终点北京近 100 米的自然地势坡度，通过倒虹吸、渡槽、隧洞、暗涵等 2000 多处建筑物，让水自流到北京团城湖。东线工程从长江下游干流引水，经 13 级泵站逐级提水进入东平湖，实现“水往高处流”。

在攻克了工程建设的技术难题后，一系列科技和信息化手段为保障工程安全、供水安全和水质安全保驾护航。

中线工程安装 10 万余支安全监测仪器和监控设备，运用北斗、合成孔径雷达干涉测量（InSAR）、水下机器人等技术，结合人工巡查，实现对工程运行状态全天候监控。东线工程利用泵站监控系统“一眼遍观泵站，一耳遍听机组”。这套系统不仅提高了工作效率，更能通过逻辑运算实现对工程的综合研判分析，并提供预警信息。

近年来，数字孪生南水北调赋能水利事业高质量发展。引江补汉工程在我国在建长距离有压引调水隧洞中单洞长度最长、洞径最大、综合难度最大。中国南水北调正在构建一个与实体工程相对应的数字孪生体，用于实时监控工程进展，通过模拟和仿真，工程师可以在虚拟环境中进行各种方案的测试和优化，从而控制地灾风险、提高施工效率、保障施工安全。

未来，科学技术将为水利工程的建设运行提供更加有效的安全和效率保障，这不仅是对传统水利工程管理模式的革新，也是未来水利工程智能化发展的重要趋势。

一条路，一辈子

46

说起罗盘，你脑海里的第一反应是不是《盗墓笔记》《鬼吹灯》，寻金探宝，寻龙点穴，摸金校尉……

罗盘其实是一种地理学专用仪器。在公路地质调查工作中，罗盘是必不可少的工具，算得上各种探测工具的“祖师爷”了。

拿着罗盘在“世界屋脊”修天路

有人单凭一只罗盘踏上了青藏高原，决心要在“世界屋脊”上修一条天路。

齐树椿川藏公路踏勘用的罗盘

齐树椿川藏公路踏勘用的坡度仪

时间来到 1950 年春，党中央做出重大部署：全力修筑康藏公路和青藏公路（康藏公路后来改名为川藏公路）。入藏道路之艰难险峻举世皆知，川藏公路沿途泥石流、沼泽、塌方、雪崩、水毁等灾害频繁，穿越横断山脉的 14 座大山，横穿龙门山、通麦、甘孜等 8 条大断裂带，堪称“地质灾害的博物馆”。青藏公路在海拔 4000 米以上的“生命禁区”青藏高原施工，高原缺氧、气候瞬息万变、多年冻土不化，很多线路要在连藏羚羊都无法立足的悬崖峭壁上通过。修筑“两路”不仅在中国筑路史上，就是在世界公路修筑史上，也是石破天惊之举。

中交集团退休老专家齐树椿，是时任川藏公路第二测量总队总队长。他拿着罗盘踏上高原，开启了新中国筑路史上的传奇。

当川藏公路筑路军民在波密古乡进行测量时，一场罕见的泥石流从天而降。据当时的测绘员回忆，他们在1千米多外都能听到泥石流滚落而下时发出的震天动地的响声，大地在隆隆的声音下颤抖。齐树椿来到冰川暴发的地点，横亘在他们眼前的是被冰川冲刷而出的一道深谷。想探明冰川的情况，就必须进入深谷。齐树椿带着两名小伙子，拿上那个陪伴了他多年的罗盘，进入了七八十米深的沟谷。这一次，“不怕死”的他们得到了第一手的冰川探察资料。

齐树椿川藏公路踏勘油画

1954年12月25日，中央人民广播电台在焦急地等待一个15分钟前就该到来的电话。“雅安雅安。”“北京！你是北京中央台？我是雅安！”从雅安发出的电话信号在15分钟里经过成都、西安、太原……一站又一站的接力，只为了传递一个消息：“通车了！康藏公路和青藏公路通车了！”

左一为齐树椿，右一为蒙进

青藏公路设计图纸

这短短的一句话，述说的是怎样一个传奇：这条道路结束了西藏几千年不通公路、没有汽车的历史，从此，汽车的鸣笛声可以在深山中回荡，轮胎的印迹出现在终年冰封的土地上，它给整个青藏高原带来了前所未有的活力与繁荣。

川藏公路

迫龙沟大桥

有人说，一生一定要走一次川藏公路。几十年前，是新中国的公路建设者用艰辛与困苦，甚至是鲜血与生命，铺就了这条路。

军绿色的罗盘布满划痕，斑驳中依稀可见当年那人那事。风雪冰川，步履维艰，每一个刻度都是那瞬间的铭记，凝固着中交建设者的热血与信念，历久弥新。

多次技术革新让公路探测更便捷、更精准

随着科技的发展，公路探测的篇章翻开了崭新的一页。曾经，我们的探测工程师如齐树椿当年那样，必须亲自踏入未知的险境。2003 年，GPS 手持机的出现，借助天上星辰的指引，为勘测定位带来了前所未有的便捷与精准。

即便是这样，革命性的技术也有力所不逮的时候。在那些错综复杂的山区和密林深处，卫星信号时常丢失，让 GPS 的定位能力大打折扣。就在这时，古老的罗盘依然会提供稳定的定向支持，它就像勘测人员在迷雾中的一盏明灯，指引着方向，温暖而坚定。

随着智能手机的出现，公路探测迎来了它的第二次技术革新。手机智能 App 不仅融合了 GPS 和北斗两大导航系统的定位技术，提高了定位的精准度，更通过内置的地图和线路规划功能，让勘测工作的效率得到了极大提升。

紧接着，无人机携带着实时动态差分定位技术，也加入公路探测行列。它将勘测定位的精度提升到了前所未有的厘米级。无人机以其灵活的飞行能力和高清的摄像头细致捕捉着大地的纹理，再通过遥感数据处理，将一个个三维地质数字模型呈现在我们眼前。

如今，人工智能正以其强大的数据处理和分析能力，为勘测数据的自动化处理描绘出一幅生动的图景。公路勘探者探索的脚步从未停歇，他们像是不知疲倦的追梦人，每一次技术的革新都在谱写着公路探测发展的壮美史诗。

罗盘，这位曾经的英雄，悄然退场，它沉默安然地看着后辈们续写更灿烂的传奇。

过往的一切艰苦都变成了今天的幸福，但那些让苦难变成幸福的名字不能被遗忘。慕生忠将军、武�民、章金钊，还有 3000 多名长眠在这片雪域高原的烈士……他们站着就是路标，躺着就是路基！这小小的罗盘见证了中国百万公里公路事业的腾飞。传奇没有停止，精神更不会被湮没。中国路，三分悲凉，七分雄壮，千秋伟业，始于脚下！

（本篇图片由中交集团提供）

扫码听书

延伸阅读 国家工业密码

罗盘精神，穿越百年的信仰！

在中交集团的档案室里，静静躺着一把斑驳的罗盘，它见证了中交集团从筚路蓝缕到星辰大海的百年征程，更承载着中交人坚守与探索的罗盘精神。

1951 年，齐树椿在波密古乡的原始森林里，凭借这把罗盘带领队伍在冰川泥石流的危险中“突围”，成功带回了关键数据，为川藏公路的建设立下汗马功劳。那一刻，罗盘不仅是工具，更是无畏艰险、勇往直前的精神象征。从川藏公路、青藏公路到港珠澳大桥，从国内到“一带一路”沿线，这种精神贯穿了中交集团的发展历程。

技术飞速发展，勘探工作迈向数字化新时代，但罗盘精神从未褪色。从深中通道的智慧建造到宁波－舟山港的全球领先，从汽车试验场的行业领军到海外项目的卓越成就，新一代中交人接过前辈的罗盘，继续以罗盘精神为指引，坚持自主创新，攻克了无数世界级技术难关。他们明白，无论技术如何进步，罗盘精神始终是“根”与“魂”。

在档案室的角落，那把罗盘静静地躺在那里，岁月在它身上刻下斑驳的痕迹，却也赋予了它一种沉静的力量。它仿佛是一位沉默的长者，用无声的语言诉说着那些波澜壮阔的往事——那些关于勇气、关于坚守、关于在绝境中开辟希望的故事。它告诉我们，无论时代如何变迁，那些最质朴的信念——勇敢、坚持、探索——永远不会过时。

47 捉住海风的人

国家工业密码

捉住海风的人

让亿万年的海风
点亮这颗独一无二的星球

万里海岸，天阔风劲。从 6 兆瓦到 18 兆瓦，10 年间，中国海上风电发展的步伐不断提档加速。中央企业开创的新技术、新模式持续拓宽海上风电发展空间，不断向深海挺进。

直面风雨 安然无恙

2022 年 7 月，广东阳江，3 号台风“暹芭”的到来打破了往日的平静，狂风暴雨导致海上通信中断，这里有我国首个抗台风型漂浮式海上风电项目“三峡引领号”。

“三峡引领号”的工程师林毅峰几乎每隔一小时就要打电话询问现场的情况，直到第二天下午，直升机前去查看，传回了“三峡引领号”安然无恙的照片，林毅峰悬着的心才终于放下。

林毅峰不是唯一一个时刻关注海上风机的工程师。在我国蜿蜒的海岸线上，有山东半岛、长三角、闽南、粤东和北部湾五大海上风电基地，有将近 5700 台大风车。迎风旋转的风车背后，就是一群像林毅峰一样“捉住了海风的人”。

为什么要捉住海风？如果将全球海上的风能全部转化成电能，同一时间内的发电量将达到当前人类所有发电厂的 20 多倍。

中国三峡集团“三峡引领号”

中国三峡集团“三峡引领号”

“巨人”苏醒 揽风入怀

海上“巨人”有多巨大呢？以中广核在山东莱州的风电场为例，这里距离海岸线约 12 千米，风机高度达到 233 米，相当于近 80 层的高楼；它的叶轮直径达到 220 米，旋转扫过的面积相当于 5.3 个标准足球场，转动一圈的发电量可以让一个三口之家用两天；重量更是高达 900 多吨，甚至超过了运载火箭长征五号。

如果将风机拆开来看，叶片长度有 110 米。如此庞大的叶片却不是用金属制成的，而是由一种树脂和玻璃纤维合成的材料制造的，可以使叶片的重量够轻，但强度依然够高。只有这样，才能在便于海上施工的同时，让叶片能和桀骜不驯的海风抗衡至少 20 年之久。

把叶片支起来的是风机塔筒，也就是风车的那根“杆”。它的直径可以达到 8 米多，高度有 100 多米。

叶片、塔筒、轮毂这些组成风机的“积木”，都是在海面上完成安装的。巨大的主吊机即便在高空遇到大风干扰，也能够以仅仅毫米级的误差将叶轮和机舱精准对位，甚至可以一次完成 3000 吨的装备吊装，相当于能一次吊起 9 列复兴号动车组。

正在吊装的风机叶片

以山东莱州海上风电场的 8 兆瓦风机为例，每一支叶片长达 107 米，而长征五号高度只有 57 米

每一块“积木”都被精密地组装好后，叶片开始转动，“巨人”随之苏醒。尽管这些庞大的叶轮一分钟只转了 17 圈，但经过机舱中的变速装置，发电机转速仍可达到每分钟 1800 转。至此，迎风而立的“巨人”将呼啸的能量揽入自己的怀抱，人类曾经捉不住的海风也就此化作电力向远处的城市流淌。

走向深海 站稳脚跟

开头提到的“三峡引领号”面临的挑战更大，因为它迎接的是深海的风浪。

深海有更强劲、更持久的海风，可开发风能储量是近海的 1.7 倍、陆地的 5 倍。

走向深海的道路却困难重重。“三峡引领号”风电场须解决的首要问题，是如何让身躯庞大的风机在超过 50 米的海水中依然能够“站稳脚跟”。

如果是在近浅海，当你潜入水下时就会发现，帮助这些庞然大物挺立在风浪之中的是钢铁打造的钢管或导管架，我们称之为“基础”。这些“基础”牢牢插入海床的岩石中，支撑“巨人”的身躯，历经大风大浪都毫不动摇。

然而，这个方法在深海区域的性价比太低了。所以我国干脆放弃了固定式的“大力金刚腿”，改用“轻功水上漂”。这就是漂浮式风机。它的基座不再直插海底，而是仅有一半潜入水下，利用几根锚索和海床相连，基座自身则呈“Y”字形结构。风机立于其中一角之上，通过精妙的计算，结构的重力、浮力、拉力、风的推力等，均可相互平衡。不仅能控制摇晃角度，在海浪中保持稳定，甚至还能抵抗最高 17 级的台风。

中广核山东莱州海上风电场

中国三峡集团“三峡引领号”

幸好有这些执着于想要捉住海风的人，在远征深海的道路上，我们已经开始行动。

未来，更大尺寸的叶片，更大功率的发电机，更抗风浪的基础，更长更牢固的电缆，都将被一一突破。

在湛江，由中国船舶建设的中国第一台深远海浮式风机，正默默伫立在水深 65 米的海域上。它有个特别的名字“扶摇号”。大鹏一日同风起，扶摇直上九万里。恰如有朝一日，当遥远的海面上风起云涌之时，也正是万千叶轮间能量汹涌之时，捉住了海风的人，正让咆哮了亿万年的海风变成澎湃电流，点亮这颗独一无二的星球。

（本篇图片由中国三峡集团、星球研究所提供）

扫码听书

延伸阅读 国家工业密码

海上大风车传奇

我国海上风能资源丰富，发展海上风电对保障我国能源安全、推进绿色低碳转型、实现碳达峰碳中和目标具有重要意义。

海上风电产业链具有链条长、关联度大、带动性强、辐射范围广等特点。一台海上大风车，由机舱、叶轮、叶片和塔筒共同组成，共需要上万个零部件。此外，大型机组的安装及后续运维工作也需要与之相适应的施工运维装备。

2016 年，在江苏盐城，中国三峡集团江苏响水近海风电场实现全容量并网发电。作为国内首个商业化运营的海上风电项目，响水项目拉开了我国海上风电发展的大幕。如今，我国海上风电累计装机容量 3770 万千瓦，盐城海上风电装机容量超过 554 万千瓦。巨大的市场也让盐城汇聚了风电整机和零部件的多家头部企业，形成“3 小时供应链”。

2021 年末，位于广东阳江的我国首个百万千瓦级海上风电项目——三峡阳江沙扒海上风电场实现全容量并网发电，有效助力阳江市打造全产业链高度一体化的广东（阳江）国际风电城，推动 22 家风电产业链上下游企业落户阳江，基本涵盖了风电装备制造全产业链。

10 多年来，中国海上风电事业从“一片空白”走向“世界领先”，海上风电装机容量居世界之首，现已形成了较为完整的海上风电产业链、技术链。在未来的海上风电开发中，更优质风能资源和更少人类活动的深远海将是主战场。未来的海上风电机组不仅将在发电性能上更加优秀，还将以更低的度电成本、更远的输送距离助力推动经济社会发展全面绿色转型，让更多的人享受到实惠、高效、清洁的绿色电能。

国家工业容器

48

如此丝滑，命运的交响曲开始演奏

如果飞机无法起飞，汽车上不了路，火箭上不了天，可能是什么原因？是发动机？是轮胎？或者是飞行员？

当然这些都有可能，但还有可能，是缺少了一种液体，一种看似不起眼却不可或缺的液体——润滑油。它几乎与所有机械设备紧密相连，一直默默守护着中国的工业发展之路。

战场上的“擦枪油”

故事从 1950 年开始，抗美援朝的前线，零下三四十摄氏度，志愿军战士们与敌人奋战。彻骨的寒冷让枪支失灵，战士们面临巨大的挑战——没有润滑油，枪支卡壳，子弹无法发射。

战场的残酷性让这个问题显得格外迫切。就在这时，一种神奇的油脂诞生了。

在华北军区油脂厂的实验室里，科研人员没有先进的设备，只有一本外文的技术手册和简陋的大锅。他们反复试验，经过无数次失败，终于在极其困难的条件下，熬出了能够在极寒环境下正常工作的“擦枪油”，这便是中国自主研发的第一代“擦枪油”。

这个发明激活了战士们手里保家卫国的武器，也成为新中国润滑油工业自主前行的起手式。

从“洋油”到中国制造

如果说“擦枪油”是中国润滑油工业迈出的第一步，那么研发中国航天事业中的润滑油技术，则是一场伟大的战役。

1949 年 9 月，华北军区生产合作社油脂厂在北京市西城区孟端胡同成立，为军械提供润滑养护产品

20 世纪 60 年代，随着国际局势的变化，苏联撤走了援助专家，并且中断了对中国含氟润滑油的供应。这一事件让中国的航天项目面临巨大挑战，没有氟油，火箭发射、卫星运行都会被“卡住喉咙”。

面对国际封锁，当时的石油工业部 621 厂肩负着巨大的压力。实验室里的灯光从未熄灭，侯祥麟和他的团队不断挑战极限，历经无数次失败后，终于成功研制出中国第一代全氟碳油。

随着时间的推移，中国航天事业步步高升，润滑油技术也不断升级。科研人员研发出的新一代全氟聚醚油，不仅能在太空的极端环境下正常工作，还极大地提升了航天设备的可靠性。它的制造过程复杂无比，每生产出 1 千克润滑油，就需要消耗 1 吨基本有机化工原料，可以说价值堪比黄金。自此，中国人自己研发的润滑油飞上了太空。

科研人员研发尖端设备的配套润滑油

时光荏苒，改革开放初期，市场上充斥着进口的“洋油”，它们占据了汽车和工业设备配套的主导地位，国产润滑油一度背负着“廉价、低端”的印象，在高端领域几乎被外国品牌挤压得举步维艰。

面对这种局面，国产润滑油是否会就此败下阵来？这是一个紧张的时刻，但也是变革的开始。

国产润滑油开始聚焦科研攻关，着眼于技术升级，慢慢地，从飞机发动机到高新科技的机器人，从雅万高铁到白鹤滩水电站，无数高端设备都用上了“自家油”。

中国机器人润滑油走向市场

最初，国产润滑油仅限于汽车领域，但随着技术的进步，其应用范围不断扩展，就连家里的空调、楼房的电梯，都离不开它们。

如今，中国润滑油远销全球 90 多个国家和地区，那些曾经主导市场的“洋油”不得不面对中国品牌的崛起。中国润滑油成了中国制造的新名片，正在国际市场上以一种自信、强劲的姿态，展示中国润滑油的科技魅力。

这场从“洋油”到中国制造的变革，不仅是润滑油行业的胜利，更是中国制造整体崛起的缩影。

与时俱进的润滑油

随着新能源汽车的快速崛起，你可能会疑惑：润滑油的时代是否已经进入尾声？毕竟，电动汽车没有了传统的内燃机，润滑油的需求是否也随之消失？

事情不会这么简单。随着新能源技术的飞速发展，汽车工业对润滑油提出了全新的要求。电动汽车内部的变速箱、冷却系统、制动系统等核心部件，依然依赖于润滑油的有效运行。这些专用润滑油不仅要能够适应电气化系统，还需要具备低能耗、高效能和环保的特性。中国的润滑油企业早已未雨绸缪，不再满足于过去的成就，而是积极投入适应电气化需求的专用油液的研发中。

北京西南的燕山脚下，此时秋高气爽，层林尽染，这里有一家中国石化的润滑油生产车间，一场智能化的革命正在悄然进行。

这个华北地区自动化程度最高、设备最先进的润滑油生产基地，生产线上几乎看不到人工操作的身影，取而代之的是高度智能化的机械手臂，精准、高效地生产着新能源汽车配套润滑油。

中国石化润滑油生产基地油罐区

中国石化润滑油智能工厂

润滑油的故事，已经从新中国初年的临危受命，讲到了今天的与时俱进，跨过75年的征程，而它现在还很年轻，属于中国润滑油的命运交响曲才刚刚开始演奏。

作为现代工业中不可或缺的基石，润滑油默默无闻地支撑着整个工业机器的正常运转。未来，它将继续作为中国制造业和科技发展的无声英雄，推动中国从地面到太空、从传统工业到新能源领域不断迈进，助力中国工业更加顺畅地走向未来！

（本篇图片由中国石化提供）

扫码听书

“液体芯片”助推未来制造业发展

润滑油是指液体或半固体的油状润滑剂，被广泛运用于现代工业，为各类机械设备提供润滑、冷却、密封、清洁、绝缘等保护，被誉为设备的“液体芯片”。

随着工业制造技术的不断进步，高端工业装备对润滑油性能的要求越来越高。中国的润滑油企业通过加大研发投入，引进先进技术，成功开发出了一系列高性能、环保型的润滑油产品。这些产品不仅满足了国内市场的需求，还具备了与国际品牌竞争的实力。

中国石化长城润滑油始终坚持“高科技、高品质、国际化”的品牌定位，开发生产的 21 大类 2000 多种润滑产品，广泛应用于航空航天、工程机械、石油化工、能源电力等国民经济领域，为各类设备配套全面润滑解决方案。与此同时，中国石化长城润滑油时刻关注全球工业在新设备、新材料、新环境的前沿发展，依托航天润滑科技，不断创新润滑工艺，研发新型产品，提升润滑性能，为全球工业尖端领域提供同步的润滑保障。

面对碳排放较高的陆地交通、海洋运输、化工制造等行业，中国石化润滑油公司立足国家“双碳”目标及相关政策，深入开展环境保护和减量排放，从燃油车辆到新能源车辆，从大国重器到绿色能源，在实现可持续发展道路上迈出了坚定步伐，成为高质量、低碳化发展的先行者。

未来，随着技术的不断进步和市场的不断拓展，中国的润滑油品牌将进一步提升自身实力和市场竞争力。同时，随着全球对环保和可持续发展的重视程度不断提高，中国的润滑油企业也将积极应对挑战，开发更多环保、高效的绿色润滑油产品。

国家工业密码

49

逆袭之王，“猛”不可挡

2024 年北京车展，一辆越野车的强悍性能成了车友们讨论的焦点。它就是东风猛士 917。有人说：“猛士 917 一启动，旁边的车都自动让路，这不是礼貌，这是生存本能。”还有车友调侃：“开猛士 917 去越野，不仅车是四驱的，心也得是四驱的，不然怎么驾驭这头‘电动野兽’？”

全球首发的猛士狩猎者以高达 368 万元的预售价，荣登 2024 年北京车展最贵的中国越野车宝座。猛士以其非凡的实力和魅力，赢得了众多车友的青睐。

但你可能不知道，如今，大量列装中国军队的东风“猛士”，在成为“中国军车第一品牌”之前，还有一段“逆袭”的故事。

山沟沟里造军车

故事从一个山沟沟讲起。

1969 年的秋天，湖北十堰的大山深处，突然涌来不少车辆和工人。高擎的马灯照亮了这个偏远小镇，他们肩负着一个秘密使命——建设第二汽车厂。

为什么要建在山沟里呢？1952 年毛主席做出指示：“中国这么大，光一个一汽是不够的，要建设第二汽车制造厂。”中央对二汽的选址提出了“靠山、分散、隐蔽”的六字方针，最后选定了鄂西北大山深处，离铁路很近的这座小镇。

1975 年 6 月，第二汽车制造厂（东风公司前身）自主开发的第一个基本车型 2.5 吨越野车（EQ240）正式投产

还没通电的山沟里没有任何基础设施，照明只能靠马灯，厂房是搭的芦席棚。就在这里，二汽的工人靠双手敲打出了中国第一辆 EQ240 东风汽车，成为我国第一代军车中的顶梁柱。

这一年，是 1970 年。“十一”那天，武汉街头举行了隆重的国庆活动，20 辆东风 EQ240 卡车缓缓穿行而过，一度成为瞩目的焦点。但由于很多部件都是手工制造的，难免存在这样那样的问题。有人戏称“远看摇头摆尾，近看龇牙咧嘴，停下来漏油漏水”。

直到 1971 年 7 月，二汽第一条汽车总装配线调试完成并试车成功，才结束了手工制造汽车的历史。

第二汽车制造厂（东风公司前身）总装配线

东风军用越野车崭露头角

终于在1976—1979年，东风EQ240越野车开始迅速装备到全军各主要机械部队和装甲部队。

就在1979年的对越自卫反击战中，1000多辆EQ240被投用到枪林弹雨的战场，执行战斗突击和战备抢运任务。其中一辆从山崖上摔下，在驾驶室严重变形的情况下，仍然顺利将物资送到了前线。EQ240在最艰苦的战争前线经受了对汽车质量最严酷的检验，被战士们亲切地称为“功臣车”“英雄车”。

第二汽车制造厂（东风公司前身）自主开发的2.5吨越野车（EQ240）进行各种路面试验

EQ240 一战成名，为二汽赢得无数赞誉。但二汽人没有停下追求的脚步，在 EQ240 基础上进行了技术改进和适应性调整。于是在 20 世纪 80 年代末至 90 年代初推出了 EQ2102。EQ2102 以其卓越的越野性能，适应各种复杂的作战环境，长期服役，被誉为“军中常青树”。

如果你是一个车迷，一定对“悍马”这个名字很熟悉。在海湾战争中，美国的悍马军车表现不俗，开启了全世界陆军第三代高机动性越野车的变革时代。

这时候，被誉为解放军“钢驹铁马”的二汽已经更名为东风汽车公司，同时毫不犹豫地启动了中国的“悍马项目”。

安得猛士兮守四方！

当时，高度警惕的美国人根本不愿意出售相关车型，几经辗转，东风汽车终于从阿富汗等地买回了几辆半报废的悍马军车作为研究样车，准备进行逆向研制。经过对悍马军车的解构，分析团队制订了大大小小数百个设计方案，东风汽车时任总设计师黄松更是没日没夜地研制了 5 年。

终于，2006 年，中国第一辆三代高机动性军用越野车横空出世，并完成了全部的定型试验，包括各种道路和各种环境的适应性试验，拥有 84 项专利，实现了百分之百的国产化！

解放军原总装备部时任副部长李安东得知这一喜讯后脱口而出：“安得猛士兮守四方！”随之，这辆军车被命名为“猛士”！

虽然东风猛士在设计初期确实受到了悍马的影响，但随着研发的深入，猛士已经形成了自己独特的设计理念和特点。

东风猛士在 EQ2102 的基础上进行了全面的技术升级，强调了高机动性、多用途等要求，其承载能力、动力、油耗、续驶里程、涉水深度等关键指标均达到或超过了悍马。其车身油漆采用了防红外技术处理，车内装有电磁屏蔽系统，并针对悍马在实战中暴露出的防护不足问题，在车身内部加装了防弹板，成为国内军用越野车的标杆。

东风公司军中猛士

东风公司东风猛士军车系列

东风猛士相继参加了庆祝建军 90 周年、纪念抗战胜利 70 周年等重大阅兵活动，多次冲锋在军事演习、航天搜救、抗震救灾、维和反恐等一线战场。“国有大事，必有东风”成为大家耳熟能详的话语，猛士的英姿在世人心中化作一道道丰碑。

2024 年的北京车展上，东风猛士大放异彩，带来了三款令人瞩目的新车型，不仅为越野爱好者提供了军车级的“特种防护”，在设计上还处处彰显个性化定制的硬核实力，无论是山地行驶、漂流溯溪，还是汽车露营，东风猛士都能轻松解锁。

猛士 M-HUNTER 狩猎者更是成为中国第一台采用全碳纤维车身的越野车。它拥有强悍的越野性能和豪华的科技配置，如手台、可拆卸中控屏、电子外后视镜、

2019 年 10 月，135 辆东风军车装备亮相庆祝新中国成立 70 周年阅兵式

东风公司猛士狩猎者

东风公司猛士 917

卫星电话和离线地图等。

东风猛士，就像它的名字一样，有一种醒惊天下的霸气。从最初的仿制学习，到现在的自主创新，东风猛士不仅是中国军车的骄傲，也是中国汽车工业自主创新的象征，更是中国力量的展现。无论是在崎岖的山路上，还是在繁华的城市中，东风猛士正以其独特的魅力征服每一个看到它的人。

（本篇图片由东风公司提供）

扫码听书

延伸阅读 国家工业密码

东风汽车全球化助力中国汽车“走出去”

在全球汽车产业向电动化、智能化转型的背景下，中国车企正通过“技术 + 市场”双轮驱动加速出海。东风汽车作为中国汽车工业的代表，以年均超 20% 的海外销量增速，在荷兰、意大利、东南亚等市场实现突破性增长。2024 年，东风海外出口量达 25 万辆，同比增长 8.2%，覆盖欧洲、南美、中东等 100 多个国家和地区。至 2025 年，其海外销量目标提升至 50 万辆，并加速向“属地化生产 + 研发”模式转型，如在瑞典设立研发中心，在中东、东南亚建立生产基地，形成“欧洲研发、全球制造”的产业链布局。

技术自主化是东风撬动海外市场的核心。其自主研发的高性能车规级 MCU 芯片 DF30，打破外企垄断，成为全球首颗完全自主可控的汽车控制芯片；氢燃料电池技术实现 350 千瓦功率输出，覆盖全场景车型需求。东风专利创新指数连续三年位列行业第一，累计有效专利达 2.44 万件，为产品适配严苛的欧盟法规提供技术保障。通过量子智能电动架构等平台化技术，东风车型可快速适配不同地区的充电标准、路况及消费偏好，例如为东南亚市场开发的右舵版 DONGFENG BOX，上市即斩获近 3000 辆意向订单。

东风汽车通过构建“产品 + 服务 + 基建”的立体化出海生态，破解海外运营痛点。在荷兰建设零碳充电网络，推广 V2G 车网互动技术；建立电池梯次利用体系，2025 年核心材料回收率将超 95%，满足欧盟循环经济要求。在文化融合上，如在印尼开展用户共创活动，结合当地宗教节日定制车型配色；在沙特推出“高温特别版”电动车，电池热管理系统可耐 60℃极端气候。

东风汽车的全球化实践，标志着中国汽车工业从“市场换技术”到“技术创市场”的历史性跨越。随着科技跃迁成果的广泛应用和出口车型阵容的不断壮大，东风等行业领军企业的探索，正为中国汽车工业在全球新能源车市场中占据更大份额铺就坚实道路。

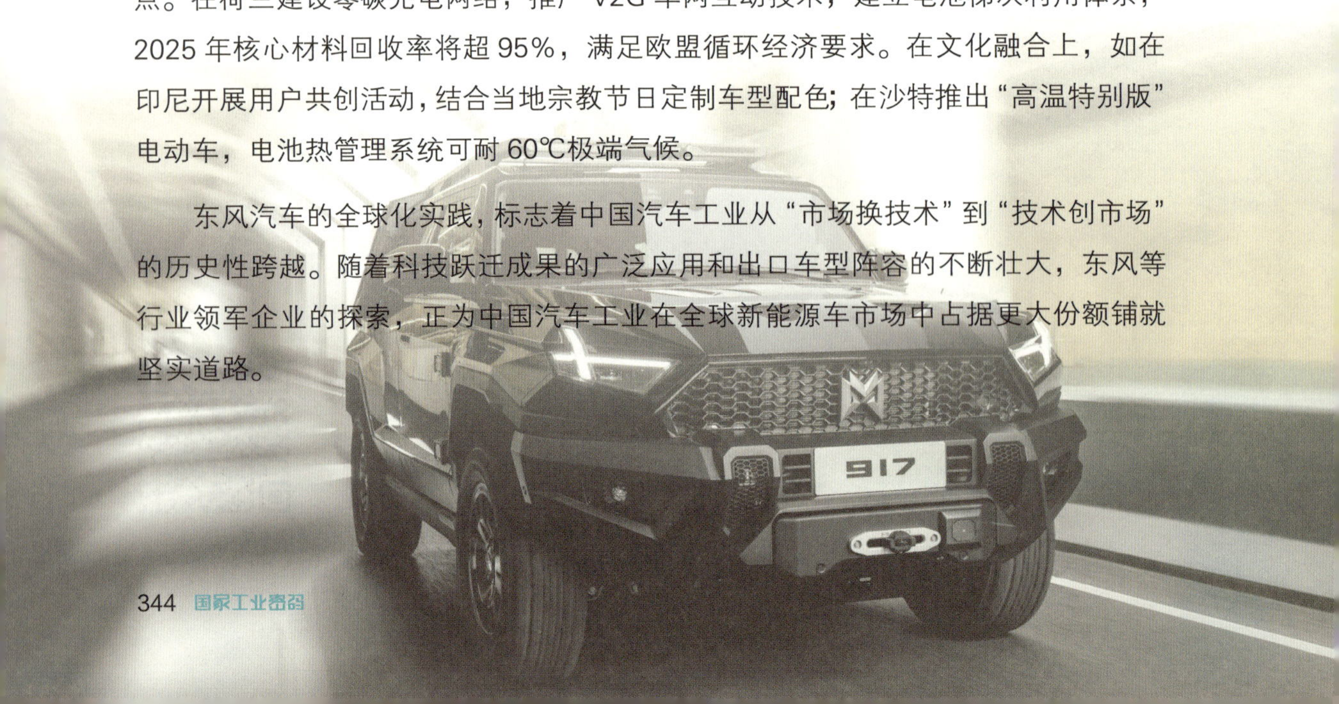

50

宇宙邮局：老王，哈密瓜熟了没有？

如今在世界各地举办的众多精彩比赛，都能被分秒不差地转播回来，4K、8K的高清画质甚至能让我们看清运动员脸上的汗珠。这种足不出户就掌握全球信息的极致享受，已经成为日常。

但对于1984年以前的中国人来说，这还是天方夜谭——因为那时我国没有成熟的卫星通信技术。

装在尼克松皮箱里的“邮局”

1972年，尼克松初次访华，可不只是握握手那么简单！

和他如影随形的黑皮箱中，装着科技范儿十足的“微型活动卫星地面站终端”，它仿佛一双无形的眼睛，把尼克松中国之行的所有情况随时传回美国。

打个比方，以前我们写信，需要把信件投寄到邮局，邮局会根据地址将信件投递到目的地，再由邮差派发到收件人的手中。卫星通信系统的工作方式和邮政系统类似，卫星信号就是“信件”，用户网络是“收件人”，而卫星地面站就是连接太空中的卫星系统和地面网络的“邮局”。尼克松带来的黑皮箱，相当于把美国的卫星地面站，从大洋彼岸生生地搬到了新中国的首都！

搞清楚这些后，你就能理解，中国人为什么一定要搞自己的卫星通信事业了。

中国国土广袤、地形复杂，对于通信卫星的急切需求是天然存在的。边疆、海岛、山区、沙漠、森林等地区的通信，无论用什么样的传统手段，质量和成本都难以控制。

新一代卫星移动通信芯片

应用新一代卫星移动通信芯片的移动终端

应用新一代卫星移动通信芯片的各类终端

在没有自己的通信卫星的年代，中央电视台的节目是依靠微波中转传送的，每隔 50 千米建一个中继站，成本非常高，信号也很差。当时不是全国各地都能收到电视节目，所以电视机也不那么好卖。通信卫星就是解决偏远地区通信问题的最优解。

中国人自己的“宇宙邮局”

1974 年，周恩来总理亲自做出批示，指出：“先将卫星通信的制造、协作和使用方针定下，然后再按计划分工做出规划，督促进行。”这是周总理生前留下的最后一份重要批示，也是中国卫星通信事业的序章。

1975 年 3 月 31 日，“331”工程正式启动，它要保证同步通信卫星上到 36000 千米高度的赤道上空去，这是个对中国人、中国卫星来说，从来没有到过的高度，雄关漫道，路远且阻。

1976 年 12 月 20 日，由四机部十九所（中国电科 54 所前身之一）研制建造的我国第一个数字制卫星通信地面站——“331 站”正式落成，这可是我国自己的“宇宙邮局”，是我国和太空信号之间的大本营。把卫星送上“三万六”的征程，启航了！

“331”工程分为五大系统：同步卫星分系统、火箭分系统、火箭发射场分系统、地面测控通信分系统和卫星通信分系统。当时的四机部十九所承担了其中卫星通信分系统的全部工作，包括两大课题：研究系统通信体制、关键技术及各类站型所必需的全套通信设备，以及建立一个大型综合性的卫星通信试验站（“331 站”）。

1976 年 12 月，我国自行设计、研制的第一个数字制卫星通信地面站（“331 站”）在石家庄黄壁庄建成开通

在随后的 8 年中，“331 站”圆满执行了多次卫星信号测试与传输试验，以及至关重要的“东方红二号”发射任务。

“东方红二号”是中国人自己制造的通信卫星。研制早期科研条件很差，没有性能优良的仪器设备，没有高速运转的计算机，文件靠手写，存档靠打字员打字，简单计算用尺子，大型复杂计算要到专门的计算中心。临近发射的那段日子，科研人员天天围着队里的小黑板，看卫星的进展情况。

人民日报

RENMIN RIBAO

我国建成第一个数字制卫星通信地面站

1977 年 11 月，当天的《人民日报》以《我国建成第一个数字制卫星通信地面站》为题报道“331 站”开通情况

参与“331 站”建设的老一辈科研工作者重返“331 站”参观留念

1984 年 4 月 8 日，历史性的一刻到来，“东方红二号”实验卫星顺利进入预定轨道。4 月 16 日，“东方红二号”卫星成功定点。

第二天，昆明、乌鲁木齐等地的许多市民，早早地守候在为数不多的电视机前。晚上 7 时，激动的人们第一次看到了中央电视台正在直播的《新闻联播》，在此之前，收看同样一段节目，要等上整整 7 天。

1984 年 4 月 18 日上午 10 时，时任国防部部长的张爱萍通过“东方红二号”通信卫星，与新疆维吾尔自治区党委第一书记王恩茂，实现了北京和新疆间的第一次卫星通话。

电话接通后，张爱萍扔下事先准备好的讲稿，大声说：“老王，哈密瓜熟了没有？”王恩茂幽默地说：“我这就派人给你送过去！”

真正实现“天地对话”

在“331站”和“东方红二号”成功应用之后，中国的卫星通信事业一日千里。各类卫星通信地方站与移动站如雨后春笋般涌现，如同遍布全国的“顺风耳”，共同编织出一张覆盖海陆空的卫星通信网络，极大地提升了我国的通信能力与应急响应速度。从此，信息传递不再受地域限制，无论是深邃的太空探索，还是紧急的救援现场，卫星通信都成了最坚实的后盾。

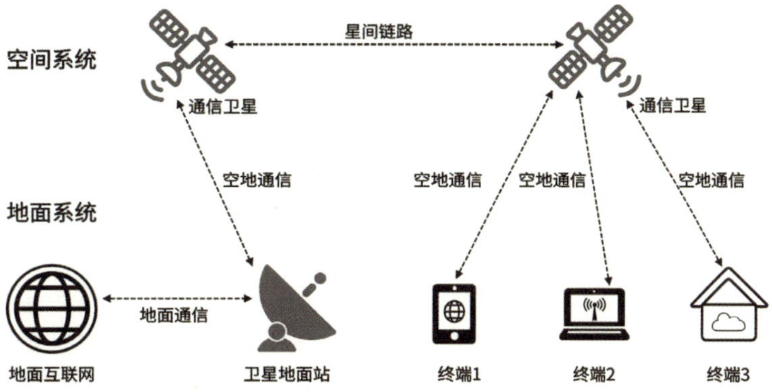

卫星通信技术示意图

特别是随着我国载人航天工程的推进，中国电科专门研制出了“天地卫星通信系统”，它如同连接天地的神秘桥梁，让测控站的数据、宇航员的太空出差日常等，都能迅速传回地面，实现了真正的“天地对话”！

我们收看到的这些画面都离不开“天地卫星通信系统”的支持。在探索星辰大海的征途中，中国卫星通信的“东方力量”永远璀璨夺目！

（本篇图片由中国电科提供）

扫码听书

延伸阅读 国家工业密码

让手机零死角通话成为现实

1945 年，人类提出了卫星通信的设想，将人造通信卫星作为地球外的中继，地球上的无线电通信站间利用卫星进行通信。1957 年，第一颗人造卫星飞向苍穹，第一次叩开了宇宙的大门，开启了卫星通信的太空探索。1984 年，我国成功发射了第一颗通信卫星“东方红二号”，实现了国内电视转播和相关通信服务，标志着我国正式进入卫星通信时代。

进入 21 世纪，卫星通信技术迅速发展。2016 年“中国版的海事卫星”天通一号 01 星成功发射，标志着中国自主研发的第一个卫星移动通信系统正式启用，增强了国家的应急通信能力和信息安全保障。

随着通信行业对 6G 技术的不断探索和星地融合构想的提出，近年来，手机直连卫星成为行业热点。中国电科锚定手机 + 卫星新赛道全面开展自主攻关创新，在原有芯片基础上，重构芯片版图，优化电路架构，采用基带、射频、存储单元一体化设计模式，研制出满足面积和功耗要求的新一代卫星移动通信芯片。

新一代芯片仅有一分硬币一半大小，极大节省了手机布板空间，便于集成至智能手机中。通过这颗芯片，手机可以直连卫星，在地面基站部署不到位的地区使用卫星电话和短信业务。同时，为解决大众消费类智能手机低增益卫星天线适配难题，研发团队突破低复杂度增强物理信道、高性能信号处理算法、极低码率话音编解码等关键技术，形成全新架构的卫星通信体制，通过芯片硬件和算法软件的双重重构创新，使手机零死角通话变为现实。

面向未来，中国电科将抢抓卫星移动通信变革先机，不断引领卫星移动通信产业向手机直连卫星方向升级发展，推动 6G“空天地一体化的全球无缝覆盖”的总体愿景早日实现。

国家工业密码

没有 ta，世界将会怎样？

51

石油，在我们的生活中扮演了至关重要的角色。作为飞机、汽车的燃料烧掉，大概是它最不起眼的功能了。

从起床一睁眼，我们就开始“使用”石油了——你穿的拖鞋、洗漱用的牙刷、喝水时随手拧开的矿泉水瓶等，只要是塑料制品，99% 都提炼自石油；接着，你去做早餐，燃气炉上扑扑跳动的蓝色小火苗，就是天然气或者液化石油气，它们是石油开采的伴生气；吃完早饭以后，你挑选了今天出门穿的衣服，除棉、麻、蚕丝等天然的原料以外，用合成纤维制成的衣服基本上也是以石油为原料；女孩子出门前用的化妆品和香水，也离不开石油精炼出来的石蜡和香精。石油中分离出的化学成分吲哚，在浓度较低时，可以散发出茉莉花的香气，在人们发现这一石油成分之前，制造 1 盎司香水至少需要上万朵茉莉花；出门以后，就更离不开石油了——汽车的“粮食”汽油、轮胎的主要原料合成橡胶、铺公路用的沥青，这些东西都源于石油。

可以说，如果没有石油，世界上将缺少很多动力、色彩和生气。据测算，人的一生要“吃”掉半吨石油！

小小油砂，击碎了“无油论”

石油，这种“工业血液”，曾经狠狠卡住了新中国的发展命脉。

19 世纪 60 年代，中国开始进口石油，到 20 世纪 50 年代，中国一直戴着“贫油国”的帽子，度过了长达 80 余年的“洋油时代”。

中国石油长庆油田

为了改写历史、撑起工业脊梁，中国石油工业人付出了艰苦卓绝的努力，相继发现了多座大油田，打了一口又一口“争气井”。今天，中国不仅成了世界第五大产油国、第一大炼油国，而且形成了一套完整的石油工业体系。

宏大画卷，往往起笔于小小的一点墨。

1961 年 3 月 5 日，一粒褐黑色的油砂，连夜坐着列车被紧急送往北京。在那个早春的茫茫夜色中，这块来自山东省东营市地层深处的油砂，如同一道曙光，牵动人心，照耀前方。

运送小小的一粒油砂，为什么这么隆重？因为，它代表着华北平原有石油！

新中国的石油工业在一片破碎中苏醒，产油量少得可怜，公共汽车都没有汽油用，背着“煤气包”满街跑。

国外地质学界不停唱衰新中国的资源禀赋，“中国贫油论”“华北无油论”，此起彼伏。全国的石油工人专心埋头苦干，如大海捞针一般为国找油。

找到这粒油砂的，是一支编号为 32120 的钻井队，他们已经在华北平原转战了整整五年，从华一井打到华六井，都没有油。他们不仅经历了一次又一次的失望，还承受着三年困难时期带来的煎熬。

在贫瘠荒凉的旷野上，大家住帐篷、住地窝子，粮食不够吃，就用野菜、草籽和谷糠来充饥。上工前，哪个不是用腰带在腰上勒了又勒，把每一分力气留给井场。又饿又累的时候，只能几个人一起合力摇绞车，几尺高的汉子摇着摇着就晕倒了。

终于，在 1961 年的春季，每个人用尽全力，打出了一口改变这片土地命运的井——华八井。

1961 年 3 月 5 日，当华八井钻至井深 1194 米中途起钻时，突然发现了卡在牙轮钻头上的一粒油砂。当天，一封报喜电报先到了中南海，一粒油砂也从黄河入海处的荒滩，被火速送到了首都北京。

1961 年 4 月 16 日，华八井获日产原油 8.1 吨，首次在华北平原获得工业油流

这粒油砂带来的希望没有落空，4 月 16 日，一条黑色油龙在华八井喷薄而出，这是华北平原首次获得工业油流！

后来的 1965 年，石油人又在这里打出了新中国第一口千吨井，也是从这时起，这一片荒原有了名字——中国石化胜利油田。

小小油砂，击碎了“无油论”。1974 年 9 月 29 日，新中国成立 25 周年前夕，新华社发布报道《我国建成又一大油田——胜利油田》，世人震惊，举国欢腾。

小小豆子，撬动了大油田

同年，就在胜利油田向全世界自我介绍的几个月前，位于鄂尔多斯盆地的长庆油田，上上下下几乎所有石油工人和家属正在忙着一件事，不是打井，而是剥豆子。

早在 1970 年，中国石油长庆油田就成立了油田开发的会战指挥部，随着甘肃庆一井喷出高产油流，全国 5 万多石油工人会集长庆。可是大家有一个共同的烦恼：这里肯定有油，却打不出来。因为长庆油田的地质非常致密，储层致密堪比家里用的“磨刀石”，要从不到头发丝直径 1/30 的地下孔隙里压出油来，难度可想而知。

1974 年春节，科研人员为了配制优质压裂液，尝试用当地长满山坡的槐树豆做原料，消息传遍整个油区，全体干部职工都发动起来，在吃年夜饭时每人为试验剥一碗槐树豆。

通过研究多种配方，长庆研究所终于试验成功，研制出水基冻胶压裂液，当年就累计压裂了 419 口井，压裂后平均单井产量增加了 5 倍多。

中国石油长庆油田全景图

中国石油长庆油田最大的天然气开采井组，员工对 23 口气井开展现场巡查

小小豆子，撬动了大油田。1989 年 6 月，长庆油田陕参 1 井获得日产 28 万立方米的高产气流，鄂尔多斯盆地底下的大规模天然气被找到了！后来，作为国内重要的气源，长庆油田自 1997 年开始向京津冀地区供气。

2008 年 8 月 8 日晚，在万众瞩目的北京奥运会开幕式上，来自长庆的天然气点燃了奥运会主火炬。

从点燃奥运圣火，到举办 20 国领导人峰会，再到普通居民做饭、取暖、乘坐天然气出租车等，首都北京步入天然气时代的每一个步伐，都有长庆油田作为后盾。

2024 年 9 月 3 日，中国石油宣布，长庆油田累计生产油气当量历史性突破 10 亿吨，相当于 80 个西湖的原油储量。

国家建设能够用上油、用好油，家家户户能用上充足的天然气，这份踏实感来自祖国各地的油田。在我国，东北有大庆油田、辽河油田，西北有玉门油田、克拉玛依油田，海湾上有渤海油田、大港油田，等等。正是这一个个墨点，共同组成了新中国石油工业绚烂无比的鸿篇画卷。

（本篇图片由中国石油提供）

扫码听书

延伸阅读 国家工业密码

“磨刀石”里“挤”出大油气田

石油是国家工业发展的基石，其重要性使其赢得了“流动黄金”的美誉。然而，尽管中国是全球第二大经济体，但陆地石油储量相对有限。

1959 年 9 月，大庆油田问世，此后，中国又相继建成胜利油田、大港油田、长庆油田等一批较大型油气田。到 1978 年，中国原油产量突破 1 亿吨大关，成为世界第八大产油国。进入 21 世纪后，中国经济快速崛起，对石油的需求也跟着直线上升。为了满足国内需求，中国不断加强石油勘探，目前已经形成了八大石油盆地，这些盆地的可采资源量高达 172 亿吨，占全国总量的 81.13%。

可以说，中国的石油发展之路从来都不是一帆风顺的。早期国内资源少、技术落后，后来国际局势复杂、进口依赖高，每一步都走得不容易。但就是在这样的情况下，中国硬是拼出了一条自己的路。

2024 年 9 月，我国最大油气田——中国石油长庆油田累计生产油气当量历史性突破 10 亿吨。中国石油长庆油田工作区域横跨陕西、甘肃、宁夏、内蒙古 4 个省区，这里储藏着国际上典型的“三低”（低渗、低压、低丰度）油气资源，致密程度堪比“磨刀石”，勘探开发之难世界罕见。面对盆地“井井有油、井井不流”的窘境，石油人数十年苦苦探索、潜心钻研，打破国外技术垄断，探索形成了一系列关键核心技术，成功解锁了藏在“磨刀石”里的油和气。

目前，这个从“磨刀石”里“挤”出来的大油气田已经建成我国最大的油气生产基地，全国每生产 6 吨油气，就有 1 吨来自这里。长庆油田实现发展蝶变的背后，是技术创新的不断突破。展望未来，中国石油工业将坚定不移地走好创新之路，以更加昂扬的姿态开启新的辉煌篇章。

52

长安街上的钟声，能传多远？

“东方红，太阳升……”

浑厚的乐曲敲亮了北京的每一个黎明。这里是北京电报大楼，它悠远的钟声是很多北京市民的独家记忆。

和“钟声”一起传到千家万户的，还有“电报”。20 世纪七八十年代，无论是喜悦的消息还是悲伤的通报，都由电报大楼内部的一部部电传机发出。

在即时通信工具满天飞的时代，“发电报”这种延时服务对我们来说有些陌生和遥远，但在曾经那个车马书信的年代，“一闪而至”的电报，是当时老百姓与外界沟通最快的通信手段。

灯火通明的电报大楼

1956 年 5 月 10 日，北京电报大楼在西长安街刨槽动工。这座钢筋混凝土结构的“山”字形大楼，连地下室共 7 层，加上钟楼高达 73.37 米。

参与大楼设计施工的副总工程师高星忠曾回忆说，在搬运装机的过程中，每架长 2 米、重 300 多千克的载报机不能走电梯，全都得由大楼上班的工人肩担臂扛，硬是将 100 多架机器从一层搬到了三层。

1958 年 9 月 29 日，电报大楼提前三个月宣告建成，它是国内第一个国际国内通信枢纽，也曾是亚洲最大的电信业务综合营业厅。

在 20 世纪 80 年代中期，职工工资普遍只有 50 元左右，发电报却要一个字收费 7 分钱，地址和姓名也计费，算下来一封电报要 2 元左右，这对当时的百姓来说属于高消费了。发一封电报的钱能买两斤肉，所以大家在发电报时都惜字如金。

1959 年国庆时的北京电报大楼

自动转报机房

老北京人都对电报有着一份特殊的情感，每一封电报都凝聚着人们的期盼。据老报务员回忆，“母子平安”和“今晚接站”一类的急电最多。当送报员拿到电报，无论是风霜雪雨还是白天黑夜，都要以最快速度送达收件人手中。

当时，时常有骑着绿皮摩托车的送报员，穿梭在四九城纵横交错的胡同里，隔着当街老远扯着嗓子喊上一声“有电报”，惊醒一胡同的街坊。

1976 年唐山大地震时，人们不约而同涌向了电报大楼，两三天时间内发往唐山的电报，从几十封突增到上万封，多得要用麻袋装。

电波能瞬间穿越时空情连两端，成为那个年代最便捷、最普及的通信手段。1990 年北京电报业务达到顶峰，超过了 4440 万封。最高峰时，这里一天收、发、转的电报总量就要超过 10 万封。

时代和技术的变化，转瞬即来。大楼之外，通信技术革命已悄然开始。

进入 20 世纪 80 年代，随着国家改革开放步伐的加快和经济活动的增加，人们对通信的需求迅猛增长，私家电话在北京市的普及速度就像火箭升空一样迅猛。

电报员骑摩托车投递电报

再之后，大哥大、BP 机、移动电话相继登场，3G、4G 网速奔腾起飞……曾经灯火辉煌的电报大楼也逐渐冷清起来。

20 世纪 90 年代，住宅电话掀起装机高潮，图为 1991 年北京西单市话营业厅公开放号

学生在电报大楼体验上网

2017 年 6 月 15 日，服务了 59 年的北京电报大楼一层营业厅正式宣布停业。

永不消逝的电波

如今，电报早已淡出人们的生活，但电报大楼仍然屹立。钟声依旧，见证着通信技术的日新月异，记录着北京迈向万兆时代的新征程。

1994 年，我国正式加入国际互联网。次年，当我国开始建设公用互联网时，第一个核心节点就设在北京电报大楼。我国的第一个互联网数据中心机房也在楼内落户。

直到今天，电报大楼仍是全国互联网骨干节点，是北京地区重要数据中心之一，为广大市民无微不至地服务着。

如果你用过北京市预约挂号统一平台，你的挂号服务就是由北京电报大楼的业务平台为你提供的。

如果你打过北京 12345 市民热线，你的意见和声音正是由电报大楼为你连通的。

更不用说，自 1958 年投入运用以来，电报大楼的整点报时每一天都准时响起，从未停歇。

对了，如果你现在走进北京联通西单营业厅，你会看到指引牌上除了有“宽带业务”“移动业务”等字样，还有专门的一栏写着“电报业务”。

北京联通西单营业厅是目前北京唯一一处可以发电报的窗口

这里是目前北京唯一一处可以发电报的窗口，业务员会给你一张空白单，在填上地址、电报内容之后，这份由你手写的独家消息就将发往目的地。

想象一下，你的家人或朋友收到你的电报时，会读懂你一笔一画写完的祝福，是多么沉甸甸的浪漫。

北京电报大楼

我们曾与电报告别，这座大楼却不曾消沉，这是一段持续了半个世纪的钟声，从长安街飘向远方，悠扬曲调里，讲述的是从过去到未来的发展故事。

（本篇图片由中国联通提供）

扫码听书

延伸阅读 国家工业密码

现代数字通信的神奇力量

电信就是用电来传递信息，电信号分为模拟信号和数字信号两种。模拟信号有很多天然的缺点，远距离传输会严重失真，而且不能与现代计算机相结合进行处理。数字信号则可与计算机很好地结合，方便处理、存储和交换，也便于实现多种业务的综合传输。

1988 年，北京开通第一代移动电话——蜂窝移动通信系统，它属于模拟移动通信系统，被称为“1G”。1994 年，北京引进 GSM（全球移动通信系统）数字蜂窝移动电话网和 CDMA（码分多址）方式的移动电话，统称为“2G”。同时，中国迈进互联网世界的大门，家用计算机可以通过电话线或宽带网络登录互联网。2001 年 12 月 31 日，中国的 1G 系统全部淘汰，移动通信进入全数字的 2G 时代。

之后，中国移动通信业历经 3G、4G 更迭，2019 年 6 月 6 日，工业和信息化部向四大通信运营商发放 5G 商用牌照，中国进入 5G 商用元年。5G 是一种具有高速率、低时延和大连接特点的新一代宽带移动通信技术。

2023 年，中国开始建设 5G-A 网络试点，5G-A 是基于 5G 网络在功能和覆盖上的演进和增强。2024 年 1 月 25 日，北京联通携手华为完成了 5G-A 规模组网示范，实现了金融街、长话大楼、北京工人体育场三个重点场景的连片覆盖。2024 年 11 月 20 日，北京联通与华为发布全球首个 5G-A 规模立体智慧网，并在工人体育场通过高低频组网技术打造了全球领先的 5G-A 智慧商业综合体。

截至 2024 年 11 月末，我国 5G 移动电话用户达 10.02 亿户，占移动电话用户的 56%。同时固定宽带网络也实现了从 2009 年的 2Mbps 到如今的“千兆城市”网络覆盖。高速宽带网络和宽带移动通信，已经完全渗透我们的生活和社会的方方面面，神奇的数字通信正在发挥越来越大的力量。

附录

国资小新微信合辑

云听专辑

喜马拉雅专辑